Regarder loin

Du même auteur

RAUQUE LA VILLE, Éditions de Minuit
RAPT D'AMOUR, P.O.L éditeur
LA SUIVE, Imprimerie nationale éditions
PATHETIQUE SUN, Criterion
LA FICTION D'EMMEDEE, Éditions du Rocher
LES VOYAGEURS MODELES, Éditions Comp'Act
PETIT HOMME CHERI, Éditions L'ACT MEM
LE PONT D'ALGECIRAS, Éditions L'ACT MEM
L'INSATISFACTION, BoD édition

ENTRETIENS AVEC MARGUERITE DURAS
On ne peut pas avoir écrit Lol V. Stein et désirer être encore à l'écrire, François Bourin éditeur

http://jeanpierreceton.com

Jean Pierre Ceton

Regarder loin

récit des jours

BoD

© 2015 Jean Pierre Ceton
Tous droits réservés

Édition BoD - Books on Demand
12/14 rond-point des Champs-Elysées 75008 Paris
Imprimé par BoD - Books on Demand, Norderstedt, Allemagne

ISBN 978-2322-013-135
Dépôt légal avril 2015

(L'auteur utilise ici la nouvelle orthographe, façon pour lui de défendre la langue française)

15 mai 2006
CURIEUX QUE LE BLOG ait été adopté avec tant de facilité ici en France, quand on sait la tendance au rejet de toutes novations.
Le blog a débloqué quelque chose en ouvrant une voie effective d'interactivité qui était plutôt factice. Il a étendu sans fin un espace d'écriture jusqu'ici limité aux seuls médias.
Je trouve le mot blog un peu « bloc », à part qu'il vient de « web log », et que log j'aime bien. Mais pas web, la toile d'araignée, même si je n'ai rien contre les araignées. Parce qu'en nous renvoyant à la caverne, elle ne rend pas compte de l'infinie magie de ce réseau.
Toutefois pas de raison de vouloir imposer un autre mot, comme l'avait tenté la commission officielle de terminologie avec « bloc-note », sauf à le franciser en « blogue ».

30 mai 2006
IL EST DEVENU DIFFICILE AUJOURDHUI de se représenter qu'à une époque il n'y avait pas d'écrits tant l'écrit a envahi notre monde. Et l'a bouleversé, transformé, façonné. Et continue de le faire toujours davantage. Certes l'image est omniprésente, mais elle colporte de plus en plus souvent de l'écrit.
En tout cas, il n'y a jamais eu autant de livres imprimés. Et il y a toujours plus de gens qui écrivent ou qui veulent écrire. A croire qu'un mouvement irrépressible pousserait tout un chacun vers l'écrit, tout comme à l'enfance chacun de nous s'est mis à la parole.

Et puis il y a désormais des quantités inouïes de textes présents ou accessibles sur internet qui prend des allures de gigantesque encyclopédie autant que d'agora mondiale.
C'est une grande victoire pour la pensée, si l'on considère que l'écrit est une victoire sur la barbarie toujours possible.

21 juin 2006
L'EXPANSION PRODIGIEUSE DE L'ÉCRIT avec la diffusion numérique pose la question de la solidité de son vecteur essentiel, la langue. Elle qui a traversé les millénaires, et dont la particularité mystérieuse est d'être si différente selon les endroits de la Terre, pourrait-elle être transformée par le numérique ?
La langue y subit en effet un traitement de choc à travers la multiplication des écrits rapides, textos, messages, forums et même jeux, où se pratiquent en grande liberté l'abrégé ou la phonétique sur une partition proche de l'oral. Il y a peut-être là une nouvelle langue qui surgit avec des phrases courtes et un rythme vif, sans règles rigides.
Cependant Marcel Proust aurait-il abandonné ses longues phrases sur « son site personnel » ? Rien n'est moins sûr. D'ailleurs sur le net, le texte a souvent l'allure d'une longue phrase sans fin, notamment en raison du déroulement vertical.
On peut en tout cas apprécier les longues phrases de Proust sur le site *Gallica* de la Bibliothèque nationale de France en consultant *Le Temps retrouvé* dans l'édition de 1927.

7 juillet 2006
ENFIN UNE RÉFORME DE LA LANGUE, mise en place en avril 2005, qui devrait être appliquée dans le courant des derniers mois de l'année 2006...
Non, cela ne se passe pas en France, mais en Hollande. Une information trouvée dans un journal espagnol, car

dans la presse française, c'est grand silence sur la question, l'idée de la réforme étant un quasi tabou.
Elle l'a d'ailleurs presque toujours été. Rappeler que la grande réforme du français de 1835 -généralisation du « ais » pour les mots terminés jusqu'alors en « ois » prononcés depuis longtemps è (le françois, j'étois etc.), avait été réclamée au siècle précèdent par Voltaire.
Et que les *Rectifications de l'orthographe* décidées en 1990 ont à ce jour presque été oubliées.
La pratique d'internet démontre pourtant combien on ne devrait pas être bloqué ni frileux à ce sujet, mais au contraire s'ouvrir à la transformation.
D'abord les « oe » qui ne passent pas et qu'il est donc conseillé de ne pas entrelacer, car sœur devient en général sour ou seur ou s?ur...
L'autre exemple qui est plus cruel, ou plus comique, c'est le <www.academie-francaise.fr> d'où a disparu l'accent du e, et surtout la cédille qui fait lire frankaise avec le son k !
Que faire ? Convaincre l'internet international de reconnaître le c cédille qui veut dire petit z (zedilla) en espagnol, depuis longtemps abandonné dans cette langue.
Ou bien comme autrefois ajouter un z ou un e pour adoucir le c. Ou encore décider que le c produit toujours le son s sourd, sinon il est remplacé par k, ce qui donnerait langue francaise et kavalier ou karikature?
Ou alors, on écrirait francè (qui fait « céfran » en verlan), et francèze, solution proposée par un certain Louis de L'esclache dans son traité : *Les Véritables régles de l'ortografe francéze, ou l'art d'aprandre an peu de tams à écrire côrectamant*, qui il est vrai était un fervent du phonétisme, c'était en 1668 !

28 aout 2006
PEUT-ÊTRE À CAUSE DE LA RAPIDITÉ DE L'ÉCRITURE sur ordinateur, tablette ou téléphone, les fautes d'orthographe y sont très répandues. Cependant s'il ne s'agissait que de négligences, il suffirait de ressortir

martinets et règles plates pour sévir. Or ce problème de fautes semble recouper d'autres problématiques de notre époque.
D'abord, il peut s'agir de fautes de glissement, comme le « quelques temps » qui se répand. L'histoire de la langue comporte d'ailleurs nombre de modifications survenues par répétition de ce qui a pu être une erreur. Les copistes d'avant l'imprimerie avaient eux inventé le raccourci « x » pour signifier le pluriel en « u », ensuite les deux signes ont fini par être juxtaposés.
Il pourrait aussi s'agir de fautes « d'intelligence » si l'on ose dire. La logique de l'orthographe étant étrangère aux logiques contemporaines, des gens de haut niveau de formation peuvent faire des fautes du fait notamment de leur aptitude à systématiser. Il est par exemple absolument indifférent dans ces logiques-ci d'utiliser le s ou le x pour indiquer le pluriel, le mieux étant d'avoir une seule forme bien identifiée.
Visualisons ce titre d'un magazine à grand tirage : « Ils se sont vus et se sont parlé » (sic). Certes, on peut expliquer doctement la différence de traitement du participe passé en fonction du sens, mais il n'est pas sûr qu'on puisse demander aux jeunes gens aguerris aux logiques numériques d'opérer ces subtilités.

30 septembre 2006
JUSQU'À MAINTENANT LA TENDANCE DOMINANTE dans l'enseignement a été de dénoncer les dangers, effectifs ou supposés, des nouvelles technologies de l'information. Et ce, plutôt que d'en faire la pédagogie dont l'urgence pourrait se faire jour, car l'ordinateur, internet, le numérique semblent désormais entrer dans la vie scolaire.
Ainsi l'éducation nationale vient-elle de décider de mettre à disposition une clé USB... « pour chaque jeune professeur, qui permettra notamment de télécharger des contenus pour illustrer les cours ».

Voici que le département des Alpes-Maritimes va distribuer à tous les élèves de 6ème une clé USB de mémoire réinscriptible avec pour objectif d'alléger les cartables, cours et exercices s'intégrant au fur et à mesure dans l'ordinateur personnel.
On ne peut prédire ce qu'il en adviendra, en tout cas l'image est saisissante de cette petite clé (ou clef) flottant dans le cartable presque vide, avec cependant l'inévitable carnet de correspondance.
Sa petite taille et sa vitesse élevée d'inscription font de cet objet un outil magique. Impossible d'imaginer son existence il y a peu encore, pas plus qu'il n'était possible de se représenter un écrit déconnecté du support papier...
Le numérique pourrait-il prendre la place du papier, comme cela est arrivé pour le *Journal Officiel de la République française* dont la mise en ligne a été instaurée en 2004 ? D'ailleurs sans vagues ni remous, son impression consommait dans les 6 tonnes de papier chaque jour !

23 octobre 2006
LE NUMÉRIQUE VA-T-IL TOUT BALAYER comme cela se dit souvent, détruisant au passage livres, librairies et la littérature tant qu'on y est?
Difficile pour l'instant de l'imaginer alors qu'il n'a jamais été imprimé autant de livres. On peut d'ailleurs mesurer le chemin parcouru par « le » livre en moins d'un siècle. Par exemple, en réécoutant François Mauriac narrant de sa voix éraillée qu'adolescent il devait lire en cachette des livres aujourd'hui considérés comme anodins, ceux d'Anatole France, ou au contraire de très haute valeur : *Les Fleurs du mal* de Baudelaire.
Sans doute n'y a-t-il jamais eu autant de lecteurs de livres bien que les sollicitations pour occuper le temps de chacun se soient multipliées. Les lecteurs assidus d'aujourd'hui le sont peut-être même autant sinon plus que leurs ancêtres de la fin 19e ou du début 20e, en raison de la facilité actuelle à se procurer des livres.

En outre internet est en train de devenir une formidable caisse de résonance pour les livres et même une sorte d'assurance contre l'oubli.
Il se dit pourtant ici et là que c'était prévu, qu'on allait nous supprimer nos librairies de quartier.
Au delà des difficultés liées à la diffusion du livre, elles doivent surtout faire face à l'accroissement considérable du nombre de titres nouveaux, plus de 50 000 l'année dernière en France, sans compter le fonds, qu'il est par conséquent impossible d'avoir en stock.
J'ai dit au libraire de mon quartier qu'il devrait afficher une adresse électronique facile à retenir, de sorte que de chez soi, à toutes heures, quand l'idée ou l'envie survient, on puisse lui commander un livre par courriel.

12 décembre 2006
JE VOULAIS PARLER DE CETTE GRANDE QUALITÉ DE LA LANGUE ESPAGNOLE dont toutes les lettres se prononcent...
Cependant, je suis trop perturbé par cette question qui relève de l'honnêteté et/ou de la rigueur intellectuelle : Peut-on parler d'un livre que l'on n'a pas lu ? Quand bien même il s'agit du roman -intitulé *Les Bienveillantes,* qui se vend comme des petits pains chauds.
Sans doute ce n'est pas possible intellectuellement de se prononcer sur un livre qu'on ne veut pas lire. Sans doute faudrait-il se forcer à le lire...
Alors il faudrait se mettre dans la tête les confessions imaginées d'un bourreau.
Donc, tandis que chaque jour on s'échine à traquer la moindre piste d'intelligence, il faudrait se glisser virtuellement dans le cerveau d'une brute.
Et finalement s'identifier, puisque la lecture d'un roman l'implique, à un personnage détestable, et cela pendant des jours de lecture de neuf cents longues pages en l'occurrence.

14 janvier 2007
L'APPEL DU CHEF DU FRONT D'EXTRÊME DROITE HIER aux gauchistes, communistes et autres souverainistes, donc aux électeurs du « non » au référendum sur la constitution européenne, à le rejoindre lui, ne manque pas de culot.
Il leur fait remarquer qu'il sera le seul à pouvoir les défendre. Effet possible de cet appel, que le vote « non » n'apparaisse plus du tout comme un vote de gauche, même si une partie de l'électorat de gauche a voté non...

17 janvier 2007
SE MÉFIER DE L'INCANTATOIRE, surtout s'il peut satisfaire à bon compte et plaire par conséquent, car souvent il relève de l'à-peu-près ou du faux. Partout on entend « les inégalités s'accroissent, l'écart entre les nantis et les démunis se creusent... » C'est ce que pensent 80% des gens.
Pourtant un rapport récent du Conseil d'analyse stratégique parle d'une France moins inégalitaire. On peut y lire: « si les inégalités matérielles, mesurées à travers les revenus, ont plutôt eu tendance à régresser, de nouvelles formes d'inégalités se font jour, à travers le degré individuel d'exposition aux risques. »

26 janvier 2007
LES GENS CROIENT que « avant » c'était tout bien stable, tout normalement tranquille, et que maintenant c'est plus

comme ça...
Y compris des gens cultivés comme Mme de Romilly, dame professeur très âgée, qui explique la violence par le fait que les enfants d'aujourd'hui ne sont plus éduqués. « Quand on n'a pas de mots pour s'expliquer, dit-elle, on se sert de ses poings ».
Sans doute, mais notre époque n'a jamais autant favorisé l'éducation... Dans le passé de la Grèce, dont elle est spécialiste, seule une infime minorité était éduquée, et elle-même faisait partie d'une très petite élite en première moitié de 20e siècle...

28 janvier 2007
LE CHANGEMENT CLIMATIQUE EST OBSERVABLE, en tout cas de façon accélérée, depuis 1976 (+0,3°). Certes on pourrait considérer que le climat a toujours changé, qu'il n'a jamais été constant. D'un autre côté il faut se représenter ce que ce serait si nous partions dans une phase de refroidissement...
On retiendra la forte probabilité de l'impact des activités humaines dans le changement du climat. On se mettra d'accord pour envoyer le moins possible de gaz et autres particules dans l'atmosphère. Cependant on ne résoudra pas en deux années et demie la question des activités humaines qui est le vrai sujet de cette affaire.
La Terre jamais ne sera plus ce qu'elle était avant les activités humaines.

30 janvier 2007
« ON VOUDRAIT NOUS FAIRE CROIRE QUE... » est une expression qui revient dans le discours de différents acteurs politiques.
Elle implique que quelqu'un, une instance, usant d'une toute puissance, amènerait les gens un peu contre leur gré à penser ceci ou cela. Utilisée assez souvent, sans précision de quelle instance ce pourrait être, laissant cependant paraître une forte certitude de connaître les dessous et les aboutissants de qui il s'agit...

31 janvier 2007
AVEC LA PERSPECTIVE d'une température moyenne d'au moins 3°C de plus à la fin du siècle, on ne sait s'il faut demeurer catastrophé, s'installer en retraité de la Terre ou bien retourner au marigot ?
Seul réconfort, que ces prévisions soient inférieures aux records de la dernière période interglaciaire d'il y a 125 000 ans, le niveau moyen des mers étant alors présumé de 4 à 6 mètres plus élevé et les températures polaires moyennes de 3 à 5 °C de plus qu'au 20e siècle.
Donc, la Terre a déjà été plus chaude qu'elle pourrait l'être en 2100...

1er février 2007
ON CONSTATE CHAQUE JOUR DAVANTAGE l'ampleur et la précision de nos connaissances à base d'observations et d'analyses. Le problème, c'est l'absence de données antérieures, ou bien leur imprécision, qui fait qu'on ne peut pas toujours comparer les données actuelles à celles du passé, y compris relativement proche.

6 février 2007
LE LIVRE DES CATASTROPHES est le livre de base de toute notre histoire d'avant même l'écriture. Ou de l'apocalypse dans son sens courant de catastrophe. C'est le livre le plus ancien mais aussi le plus répandu de nos jours, toujours réanimé, repris et renforcé, il domine la scène intellectuelle.

8 février 2007
UNE ILLUSTRATION DE LA PENSÉE ANALOGIQUE se découvre à travers une émission de radio où se rencontrent des philosophes. Ils ne font parfois qu'échanger des citations. Oui, ils se parlent à coup de citations, des Grecs aux Allemands de préférence. Ce qui, à la lettre, est une manière d'être analogique.

Pour dire qu'elle n'est pas du tout numérique.

14 février 2007
VINGT ANS DE RECUL, c'est la réaction qui domine en écho à l'étude sur les performances des élèves en orthographe, effectuée à partir d'un texte identique de Fénelon, concluant que le niveau d'une classe de 5ème en 2005 serait tombé au niveau de la CM2 de 1987...
On ne devrait pourtant pas en déduire que le niveau intellectuel général a baissé. Tant de choses ont changé en 20 ans, nombre de connaissances datent de ces dernières années, les enfants s'affairent avec le numérique, l'apprentissage des langues débute désormais à l'école primaire...
Si quelque chose n'a pas changé, c'est l'orthographe et ses règles souvent illogiques !

18 février 2007
ON CROIT CONNAITRE L'HISTOIRE et on en découvre régulièrement les horreurs. Il y a un siècle une petite armée coloniale européenne, poussée par des rêves de civilisation autant que par l'appât du diamant en l'occurrence, massacrait en quelques années une dizaine de milliers d'individus d'une peuplade *Nama*, après les avoir internés dans des sortes de camps de concentration...
Faisant preuve d'une radicale absence de considération de l'autre autant que d'un auto-centrisme dramatique. Et du peu de prix accordé à la vie humaine.
Sans doute ne les voyaient-ils pas comme des humains.

23 Février 2007
LA LITTERATURE TOUJOURS RECOMMENCÉE. Oui, la littérature est un combat toujours à recommencer.
Parce qu'elle doit affronter les poncifs et les clichés de tous ordres. Et aussi faire face aux croyances ressassées, à la vision stable, à la bien-pensance, et d'une certaine façon à la culture dominante.

La littérature doit-elle satisfaire le lecteur comme tout produit vendu dans le commerce, sinon à rembourser?
Là est sans doute le paradoxe de la littérature qu'elle ne réponde pas à une demande. Elle vient de nulle part, souvent au-delà du traitement d'un sujet ou d'une histoire, et ne ressemble à rien en un premier temps.
Le propre de la littérature c'est d'étonner, au fond d'emmener le lecteur que nous sommes tous, vers quelque chose qu'on ne connaissait pas avant d'ouvrir le livre...
Des statistiques indiquent que le cinéma français ne s'est jamais aussi bien porté mais que les films d'auteur sont au plus mal, voire que la cinéphilie est en train de disparaitre. On doit se demander si ce constat n'est pas transposable à l'édition... Jamais autant de livres publiés, des ventes records pour quelques livres, mais la littérature de création parait ne plus avoir de place.
Une des raisons est à chercher dans le fait que les grands machines éditoriales visent un marché toujours plus grand public. Et donc, à part quelques petites maisons d'édition, personne ne s'adresse plus aux amateurs de littérature, à ces fameux 1500 lecteurs dont on parlait au 20e siècle. Un petit public qui aujourd'hui pourrait être cinq ou dix fois plus important si on considère l'accroissement du nombre d'étudiants et de lecteurs du fonds de la littérature.
Ce public s'habituerait en conséquence à ne plus acheter les livres dont « parlent » les médias majeurs, tout comme le public cinéphile s'est progressivement déshabitué d'aller voir les films grosses locomotives.

25 février 2007
TOUT CE FOIN QU'AVAIENT FAIT LES ACADÉMICIENS FRANÇAIS pour combattre la féminisation des noms de fonction. Et maintenant ça roule, la ministre de ceci cela, on se prépare à la présidente. Il n'y a plus que quelques grincheux conservateurs pour trouver moche qu'on dise

écrivaine ou professeure, et docteure, en l'occurrence plus logique que doctoresse !

27 février 2007
UNE ÉMISSION DE TÉLÉVISION intitulée *Les intellectuels dans la campagne présidentielle* ne réunit curieusement que des hommes. Le féminin d'intellectuel existe pourtant depuis longtemps contrairement à auteure ou écrivaine... Il en est résulté une complète liberté de se comporter comme des coqs, chacun prenant partie de la plus mauvaise foi et sous le pire jour d'ados attardés.

4 mars 2007
LA NOSTALGIE RÉGRESSIVE a curieusement touché toute une partie de la gauche alors que c'était plutôt la spécialité des conservateurs de droite. Ainsi une candidate « trotskyste » a pour revendication que « l'on retrouve au moins les conditions d'existence des années 1960 ».
Ce qui implique la conviction que la situation était meilleure. Certes il était plus facile de trouver un travail mais les salaires étaient plus faibles, les aides sociales également, tandis que les hiérarchies étaient plus fortes. Et puis des acquis ne l'étaient pas encore. Par exemple la reconnaissance du syndicat dans l'entreprise date d'après 1968...

6 mars 2007
LES MÉDIAS DE MASSE en train de le devenir à la lettre... Bien sûr ils donnent la parole aux gens qui se prononcent sur tous sujets d'actualité. Mais surtout les médias donnent l'information en fonction de ce qui intéresse les gens.
D'ailleurs l'information relève de plus en plus de ce que les gens pensent de l'actualité et non de l'actualité précisément.

7 mars 2007
DEPUIS DES SEMAINES, DES ANNÉES, il est annoncé régulièrement que les jeunes d'aujourdhui vont mal, que leur santé se dégrade etc.
Une enquête auprès des adolescents révèle que les trois quarts d'entre eux disent se sentir plutôt bien tandis que les trois quarts des adultes les croient souvent mal dans leur peau.
Ce qui démontre que les adultes balancent le discours catastrophiste dont ils sont nourris depuis des années. Ou alors, décalés du temps présent, ils appliquent ce qu'ils ont connu à ce qui est !

8 mars 2007
PLAISIR DE LA LIBERTÉ DU DISCOURS NON PARTISAN, non idéologique si possible, car il permet d'observer, d'analyser et de penser, tandis que la logique partisane oriente le raisonnement vers du déjà pensé.

13 mars 2007
LE « ENCORE » CONSERVE DES TRACES dans le discours. Sa fonction était d'indiquer qu'il restait des lieux, des gens, des pratiques qui ressemblaient à ceux du passé... Désormais il tourne à vide : « C'est important d'être là, c'est un endroit où on peut encore parler, encore s'exprimer » disait un acteur qui paraissait s'être trompé de texte...
S'était soudain arrêté, comme s'il avait eu conscience de l'inanité de cet « encore ».

14 mars 2007
LE POPULISME EST LE GRAND MAL de notre temps, celui des politiques, surtout celui de certains journalistes et essayistes. À ces derniers on pourrait reprocher une certaine paresse intellectuelle, et aussi un manque de courage, parce que c'est tellement facile de décliner des thèses populistes. La plupart du temps en effet, ce sont

des stéréotypes ou clichés plus ou moins simplistes ou paranoïaques, connus et répandus...

17 mars 2007
LA GÉNÉRALISATION DE LA FÉMINISATION des noms de fonction ouvre la voie à une systématisation de l'usage du « e » pour le féminin et du « non e » pour le masculin. Pourrait-on cependant se passer du e au masculin, par exemple dans stéril, infantil ou imbécil, à la manière de puéril ?

9 mars 2007
LA CRISE EST UN MOT plus que récurrent dans le discours médiatique, presque toujours accompagné de qualificatifs le renforçant comme si c'était nécessaire. Qu'il s'agisse de la crise du logement, de l'éducation, de l'économie, on dit : « crise très profonde, crise du système, crise sociale, crise morale, crise globale, en fait crise du politique ».
Des chroniqueurs y vont même de la profonde désespérance politique des Français qui pourtant s'intéressent massivement à l'élection présidentielle.

20 mars 2007
COMMENT NE PAS ÊTRE PESSIMISTES, disent les gens, avec tout ce qu'on voit ! Autrement dit, à la télé.
Là qu'il faut s'imaginer une télévision qui nous aurait montré les événements en 1917 ou en 1942 par exemple. Pour dire que c'est le fait de pouvoir voir et de savoir qui est nouveau, non pas les horreurs.

21 mars 2007
LE BON DISCOURS, qui s'installe comme une évidence ne nécessitant pas de démonstration, est que les choses vont mal. Voire, que les choses ne vont pas. Ce qui est ridicule puisque les choses n'ont jamais été, et parfois bien pires. En réalité c'est un discours de cécité à l'égard de ce qui fait la spécificité du temps présent.

22 mars 2007
LA LANGUE FRANÇAISE est en situation difficile face à la suprématie croissante de l'anglais, notamment en Europe. Et plus précisément face à la propension générale à inventer en anglais les nouveaux concepts...
Tout porte donc à engager une grande réforme du français, à travers une refondation de son orthographe, intégrant les logiques contemporaines, afin de lui redonner une nouvelle attractivité.

24 mars 2007
« AVEC LE NOUVEAU ROMAN nous luttions contre l'air du temps, eux l'alimentent volontiers », dit Alain Robbe-Grillet, en parlant des nouveaux poulains de sa maison d'édition. Il est vrai que depuis les années 1990 les écrivains, majoritairement, vont dans le sens des lieux communs, les adoptent en s'en faisant les porte-voix, au fond ils redisent ce que tout le monde dit. Cela s'appelle entre autres du populisme...

28 mars 2007
LE SALON DU LIVRE est une immense librairie (au détriment des librairies du reste de l'année) qui enchante les visiteurs des foires et salons.
Il est surtout le grand chez soi des marchands de livres.

30 mars 2007
LES GRANDES INSTITUTIONS CULTURELLES sont d'abord des machines à refuser les projets qu'un nombre croissant d'individus leur proposent.
Elles ont le pouvoir de choisir ce qui leur parait convenable, quel qu'en soit l'intérêt esthétique.

31 mars 2007
LE PARADOXE DE L'ARTISTE est qu'en un premier temps il ne crée pas dans la culture. Il doit même se bagarrer

contre la culture existante pour produire son oeuvre. C'est ensuite que cette dernière participera plus ou moins à la culture installée.

-/-

4 avril 2007
LES PANNEAUX ÉLECTORAUX sont revenus à tous nos coins de rue, prés des mairies, écoles et autres bureaux de vote. À l'origine, ils étaient en bois et maintenant ils sont en métal, ils datent d'une époque où il n'y avait ni radio, ni télévision, ni a fortiori internet. Cela veut dire que rien ne se perd, ou alors que tout persiste, encore que...

5 avril 2007
UNE PARTIE DES DÉCIDEURS ou personnes d'influence en tous domaines de ce pays sont des croyants analogiques. C'est à dire qu'ils sont retors au numérique, à l'informatique, aux ordinateurs... En conséquence ils ne peuvent pas se rendre compte de l'ampleur des productions diffusés et des échanges opérés sur internet depuis quelques années, l'année dernière, ces derniers mois, hier.

7 avril 2007
UN MATIN, ç'aurait pu être un soir, la question surgit : Qu'avait-il fait de sa vie ?
Il avait aimé, en tout cas il avait essayé d'aimer. Il avait aussi beaucoup cherché à vivre autrement que comme un idiot, sans savoir s'il y avait vraiment réussi.

Bien sûr que non, puisque c'est un chemin sans fin et toujours à poursuivre.

10 avril 2007
TROP ALARMANTS, les rapports sont trop souvent alarmants, les rapports sont alarmants sur tout, le climat, l'obésité, la violence, la santé des jeunes, le niveau de l'éducation, la droitisation des sociétés etc.
À force d'alarmer, personne n'entend plus l'alarme, pas même ceux qui le déclenchent !

18 avril 2007
PROFESSION DE FOI, vieu mot. Par habitude autant que par ritualisation, les programmes des différents candidats reçus par la poste s'appellent comme ça. Ce sont les pros de la politique qui les nomment ainsi, illustrant bien le fanatisme qui prévalait et prévaut encore chez beaucoup.

20 Avril 2007 10h
SURPRENANTE INVASION DU « VOILÀ ! » devenu en quelques années une des expressions les plus utilisées dans le langage courant. « Et voilà ! » n'émaille pas seulement le discours dit de banlieue mais infiltre de nombreuses conversations. Sans doute parce que l'expression ponctue ou consolide le propos, démontre ou conclut, souvent évite de développer ou alors indique qu'on est à bout d'arguments. Elle vise aussi à établir une complicité sans avoir à en décliner toute l'étendue. Elle dit que c'est ainsi que ça s'est passé et, une fois passé, que c'est passé. Tout comme il est arrivé ce qui devait arriver, et voilà quoi !
Parfois ressassé jusqu'à l'abus, comme un tic ou bien comme un refrain de rap, elle est vouée à une certaine durée de vie dont on ne peut cependant pas anticiper la précision.

20 avril 2007 11h
AVANT-VEILLE de l'élection présidentielle, comment ne pas penser qu'à ça, ne rien faire d'autre ?
Pourtant, cela ne fait que commencer : après le 22 avril et 6 mai, il y aura les législatives du 10 et 17 juin, que c'est long !
On se demande pourquoi la France n'organise pas les différentes élections le même jour, en maintenant les deux tours puisqu'on y tient.

21 avril 2007
LA HONTE. Le candidat d'extrême droite, comme s'il tirait ses dernières cartouches ou abattait ses dernières cartes, annonce qu'en cas d'élection il décrétera une amnistie générale sur les points perdus du permis de conduire.
Et il promet, pendant qu'il y est, d'offrir aux Français le 14 juillet « un grand buffet qui irait de l'Étoile à la Concorde, suivi d'une soirée bacchique » !

24 avril 2007
LES DÉBATS ENTRE HOMMES POLITIQUES, en quoi il faut inclure quelques femmes politiques, sont souvent difficiles à écouter, à un moment ils se chamaillent comme des gamins, se coupent la parole, « laissez-moi terminer, je vous ai laissé parler »...
Le pire est cette nouvelle manie des journalistes qui consiste à interrompre à n'importe quel moment la personne qu'ils sont en train d'interviewer, sous prétexte d'insuffler du rythme. Du coup, ils empêchent qu'il y ait un développement des idées.

26 avril 2007
FROID DANS LE DOS. Un article du code pénal prévoit le cas de dangerosité pré-délictuelle. C'est à Cuba où l'on emprisonne pour 4 ans des individus présumés coupables de vouloir commettre des délits. Où l'on

condamne aussi à 12 ans de prison des auteurs de tag « A bas Fidel ».
En Syrie, des élections ont eu lieu, la moitié des sièges était réservée à la majorité en place...

30 avril 2007
ON ATTEND avec impatience les solutions que va proposer le groupe international de réflexion sur le climat (*GIEC*)... Tenter de prévoir le climat sur Terre dans 50 ans ou 100 ans, et en plus de le modifier, est une chose fort nouvelle dans la pensée humaine.

4 mai 2007
« LIQUIDER MAI 68 » N'EST PEUT-ÊTRE QU'UN SLOGAN DE CAMPAGNE du candidat de droite pour ratisser large. Il n'y a d'ailleurs pas que chez ses partisans qu'on voudrait remettre en cause *Mai 68*. Tout un courant intellectuel et littéraire s'y est attaché depuis les années 1990. De même que régulièrement on essaie d'abattre la philosophie des *Lumières*.
Mais on ne peut pas liquider de tels courants, on ne peut pas radier des modes de vie qui en sont issus tant ils sont installés. Surtout, le mouvement de la libération ne peut être arrêté, pas plus que celui de la lutte contre toutes les aliénations.

7 mai 2007
LES SONDAGES sont si conformes au vote, ou bien le contraire, qu'aller voter parait inutile ou abscons, en tout cas selon le rituel ancien: bulletin – isoloir - urne. Les machines à voter n'étant qu'une version technique de ce rituel, il faudra en venir au vote direct sur internet, chez soi ou sur bornes locales, avec code personnel et mot de passe.
Du coup, les citoyens pourraient être consultés plus facilement, et souvent, sur tous sujets d'importance.

8 Mai 2007
SOUVENIR RAVIVÉ DE CETTE MAISON où j'étais allé rendre visite de nombreuses fois à ma dernière grand-mère avant qu'une grave maladie l'emporte...
Je me rappelle y avoir « localisé », quelque part près de la porte d'entrée, non loin de la boite aux lettres, un engin de réception des journaux qui seraient arrivés comme ça, dans l'instant ou presque... Puisque c'était ainsi, au début des années 1970, que l'on imaginait recevoir les journaux en l'an 2000, directement, à la maison.
Je ne sais si je m'étais représenté une forme d'imprimante qui aurait fabriqué sur place le journal. Ou plus sûrement une nouvelle machine opérant à sa façon pour configurer le journal en un temps record.
Je ne pouvais pas me représenter que je lirais, oui en un clic, les journaux du monde entier, mis à jour constamment et presque en temps réel, ni que j'y accéderais successivement, passant d'un onglet à l'autre, sans avoir à refermer les « fenêtres »...

11 mai 2007
LA CANDIDATE PRÉSIDENTE de gauche était sûrement en avance sur les mentalités (en ce qui concerne les femmes, la démocratie sociale et politique, les compromis sociaux...) tandis que le candidat gagnant de droite était clairement dans la moyenne des raisonnements, tel celui-ci : « Moi je trouve normal quand on a travaillé dur toute sa vie de transmettre sans impôts ses biens à ses enfants ».
La promesse de quasi suppression des droits de succession lui a peut-être rapporté les quelques points d'électorat de sa victoire?

13 mai 2007
UN PHILOSOPHE ANALOGIQUE -qui n'est pas familier du monde numérique- aime avancer l'hypothèse d'un effondrement du goût.

Outre l'aspect pitoyable de la généralisation, cette « perle » révèle une vision fermée, une incapacité de capter une spécificité autre que « son » bon goût. Mais surtout un enfermement dans un petit monde qui ne connait que ce qui se fait dans ce monde-là.

19 mai 2007
LA TRANSFORMATION DE LA LANGUE se fait souvent à travers des formes que les conservateurs académiques considèrent comme vulgaires, manquant de goût, illustrant une sorte de décadence.
La langue change sous la pression de l'usage et l'usage c'est ce qui s'appelle la vie. Sauf que l'usage d'un moment ne devrait pas configurer la suite pour toujours.

22 mai 2007
À DES AMIS ALLEMANDS, et aussi espagnols parfois, qui hésitent sur le genre d'un mot en français, je finirais par conseiller d'opter pour le contraire de celui de leur langue, tant les genres sont souvent inversés. À l'exemple de la lune et du soleil, masculin et féminin en allemand...
Comme quoi ce qui est déterminant en la matière relève plus d'une projection humaine que d'un enracinement dans une vérité de réalité !

30 mai 2007
CE QUE J'ENTENDS SUR FRANCE CULTURE, un matin, vers huit heures passées : « Tous ceux qui rejettent entièrement Staline sont des fascistes ! »
Voilà un homme qui n'en démordra en aucun cas de sa foi, qui jamais ne digérera le désastre de ce régime-là, ni ne pourra en reconnaitre l'ampleur que nous savons maintenant.
Un homme, par conséquent incapable de s'habituer à penser plutôt qu'à croire, en raison d'une structure fermée, comme l'illustre le drôle de niveau de voix utilisé

pour asséner cette phrase assassine, très haut, pointu, impliquant l'évidence d'avoir raison.

-/-

3 juin 2007
L'HABITUDE PRISE par les médias d'affirmer que les phénomènes extrêmes ou les anomalies de la météo se multiplient en raison du réchauffement climatique est contredite par les météorologues selon qui, par exemple, les dernières tempêtes de mai en France étaient certes plutôt rares à cette époque de l'année mais pas inhabituelles.

09 juin 2007
QU'EST-CE QUI S'ACCROIT LE PLUS, la fréquence des phénomènes extrêmes comme on nomme un peu vite toutes perturbations d'importance, orages, tempêtes etc ?
Ou bien celle des alertes vigilance de la météo ?
En toute logique la modification du climat doit entrainer une modification des phénomènes météo.
Je m'interroge toutefois sur la faiblesse de cette allégation : « On a bien vu ce que ça a donné le réchauffement climatique à *La Nouvelle Orléans* avec le cyclone Katrina » entendue à longueur de discours. Car même s'il était un des plus vastes de mémoire d'homme, un autre cyclone dans le Texas voisin en 1900 avait fait plusieurs milliers de morts.
En plus qu'à *NO* les causes du drame humain relèvent d'abord du fait que les digues n'avaient pas été

confortées comme elles auraient dû l'être, et puis que les secours ont été défaillants...

11 juin 2007
L'ART CONTEMPORAIN, je trouve, est souvent décevant, dans son absence d'audace, justement contemporaine. Il semble en effet se confiner dans une esthétique régressive, contrairement à l'architecture, sans doute le véritable art de ce 21e siècle.
Pas au hasard qu'il fonctionne le plus souvent sur le principe de la série, comme façon de ressasser.
En illustration comique, une exposition au rez-de-chaussée du *Centre Pompidou*, développée sur ce principe, qui devait subir la concurrence d'un renvoi bien involontaire de l'extérieur.
Juste séparée d'une vitre, s'y trouvaient presque en extension une série de tentes au couleurs bariolées de sans-abris, et telle une autre série, celle de leurs sacs plastiques étendus sur corde comme linge à sécher...

21 juin 2007
TOUTES LES SEMAINES À PEU PRÈS parait un rapport un peu plus alarmiste que les précédents sur l'état de la Terre. Le dernier en date prévoit une élévation du niveau des mers, non pas de quelques 40 centimètres mais de plusieurs mètres à horizon 2100.
Il conclut toutefois qu'une stratégie pour sauver la Terre impliquerait de trouver les moyens d'extraire une partie des gaz à effets de serre de l'atmosphère.

28 Juin 2007
LA LANGUE FRANÇAISE ÉVOLUE davantage que le croient les défenseurs de la langue qui voudraient la conserver en l'état. Lequel d'ailleurs, puisque cette langue a toujours plus ou moins changé ?
Il suffit d'écouter parler des gens dans des enregistrements des années 1930 ou 1950/60, et aussi 1970, pour se rendre compte des modifications. Les

intonations ont changé, tout comme la valeur des accents, l'utilisation des temps a varié, les « qu'il fût, pût », si doctement maniés encore par les clercs d'aujourdhui, ont totalement disparu de notre langage courant.
Hélas la vivacité dont fait preuve l'oral ne se retrouve pas dans l'écrit. Car un écrit classique se conserve par inertie s'éloignant en conséquence de l'oral. Ainsi le temps des romans reste le passé simple, pourtant quasiment disparu dans le parler parlé.

29 juin 2007
UN MOUVEMENT ENTAMÉ il y a fort longtemps déjà, qui parait s'accélérer. De plus en plus souvent, des lois sont adoptées pour contrer des traditions. Ainsi en Égypte, une loi vient de bannir l'excision des femmes, pratiques ancestrales répandues en Égypte justement et en Afrique, en particulier dans les régions rurales. Ancien rite de passage, croit-on, illustration des violences exercées sur les filles durant l'histoire, en réalité « moyen » de protéger la chasteté...
Beaucoup d'autres traditions sont donc à terme menacées par les lois comme d'autres l'ont été. Par exemple le code civil de Napoléon intégrait la possibilité pour l'homme de battre sa femme, disposition annulée par une loi des années 1975.

10 juillet 2007
« PLUS RIEN NE NOUS ÉTONNE, rien ne nous fait plus vraiment rêver », cette phrase souvent reprise dans les chroniques des chroniqueurs réguliers me laisse perplexe. En effet, tout de ce que nous apprenons chaque jour de ce monde porte à l'étonnement et même à l'enthousiasme.
Outre les quantités d'événements insolites ou de faits divers tous plus énormes ou incroyables les uns que les autres, voir ce type d'annonces quotidiennes : Une bactérie change d'espèce par transplantation de génome... Découverte de très anciennes galaxies au fin fond de

l'univers... Envoi sur Mars d'un robot chercheur de glace... Lancement d'une sonde pour percer le mystère de la naissance de notre système solaire...

14 juillet 2007
SANS DOUTE UNE BONNE IDÉE d'avoir invité des soldats des 27 pays européens de l'Union au défilé du jour. Fallait-il qu'ils se présentent sous leurs atours rappelant les années d'avant 1914 : uniformes d'opérette, mouvements de mascarade et cadences martiales au son de musiques de série B ? Les armées pourraient défiler plus simplement, maintenant qu'on leur réclame surtout des interventions visant à ramener la paix ou à la maintenir.
Alors, c'est le défilé en particulier de ce 14 juillet dont on peut se demander s'il est bien nécessaire. Mais qu'est-ce qui resterait si on supprimait tout les apparats ?

22 juillet 2007
PARFOIS, À PROPOS D'UN FILM OU D'UN LIVRE HISTORIQUES, on dit qu'ils sont étonnamment modernes, même si l'action se situe plus d'un siècle auparavant, au 18e ou 17e... Époque en tout cas d'avant la modification des rôles homme/femme, antérieure à la contraception et à la libération des femmes, à la communication rapide, à la diffusion instantanée, à la multiplication des activités...

23 juillet 2007
MÊME SI CELA COMMENCE À CHANGER, le net et les institutions ne vont pas bien ensemble. Soit elles construisent des bunkers administratifs avec formulaires à remplir etc. Soit elles pratiquent la rétention d'information.
Pour l'exposition *Monumenta 2007* au Grand Palais -et sa si belle verrière-, un site proposait beaucoup d'infos sur les animations, mais très peu de photos, et surtout pas de visite virtuelle intégrale de l'exposition. Comme si les responsables avaient peur que les gens se contentent de

cette visite et en conséquence ne viennent pas sur place, alors que le plus souvent ces lieux d'expositions sont en limite de pouvoir accueillir tous les visiteurs...

28 juillet 2007
IL N'Y A PAS SI LONGTEMPS on n'était porté à penser que s'il y avait une vague de chaleur ici, il y en avait une sur toute la Terre, des inondations pareillement. Ces temps derniers le monde a l'air de découvrir les aléas de la météo mondiale.
Des inondations en Chine et en Angleterre, la mousson en Inde, une sécheresse comme rarement en Australie, des incendies gigantesques aux USA, la canicule en Europe du sud-est, de la neige à Buenos Aires et encore le mauvais été au nord de la France... Des milliers de victimes, voire des millions de déplacés, impressions de chaos...
Alors ce n'était pas arrivé depuis quand? 20 ans, 60 ans, deux siècles, 5 millénaires?
Aurait-il déjà fait beau et calme uniformément sur toute la Terre?

31 juillet 2007
MICHELANGELO ANTONIONI n'a pas supporté la mort de Ingmar Bergman, du moins peut-on le penser, sauf s'il était vraiment dans l'incapacité d'en avoir connaissance. Je préfère penser qu'il n'y pas eu de hasard et que le grand cinéaste italien a été affecté par la mort de son collègue suédois, au point d'y voir sa propre mort et mourir.

1er aout 2007
S'IL N'ÉTAIT MORT AVANT, BERGMANN n'aurait pas supporté la mort d'Antonioni, du moins peut-on le penser, sauf s'il avait été dans l'incapacité d'en avoir connaissance. Je préfère penser qu'il n'y aurait pas eu de hasard et que le grand cinéaste suédois aurait été affecté par la mort de son collègue italien, au point d'y voir sa propre mort, et mourir.

5-8 aout 2007
UNE TRANSFORMATION DE LA DISTRIBUTION du livre s'est opérée en quelques années, des linéaires de livres en tant que produits culturels se sont ainsi installés dans n'importe quel supermarché des villes et des campagnes. On ne saurait dire s'ils se sont substitués aux librairies ou bien s'y sont ajoutés. En plus des produits grand public, y figurent les textes classiques et parfois des livres de littérature.
C'est surtout le top du top du marché de l'édition qu'on y trouve, comme par exemple le dernier livre en date d'un publicitaire, homme de télévision, proposé non seulement en linéaire mais en présentoir. Il faut donc imaginer le grand public lisant les histoires futiles et artificielles de ce livre, ou plutôt ne lisant pas ce livre qui en effet ne sera pas vraiment lu ou peu, déjà qu'il l'a été à peine par les critiques, acheté oui, en tout cas, il sera vendu...
On voit là une sorte de corruption de cette « élite » d'auteurs de livres tout autant manipulateurs que le système du capitalisme dont ils dénoncent la pratique consistant à faire consommer le consommateur...
Une autre forme de cette corruption : la tromperie sur les titres de librairie. Exemple, deux journalistes publient un livre sur l'éducation d'après 1968, intitulé *Comment nous avons ruiné nos enfants*.
Or les auteurs y démontrent que l'éducation est plutôt meilleure, que les enfants sont mieux traités désormais etc. Donc, il s'agit d'un simple effet d'annonce pour rameuter les foules bien dociles !

31 aout 2007
UN JOURNALISTE QUI VISITE la bibliothèque de Philippe Sollers n'en a jamais vu d'aussi fournie. Cela prouve, rétorque Sollers, que je suis un moine de cette époque. Il veut dire un lettré curieux et connaisseur.
Il faut cependant signaler que sa bibliothèque est

quasiment une succursale de son éditeur, et qu'en outre elle s'accroit chaque année d'un grand nombre de livres envoyés par les auteurs et les éditions qui espèrent obtenir quelques lignes de lui dans l'une de ses chroniques.
Sollers explique qu'il garde à portée de main un certain nombre de livres dont il a besoin... Ainsi *L'Iliade* et *L'Odyssée* qu'il relit en prévision d'une entretien sur la guerre. D'accord, même si l'on n'est pas sûr que cela soit suffisant pour parler de la guerre aujourdhui.
Bien sûr, Sollers en profite pour écorcher notre époque qu'il qualifie d'ignorante, en opposition justement à la connaissance que représentent tous ces livres. On sait pourtant que jamais aucune autre époque n'a autant développé l'éducation ni l'accès au savoir. S'il veut dire que les masses sont ignorantes, comment étaient-elles en 1914-18 par exemple ou au temps de Napoléon ou sous le bon Roi-Soleil, et avant encore ?
Pas une raison cependant pour que les médias entreprennent de les abêtir, bien d'accord... Mais il faut avoir le courage de le dire : il y a aussi des livres qui participent à l'abêtissement des gens !

-/-

3 septembre 2007
LA COMÉDIE RIDICULE d'accusation de plagiat qui agite un petit secteur de l'édition s'est amorcée dans une revue littéraire, pourtant pas un endroit spécialement approprié, par une auteure aux fins de dénoncer un plagiat commis par l'une de ses confrères d'édition, pardon consoeurs...

Comme ce n'est pas la première fois que la consoeur en est accusée, il est possible qu'étant de la même « écurie d'édition », elles partagent des préoccupations identiques, voire, qu'ayant finalement pas tant d'imagination, elles collent trop à une certaine réalité et, du coup, pratiquent un genre identique, par exemple une certaine *écriture du malheur*.
Ce qui est surprenant, c'est qu'elles n'ont pas l'air de voir le côté ridicule de cette bagarre.
Pour l'accusatrice, parce qu'il faut assez peu de dignité pour aller pleurer comme à l'école, sachant qu'il n'est normalement pas facile de copier quelqu'un qui a une écriture singulière !
Et pour l'accusée, parce que c'était une question qui avait déjà été posée à la sortie de son premier livre...

6 septembre 2007
NOUVELLE EXTRAORDINAIRE : D'anciens militants ennemis d'Irlande du nord et d'Afrique du sud se sont rendus en Finlande où s'étaient réunis des représentants des différents factions qui s'opposent en Irak pour leur apprendre les méthodes de réconciliation nationale mises en oeuvre dans leurs pays respectifs...
Nouvelle affreuse :
La trahison, l'espionnage, le meurtre, l'attaque à main armée, le trafic de drogue, le viol, la sodomie, l'adultère, la prostitution et l'apostasie sont passibles de la peine capitale en Iran... Les pendaisons sont fréquemment exécutées à l'aide d'une grue.

8 septembre 2007 9h
RETOUR DU DÉBAT sur l'école le samedi matin qu'une forte majorité de français souhaite voir supprimée, sans réduction de jours de vacances ni mercredi sacrifié.
Les horaires des écoles ont été calqués sur les emplois du temps des parents. À une époque, beaucoup de travailleurs travaillaient le samedi matin, ce qui n'est plus le cas.

D'autre part, il faut mettre en question la validité de ce savant calcul aboutissant aux 936 heures et 36 semaines de cours réglementaires pour les enfants du primaire, donc dès six ans, puisque c'est le mot, « réglementaires ». Pourquoi pas 1047 ou bien 854 heures ?
Surtout, on doit considérer combien l'environnement culturel des enfants a changé depuis quelques années et bien sûr depuis 50 ans ou plus : accroissement des loisirs culturels, multiplication des chaines de télévision, accès à internet, autrement dit pluralité des sources éducatives hors de l'école.
Bien entendu il faudrait qu'un accueil à l'école soit assuré le mercredi et le samedi matin pour les enfants des parents qui ne peuvent pas faire autrement que de les y envoyer...

8 septembre 2007 15h
LA RENTRÉE LITTÉRAIRE EST DE PLUS EN PLUS LOURDE à visualiser, soyons donc polémique !
Sept cents (700) romans nouveaux sont proposés aux lecteurs. Encore que tous n'arriveront pas dans les librairies locales qui ne peuvent accueillir tous ces livres, auquels s'ajoutent tant d'autres publications d'actualité...
Une partie seulement sortira des cartons expédiés d'office où les restants séjourneront comme des clandestins avant de repartir vers l'éditeur. Une toute petite partie seulement figurera dans les vitrines ou sur les tables d'exposition.
Comment les journalistes pourraient-ils les lire tous et en parler en plus ? *France Culture* s'est essayé à faire une sélection de 20 d'entre eux, on ne sait sur quel critère.
Il n'y a pourtant pas de quoi se plaindre de cette inflation. Elle est la conséquence de l'immense désir d'écrire que les contemporains éprouvent chaque année davantage et en plus grand nombre. Il est d'ailleurs difficile de distinguer dans ce désir d'écrire l'autre désir, celui d'être publié.
Cependant, pour y parvenir il faut se conformer à un

certain modèle qu'on nommera le roman d'édition. Il s'agit alors d'opter pour une histoire de préférence vécue, réaliste en tout cas, et plutôt tragique, de développer une écriture du malheur, d'écrire au passé simple accompagné de subjonctifs imparfaits, de truffer le texte de stéréotypes et autres croyances et dogmes admis par tous, ce qui permettra aux lecteurs d'édition de s'y retrouver et aux journalistes d'éprouver une impression de familiarité...
Je reconnais volontiers que si l'auteur est habile, c'est un genre qui peut plaire et, de plus, se vendre beaucoup.

-/-

10 septembre 2007
« DÉCULTURATION GÉNÉRALE » écrit Finkielkraut dans *Le Journal du dimanche*. Un mot qui fait partie des ces mots (maux) de chroniqueurs qui chroniquent régulièrement et toujours dans le genre « c'est la fin de tout ». Apparemment impossible d'imaginer une chronique qui s'appellerait « Culturation générale ! », pourtant pas si loin de la réalité.
Parler de déculturation générale c'est croire qu'à une époque (avant 1968 par exemple, ou au bon vieux temps du certificat d'études) il y avait une culture générale partagée par toute la population.
Si cet homme le pense, il extrapole la culture d'une élite, et seulement d'une élite, en effet différente de celle d'aujourd'hui, en ce qu'elle était beaucoup plus militaire et religieuse...
On voudrait bien savoir si ce monsieur a fini par s'équiper

d'un ordinateur, lui qui revendiquait de ne pas le faire, et si cela lui arrive désormais de naviguer sur internet ?

13 septembre 2007
AMIE, QUAND TU DIS : « Il ne se passera rien de bon », quand tu es pessimiste, c'est que tu te places dans le déjà écrit.
Mon optimisme, si je le revendiquais, ce serait en raison de ce que j'ai à écrire, de ce qui va s'écrire, de l'écrit à venir, le mien et celui des autres...
Je ne me sens pas dans une perspective de fin d'écriture.

18 septembre 2007
MAGIE DE PRÉSENTATEUR de télévision: « Restez avec nous, après la pub, on vous dira tout ce qui va marcher dans les semaines qui viennent, en musique, livre, cinéma »...
Il n'y aurait donc pas de hasard !

2 octobre 2007
HÉLAS, LE BRUIT DE LA PAROLE VAINE cache ce que l'on devrait entendre ! De nombreux exemples montrent combien les médias se jettent sur ce qui peut le plus facilement passer à l'antenne, ou sur ce que les journalistes peuvent le plus facilement traiter, donc ce qu'ils connaissent et ce qui peut paraître familier au public.
Citons un débat qui s'enflamme sur le « y a plus de distance, y a plus de spectacle, y a plus de légende... »
Cela au lieu de porter sur la nécessaire suppression de tout un tas de rituels ridicules, ou sur les possibilités de voter par internet. Ou sur l'organisation de différentes élections le même jour. Ou encore sur l'instauration du droit de vote à 16 ans. Et sur la nécessité de réduire le nombre de députés et de sénateurs...

22 octobre 2007
UNE ÉCRITURE DU MALHEUR s'est beaucoup développée dans une partie de l'édition, jusqu'à devenir tendance. Elle consiste à prendre une situation de malheur et à la développer jusqu'où ça fait mal, et pire si possible.
En faire la critique n'est pas nier la réalité du malheur, ni privilégier une écriture du bonheur béat. C'est dire que l'écriture du malheur se substitue à une écriture de questionnements pour décliner ce à quoi beaucoup de gens pourront adhérer sans écueil.
On voit qu'elle s'inscrit dans une logique de « courant majoritaire » dont il faut dire qu'elle n'a pas de fin, cette logique, sauf à mener à la négation de la littérature.
Son seul avantage serait de démontrer par l'absurde la nécessité d'une écriture du discernement.

24 octobre 2007
LA CARTOGRAPHIE DES MINES « antipersonnel » posées durant la guerre franco-algérienne (1954-1962) le long des deux frontières marocaine et tunisienne vient enfin d'être remise aux autorités algériennes par l'armée française.
Pourquoi a-t-il fallu attendre précisément 45 ans pour le faire, alors que ces mines -il resterait plusieurs millions de ces engins enfouis, signifient des milliers de morts, des enfants handicapés, des paysans mis en danger ?
Pourquoi si longtemps alors que des équipes françaises de déminage ont participé à de multiples opérations sur le terrain des guerres finies ?
Pourquoi n'avoir pas daigné fournir ces cartes lors des grandes campagnes contre les mines « antipersonnel » du début des années 1990 ?
Pourquoi ne pas les avoir livrées dans les années 1980, à l'occasion des vingt ans de la fin de la guerre, ou pour les dix ans, en 1972, ce qui aurait amorcé une réconciliation, du moins un pardon possible, libéré de l'arrogance...
Faut-il penser que c'est cela qui n'était pas possible, la sortie de l'arrogance, et que ce l'est toujours à peine,

puisque l'on apprend que ce qui aurait emporté la décision serait l'urgence de lutter contre des factions terroristes qui réutiliseraient ces mines pour leur propre combat ?

28 octobre 2007
UN BEL EXEMPLE D'ENTÊTEMENT à refuser la féminisation des noms de fonction se trouve dans la signature d'une tribune publiée le 23/10/07 dans *Le Monde* que voici : « Hélène Carrère d'Encausse, secrétaire perpétuel de l'Académie française, déléguée de l'Académie ».
Cette dame est tout à fait capable de démontrer que dans un cas on peut accorder au féminin et dans l'autre non.
Cela est cependant parfaitement illogique et renvoie un message de ringardise d'une institution dont on pourrait conclure qu'il ne faut plus lui laisser la charge de s'occuper de la langue française.

08 novembre 2007
DERNIÈRES INFOS sur la fonte de la banquise arctique :
« On peut craindre la disparition de la glace de mer en été dans les dix à quinze années à venir, ce qui aura pour effet d'accélérer le processus de réchauffement et provoquera de graves bouleversement climatiques... Le grand public doit être averti des changements climatiques... Prévision pour l'Europe : une tendance au refroidissement ».
Bien lire : « refroidissement ».

11 novembre 2007
UNE TENDANCE au désarmement s'était amorcée dans les années 1990 après la chute du mur de Berlin, à la fin de la guerre froide.
Hélas, depuis les années deux mille (depuis le 9/11 ?) le réarmement s'est relancé et semble s'accélérer... Sans parler des pays ultra-développés qui ne cessent de s'armer, voire de se surarmer, des pays pauvres ou peu développés se croient dans la nécessité de se doter

d'armée et d'aviation à l'image des grands États.
Or le réarmement signifie consommation d'énergie et de matières premières, émission de CO_2, investissement à perte, tout le contraire du développement durable. Oui mais il signifie aussi emploi, croissance économique et influence géostratégique pour les nations exportatrices...
Sans doute la plus grave des tendances lourdes de ce début du 21e siècle.

17 novembre 2007
DES MILLIERS DE MORTS au Bangladesh, victimes du passage du cyclone *SIDR*. On n'avait jamais vu ça, disent des survivants, le plus puissant cyclone depuis 20 ans, précisent les médias. En 1970, un cyclone d'un autre nom avait provoqué la mort de 500 000 personnes. A la suite de quoi les autorités avaient décidé de créer un système d'alerte, de construire un réseau d'abris et, dès la prévision du cyclone annoncée, d'opérer des déglacements de population. Pas assez encore.

19 novembre 2007
LES CRIMES D'HONNEUR SONT DES CRIMES D'HORREUR. L'honneur de soi dès qu'il s'applique aux autres est plus qu'une horreur. Cela a donné les duels, les guerres, il est toujours à l'origine de la plupart des conflits et source de leur continuation. Et puis il justifie les pires abominations comme les crimes d'honneur encore répandus dans différentes régions du monde.
Récemment, un frère a tué sa soeur devant le domicile familial après avoir provoqué une rencontre supposée de réconciliation. La soeur avait refusé un mariage forcé et entendait vivre l'amour de son choix. Pour le frère, c'était croyait-il son devoir de la tuer pour laver l'offense, une question d'honneur lui venant en droite ligne de ses ancêtres !

21 novembre 2007
HIER, LA DÉFENSEURE DES ADOLESCENTS remet son rapport annuel, toute la presse titre sur « les adolescents qui vont mal ». Aujourd'hui, colloque international sur la sécurité informatique, les médias se lancent sur « les mille et un dangers d'internet »... Voilà le monde des infos !

23 novembre 2007
DANS SON BLOGUE QUASI OFFICIEL de l'édition, Pierre Assouline nous en apprend sur les manières du milieu littéraire. Ainsi selon lui, Marie NDiaye qui tient compte « des remarques de son éditeur sur l'obscurité ou la longueur d'un passage... a compris que la noirceur et le pessimisme qu'on lui a souvent reprochés étaient une facilité et s'est donnée le défi de les atténuer ».
À croire que la langue de bois est le socle du style de ce blogueur, car tous les auteurs ou presque de l'édition française depuis les années 1990 pratiquent cette noirceur et ce pessimisme. Par simple mimétisme autant que par nécessité de s'insérer dans le moule d'édition pour s'assurer un ticket d'entrée.

25 novembre 2007
PAS REVENU DANS CETTE VILLE depuis 20 ans, ni dans ce bar par conséquent où je me trouvais.
Un vieu barman ressemblait à celui d'avant, mais c'était d'évidence un autre qui l'avait remplacé à son départ à la retraite, celui-ci étant devenu vieu à son tour.
Un vieu client semblait être le même que celui d'il y a 20 ans alors que c'était un jeune client d'il y a vingt ans, à son tour devenu vieu pour ressembler à un vieu client de son époque.
Se retrouver seul à ce moment-là quand on avait eu 20 ans, comme tout le monde, 20 ans auparavant...

28 novembre 2007
L'OBJET LIVRE PAPIER a toute raison de perdurer, mais il ne conservera pas très longtemps son monopole, dès qu'un livre à support numérique sera opérationnel et efficace.
Il faut bien se faire à cette idée, dès que cette possibilité existera, cohabiteront les livres papier et numérique. Et le livre au support numérique se développera vraisemblablement beaucoup...
Voici d'ailleurs que surgit un objet, usant d'un succédané d'encre, capable de contenir des dizaines de « livres » dématérialisés, téléchargeables en moins de temps qu'il n'en faut pour sortir un volume de sa bibliothèque et au moindre coût...

-/-

3 décembre 2007
UNE ESPÈCE DE s'utilise de plus en plus au masculin. Et sort parfois même de la bouche de gens éduqués qui pourtant le savent que espèce est féminin et ne s'emploie pas au masculin...
Cependant, dire « un espèce de » paraît être une espèce d'habitude difficile à contrer, quand elle est prise !
En l'occurrence ce masculin puise sa force par contagion d'autres mots proches tels que « un genre, un mode ».
Il reproduit sans doute le masculin de l'insulte : « espèce de con ! » Parce que cette insulte ne supporterait pas d'en passer par son féminin : une espèce de con.
L'explication serait que si l'espèce est humaine, l'homme est masculin jusqu'à revendiquer d'en être le neutre.

Retenons ce que la science a apporté de plus rassurant au détour du siècle : il n'y a pas de races humaines mais une seule, autrement dit, il n'y a qu'une espèce d'homme.

12 décembre 2007
LES 4 MILLIARDS DE CONTRATS D'ARMEMENT qu'aurait signé la France avec la Libye relèvent d'une absurdité révoltante. Bien sûr si ce n'avait été la France, ç'auraient été d'autres Etats marchands comme il est arrivé pour le Maroc (USA) ou l'Algérie (Russie).
C'est cependant absurdement bête parce que ces matériels sont à terme producteurs des fameux dommages collatéraux humains, et surtout absurdement à contre-courant puisque tout de l'armement -la fabrication autant que l'utilisation, est archi pollueur et gaspilleur de ressources !
Finalement absurde et dérisoire si l'on considère l'argument selon quoi cela va fournir de l'emploi à des citoyen(ne)s à qui on demande d'installer des ampoules économiques dans leurs appartements équipés de fenêtres à double vitrage...

17 décembre 2007
LES ENFANTS EN APPRENTISSAGE DE LA LANGUE déclinent spontanément : vous « disez », et non vous « dites » , assez logiquement après « nous disons »... Il faut voir néanmoins la violence avec laquelle les adultes les reprennent ces enfants lorsqu'ils le disent ce « vous disez », comme des petits débiles qui ne savent pas que c'est comme ça qu'on dit, donc que « dites » est la forme correcte !
Il est vrai que l'audace des ces enfants est sans limite, il peuvent dire par exemple: « vous avez li ou prendu », alors que « vous avez lu ou pris » nous parait naturel.
C'est le mystère des irrégularités qui ont acquis un statut de règle.
Considérons le parlé de Monsieur qui se dit Meussieu ou M'sieu, qu'il faut indéniablement écrire Monsieur, même si

le « on » et le « eur » ne sont désormais plus prononcés. Testons-le à la banque ou à la boulangerie, saluons les hommes présents d'un Bonjour « Monsieur » prononcé « Mon Sieur » avec le r final...
On risquera la moquerie c'est sûr, ou l'accusation de maniérisme, avec raison. Déjà qu'il n'est pas évident de s'en aller d'un « au revoir ! » prononcé à l'exactitude de « au re-voir » qui de fait se dit « au r'voir » ou « à r'voir », quand ce n'est pas « à rvouère ».

20 décembre 2007
LES PETITES PHRASES, comme virgules dans la vie, se glissent dans le discours, conversation ou texte.
Il y en a des ringardes, comme: « On est allé trop loin dans l'évolution »...
Des terribles : « Depuis les années 1950, on se demande si les hommes sont encore des hommes »...
Des gâteuses : « Avant ils savaient nous toucher, ils savaient relier les mots, ils savaient encore chanter »...
Et bien d'autres, toutes authentiques !

24 décembre 2007
JULIEN GRACQ, hier peu connu du grand public, et peu lu du public des « lecteurs », devenu selon les titres de presse « Géant des lettres françaises » et « Dernier grand écrivain français »...
Dans toutes les dépêches, il est qualifié d'auteur secret, retiré du monde littéraire, peu sensible aux honneurs etc. En des termes à peu près identiques à ceux utilisés à la mort de Maurice Blanchot (2003).
Quelques porte-voix du milieu de l'édition ont larmoyé sur le fait que, refusé par les maisons d'édition en place, Julien Gracq avait dû « se » publier chez un éditeur marginal, du coup il n'est à ce jour toujours pas accessible en poche, donc absent des fameux linéaires des super-magasins, bien que publié de son vivant dans la *Pléiade*, collection Porsche de Gallimard.
Et, avec justesse, bien que ce soit comique, ils ont

apologisé son livre brûlot sur le milieu littéraire (*La Littérature à l'estomac*), affirmant qu'il « n'avait pas pris une ride ».
Finalement, ils ont paru éprouvé sincèrement de l'admiration pour celui qui a refusé les prix, et le *Goncourt* en particulier, après quoi eux ne cessent de courir...

4 janvier 2008
S'INQUIÉTER de ce que s'authentifie le discours, érigé en constat incontestable, selon quoi notre monde a perdu ses valeurs et ses repères. Bien plus encore, selon quoi le progrès aurait apporté plus de méfaits que de bienfaits (Edgar Morin).
S'inquiéter parce que ce discours-là est justement le moteur du développement des intégrismes allant des islamistes radicaux aux extrémistes de droite. Si en effet notre monde est pire qu'avant les découvertes scientifiques, plus déboussolé qu'antérieurement aux connaissances contemporaines, s'il n'a en rien créé des valeurs nouvelles, alors autant revenir aux valeurs premières ancestrales qui n'étaient pourtant pas toutes d'ouverture, de justice et de respect, convenons-en !
Et sûrement pas d'égalité, ni de liberté d'expression, de pluralisme et de parité, encore moins de reconnaissance des droits des minorités. Ni même toujours de solidarité...

10 janvier 2008
NOUVEAU CRI D'ALARME lancé dans la presse à propos de la langue française, de moins en moins utilisée à Bruxelles et en Europe. Hélas, simple lamentation !
On peut en effet défendre le français et son (bon) usage par tous les moyens, mais pour que cette langue revienne au premier plan ou garde un rôle d'importance, il faut la

libérer de règles obsolètes, autant que contraires aux logiques contemporaines, qui la brident.
Et lui insuffler une capacité d'invention pour exprimer le temps que nous vivons, notamment en accueillant le néologisme toujours suspecté dans la pratique académique...

16 janvier 2008
QUE PENSER d'un intellectuel qui publie dans *Le Monde* des plaisanteries de fin de diner : « le tout-à-l'ego »? Que penser de Régis Debray qui écrit en allure de cliché que notre civilisation est sans doute la première à refuser de se laisser interroger par la mort ?
Rien. Sauf à souligner qu'elle est la première à accroitre l'espérance de vie de façon plus que significative, la première à avoir fait reculer la mortalité infantile et celles des mères, à faire baisser le nombre des victimes en général, des guerres, des maladies, des routes, des crimes. Et la première à se questionner sur la fin de vie, l'euthanasie etc.
La première surtout à avoir été obligé de concevoir que des humains pouvaient mourir hors de la Terre, comme les astronautes de Columbia au retour dans l'atmosphère.

23 janvier 2008
LES GOUVERNEMENTS ont tendance à réglementer certaines pratiques des peuples pour les sauver de leurs propres excès. Ici, en France, c'est le tabac, interdit dans les lieux publics. Encore que la rue, lieu public par excellence, est devenue l'endroit où les gens fument.
Et ailleurs? Pour le tabac, interdiction analogue en Turquie, pourtant pays grand fumeur.
Et cela viendra sûrement un jour au Tadjikistan où pour l'instant il est apparu plus urgent de restreindre l'ampleur des festivités pour lesquelles les familles se ruinent littéralement. Parfois pour la vie entière, parfois sans parvenir à rembourser !
Ainsi lors des mariages, seules 4 voitures sont désormais

autorisées pour constituer le convoi de la « future », il ne doit pas y avoir plus de 150 noceurs à qui seulement deux plats chauds seront servis, les festivités étant limitées à 3 heures. Le tout sous peine de forte amende.
Id pour les enterrements, pas plus de 80 participants. Id pour les fêtes de circoncision, un maximum de 60 invités...
La population est divisée. Pour les uns, cela va éviter que tout soit focalisé sur ces cérémonies. Pour les autres, c'est tout simplement une grave atteinte aux traditions.

28 janvier 2008
NE PAS CROIRE SES PETITES IMPRESSIONS, l'année la plus chaude depuis un siècle aura été 1998, juste devant 2007. Et ces deux années ont été plus chaudes que 2003, pourtant marquée par une hyper canicule, et plus que 2006 avec ses 3 phases caniculaires !
Enfin, ceci est vrai pour le monde entier, parce que 2007 se situe en France métropolitaine au neuvième rang des années les plus chaudes depuis 1900, à égalité avec l'année 1989...
Bien sûr, au-delà d'un siècle en arrière, on ne saurait pas dire. Pas de bonnes données, le quasi silence, même si les carottes glaciaires ont apporté quelques indications, on est comme des ignorants face à quelque chose qui a disparu.
Les présentateurs TV eux ont dit que ça prouvait bien que le climat se réchauffait.

5 février 2008
DOUX SALUT À DIDEROT alors que se construit toujours davantage, et sans limite prévisible, l'encyclopédie Wikipédia qui est en soi un hommage à celle de Diderot. Ne serait-ce que parce qu'il avait dû batailler ferme pour l'imposer.
Il faut dire qu'il avait le projet de « changer la façon commune de penser ».
Ce pourquoi il inventera un système de renvois –avant-

curseur des liens de l'hypertexte, qui « opposeront les notions, feront contraster les principes... ébranleront secrètement les opinions ridicules qu'on n'oserait insulter ouvertement ».
Pour se jouer de la censure et de la répression -sans y parvenir toujours, Diderot insérait discrètement des ajouts dans tel ou tel article orthodoxe, c'est à dire ceux qui s'accordaient aux croyances officielles...
Qué placer !

19 février 2008
HOMMAGE À ROBBE-GRILLET, membre original de l'Académie française qui n'a pas voulu revêtir le curieux accoutrement de rigueur, de type théâtre ancien, qui a surtout refusé de porter l'épée dit des académiciens.
Il faudrait pourtant qu'ils le comprennent, ces académicien.ne.s, il faudrait qu'ils arrivent à le comprendre, c'est vrai, à une époque ça se faisait de porter l'épée au sortir de chez soi, mais bon, aujourd'hui, à part quelques-uns qui s'équipent d'une arme blanche ou de poing, les gens pour aller à l'extérieur se munissent généralement de leur téléphone, afin de pouvoir communiquer avec le monde.

26 février 2008
LA FICTION SALVATRICE, au sens terrien. Ou, comment grâce à l'écriture de la fiction, ouvrir une voie possible entre, d'une part, l'intégrisme fondamentaliste, plus ou moins radical, de plus en plus présent dans toutes les cultures.
Et, d'autre part, la vision ravageuse de la théorie du complot, de la paranoïa de la manipulation. Celle abusive de l'orwellisme partout.

8 mars 2008
CE QUI MARQUE DE PLUS EN PLUS le flux médiatique présent, c'est que toujours la parole conservatrice passe et se répand. Et elle, de préférence, en priorité !

Presque jamais en effet ne s'entend la parole audacieuse, moderne, nouvelle, inventive, créative.
Qui par exemple se réjouit du dernier lancement d'un engin à destination de la station spatiale internationale? Qui met en avant qu'un pour cent seulement de la richesse mondiale permettrait de faire face aux causes humaines du changement climatique ? Qui s'étonne de la constante augmentation de l'espérance de vie ? Qui pointe la précision croissante de nos connaissances transformant notre vision au point de ne plus être en mesure de les comparer à celles du passé ?
Sûrement pas les multiples chroniqueurs de presse ou de radio, culturelle ou pas, qui mettent en garde, préviennent, rejettent, récusent, annoncent mille dangers, dépeignent de façon négative et souvent fausse, jouent de la démagogie, recherchant par là une opinion générale toute prête à suivre.

12 mars 2008
EN FAIT DU ROMAN, je n'ai jamais aimé l'idée que le romancier romance.
Dès mes débuts d'écrivain, je lui ai préféré la fiction construisant un monde qui d'une certaine façon n'existait pas avant elle.
Cependant, le roman désignait à l'origine ces récits qui ne s'écrivaient plus en latin mais en langue romane.
Justement, je n'écris plus vraiment le français classique, j'écris de plus en plus un français inspiré par la langue vivante d'aujourdhui...
Sans doute ce qui peu à peu m'a réconcilié avec l'idée du roman qui invente un monde n'existant pas avant lui, écrit dans une langue qui n'existait pas davantage !

1er avril 2008
ON NE SAIT POURQUOI le journal *Le Monde* s'est lancé dans l'édition de livres sur de grands philosophes, seul le service commercial pourrait le dire.
Néanmoins, voir l'un de ces livres, le « PASCAL » par

exemple, trônant sur un présentoir au-dessus de la caisse enregistreuse du loto et autres jeux français a quelque chose de vraiment estomaquant.
Et aussi d'assez rassurant, et même de réjouissant. Car finalement cela signifie que la culture se répand et arrive là où elle manque !

-/-

2 mai 2008
UN PROJET DE RÉFORME DE LA LANGUE préconise un changement dans l'orthographe...
Non, il ne s'agit pas du français mais de la langue portugaise. Environ 2 000 mots sur les 110 000 de son vocabulaire devraient prendre la graphie brésilienne.
Il s'agit de rendre l'orthographe plus proche de la façon dont les mots sont prononcés, en supprimant les consonnes silencieuses...
« Comment un peuple entier a-t-il pu être manipulé à ce point, pour en arriver à considérer comme normal le fait d'écrire ce qui ne se prononce pas ? »
Cette fois, le propos concerne le français, c'est un lanceur de tracts assez caustique qui m'envoie cette réflexion.
Et en effet on persiste à trouver ça normal d'écrire des lettres mortes, et on continue de l'imposer à nos enfants, tout en se désolant que le niveau de l'orthographe baisse !

13 mai 2008
AU FOND CE N'EST PAS QUE ce monde moderne ait perdu ses valeurs ou ses repères (anciens, il faut le préciser), il a surtout perdu pas mal de ses certitudes, souvent

imbéciles, à mesure que se sont développées nos connaissances autant que la prise de conscience qui normalement va avec.
Le développement des unes et de l'autre pouvant d'ailleurs provoquer le désarroi.

15 mai 2008
LE PASSÉ SIMPLE comme temps de narration révèle désormais une conformité au modèle du roman formaté. C'est précisément lui qui donne la couleur de ce roman standard, qui en est une sorte d'attestation.
Ceci pouvant aller jusqu'à l'obsession, en témoigne cette phrase trouvée dans l'un d'eux : «Je pris son verre et le lui jeta à la figure».
A la manière des enfants de l'école primaire qui, désireux de rendre les histoires plus vraies, utilisent le passé simple en conjuguant tous les verbes en « a » !

30 mai 2008
POUR LE ROMANCIER Nicolas F, « parler d'amour avec des mots justes passe non pas par le cerveau, mais par l'estomac », ce dont il semble être fier.
On voit mal comment cela pourrait être possible, sauf à s'en remettre à la percussion corporelle, en vogue par les temps qui courent !
Il s'agit d'une référence à une formule codée et persistante selon quoi le cerveau c'est froid, guère humain, tandis que l'estomac serait plus chaleureux, voire plus naturel.
Les penseurs grecs pensaient que le lieu des émotions et de la vie était le coeur, mais l'on sait bien maintenant que c'est le cerveau, sans que cela enlève du « coeur » -qui lui est un muscle, aux émotions plus ou moins chaudes ou froides, en tout cas neuronales.
Les mêmes penseurs croyaient aussi voir des canaux sur Mars en l'observant attentivement.
Ces jours-ci des images de la planète rouge (sombre) envoyées pas l'engin *Phoenix* me provoque quelques

effrois... Le sol y est désert, aride et rocailleux, à ressembler à s'y méprendre à des coins de la Terre.
Mars inhabitée et inhospitalière, déjà nouvelle frontière pour l'humain, deviendra-t-elle vraiment une « terre » de conquête ?
Sauf coup des dieux, les singes que les russes prévoient d'y expédier en un premier temps, plutôt que des humains, ne devraient pas s'y établir durablement...

27 juin 2008
CE POURRAIT ILLUSTRER LA DIFFICULTÉ DE PRÉVOIR, mais aussi l'ampleur de l'incertitude sur ce qui se passera.
Deux figures en effet s'opposent, sous-jacentes à tous discours, la première développée par ceux qui pensent inévitable la catastrophe pour l'humanité, et la seconde par ceux qui imaginent que dans les dix à trente ans à venir il se passera des choses formidables !
Deux visions qui séparent radicalement ceux qui pensent que le mal est fait, qu'il est même irréversible, et ceux qui entrevoient des possibilités jusqu'alors inédites de vivre sur Terre.

3 juillet 2008
QUI VEUT S'ASSURER UN PEU DE PRÉSENCE MÉDIATIQUE doit en passer par des phrases engagées, genre « souhaiter que la mondialisation pète », comme FV, ou décrire notre société comme « terrible, machiavélique, de plus en plus invivable », comme CL !
Ce dernier parle-t-il vraiment de notre société de ces années 2000, ou d'une vraie terrible comme la société allemande d'Hitler, la stalinienne, la pétainiste et la maoïste d'hier ou la Coréenne du nord d'aujourdhui ?
En l'occurrence l'artiste reproduit des clichés communs sur le fait que maintenant on aurait de moins en moins de droits et que nos libertés seraient régulièrement rognées.
Reste que l'artiste peut préparer ses installations tranquillement, en opérant autant de prises de vues qu'il

veut sans se préoccuper de savoir s'il aura assez de « pellicule ».
Les possibles s'accroissent en général, sur le net, on peut réécouter une émission de radio-tv pendant une semaine et plus, entendre l'intégralité d'une interview diffusée en version courte en direct, savoir dans combien de temps le prochain bus va arriver etc.
D'accord j'enfonce des portes ouvertes, mais eux les ferment.

15 juillet 2008
VISION D'UN CONVOI DE CHARS et autres énormes engins militaires revenant du défilé du 14 juillet. Le sol en tremble à chaque passage. Lourdeur, massivité, implacabilité, ce sont des équipements qui portent par principe le projet de destruction. Pas sûr pour autant qu'ils soient toujours adaptés, les rébellions et terroristes en général étant désormais équipés de façon légère bien qu'efficace.
Pas davantage certain que des engins pareils participent raisonnablement à ce défilé, pour impressionner qui ? Les gens, le monde entier? Tout comme les avions qui colorisent le ciel et les légionnaires qui y vont de leur cadences arrogantes. Le défilé seulement comme « vivante » tradition ?
Einstein ayant assisté à une parade de troupes à Vienne disait que pour défiler au pas, et dans l'ordre, une moelle épinière suffisait... Dur pour les jeunes gens des grandes écoles qui marchent fièrement selon un rituel plutôt primitif.

22 juillet 2008
LE SAVOIR DOUBLE TOUS LES ANS, affirme Ray Kurzweil, de ce fait les choses devraient changer plus vite que les prévisions les plus linéaires l'annoncent. Sauf à prendre en compte l'inertie humaine qui est terrible, sa résistance difficilement mesurable.
Elle n'est d'ailleurs pas toujours antipathique. Proposez

une nouvelle formule, une autre manière d'être, une nouvelle orthographe, il vous sera répondu: « Ah ! moi j'aimais bien l'ancienne ».
Et si vous argumentez encore, il vous sera dit : « Oui d'accord, mais j'aimais bien quand même ! »

29 juillet 2008
FIGURE DOMINANTE de la presse française, Jean-François Kahn est une grande gueule qu'on peut trouver sympathique ou très agaçant. Il l'est particulièrement, agaçant, dans son comportement dans les débats où il ne peut s'empêcher d'interrompre ses contradicteurs. Plus précisément de leur répondre aussitôt entendu la moindre bribe de raisonnement, et sans en attendre la fin, ce que néanmoins il réclame pour lui chaque fois qu'un modérateur tente de l'arrêter dans une démonstration souvent interminable.
On apprend que cet homme ne se sert ni du téléphone mobile ni d'internet et qu'il est apparemment fier de s'en passer, donc de rester un homme analogique.
Pourtant, s'il utilisait ces engins numériques, il comprendrait sans doute ce qu'est la communication <envoi/retour, signal/réponse> qui fait qu'on écoute l'autre et le laisse parler avant de lui répondre.
On conseille vivement à cet homme -qui ne sait pas ce qu'il perd, d'entrer dans l'ère numérique.

10 aout 2008
HONTE à ceux qui ont provoqué cette guerre en Géorgie, honte à ceux qui la poursuivent ou voudraient le faire sans jamais tenir compte le moins du monde des gens qui vont souffrir, jeunes ou vieux, femmes ou hommes.
Honte à ceux qui pensent légitimes pour défendre des intérêts d'en passer par ces souffrances, ces massacres, ces tueries, ces destructions, ignorant le prix inestimable de la vie.
Donc à ces barbares qui vont jouer de l'artillerie et faire tonner le canon comme en 14 (1900), bombardant ainsi là

où ça peut.
Et qui donc vont mécaniquement provoquer les fameuses exactions des soldats de toutes les guerres et de toutes les invasions, voler et brûler pour le moins, pratiquer par principe l'arbitraire.
Illustrant ainsi l'anachronisme de vouloir conquérir des territoires par la force. Et de croire que c'est à la surface des territoires que se mesure la prospérité d'un pays.

-/-

27 aout 2008
DÉSORMAIS TOUT LE MONDE SAIT TOUT « au niveau de l'info ». Quiconque, quel que soit le niveau culturel, est au courant de l'accident, de la tuerie, de l'affrontement, du fait diver, même isolés intervenus hier, dans la nuit, et ce dans le détail. 150 morts je crois dans l'accident d'avion, non non, 153.....
On ne peut que se réjouir d'être sorti du silence sur le monde, et surtout de celui du propagandisme accepté (Sartre pendant des années avait réussi à garder pour lui l'existence des camps soviétiques)...
Bien sûr les médias peuvent nous raconter n'importe quoi, encore que la mise en concurrence des médias ne pousse pas dans cette direction.
Ce qui me gênerait, c'est un ressassement du connu qui semble se développer de plus en plus.
Les jugements portés sur les événements, les références citées, les valeurs appelées semblent se limiter à un paquet connu.
Les journalistes, les acteurs médiatiques en général sont sous la pression grandissante de devoir s'en tenir à ce

paquet, faute d'être éjectés ou bien ne pas être écoutés.
Revenir au Houellebecq national, cité par *Le Figaro* du 14/08/2008 : « Si tu veux avoir des lecteurs, mets-toi à leur niveau ! Fais de toi un personnage aussi plat, flou, médiocre, moche et honteux que lui. C'est le secret... »

3 septembre 2008
LE RETARD NUMÉRIQUE que connait l'éducation nationale est sans doute plus angoissant que la fameuse fracture numérique dont les médias parlent régulièrement.
D'autant que cette fracture numérique concerne peu les jeunes scolaires, généralement connectés hors de l'école, ni forcément les défavorisés, par exemple une part des gens n'utilisant pas le numérique vient d'une catégorie cultivée et aisée de la population qui aurait tendance à penser que c'est « bien » de ne pas trop se servir de ça.
Le retard numérique des établissements scolaires est majoritairement grave : site inexistant ou pas mis à jour, préférence donnée à l'affichage sur les portes de l'établissement et pas sur le site web, ou à l'inscription sur le carnet de correspondance jusqu'à l'indication selon quoi « le directeur ne communique pas par courriel avec les parents d'élèves » etc.
Et surtout pas d'échange de mails entre professeurs et élèves à qui ce moyen génial de communication est si familier...
On voit que ce retard numérique est l'une des données de la séparation entre culture de l'école et culture de la vie.

6 septembre 2008
JE NE SUIS PAS UN GRAND AMATEUR des films des frères Dardenne, -cinéastes abonnés à tous les festivals et à tous les magazines spécialisés, j'ai dû en voir un ou deux dont je suis chaque fois sorti accablé. Ce qui n'est en rien suffisant pour porter un jugement critique.
En revanche je les ai entendus déclarer, à la manière des Dupont, que « le prix de la vie a baissé dans notre société ».

Voilà une affirmation qui me met hors de moi car c'est presque sûrement faux au regard des données présentes. Il serait facile de convoquer mille arguments pour démontrer qu'au contraire le prix de la vie individuelle s'est accrue considérablement ces derniers siècles. Et en particulier ces dernières années. Par exemple plus de la moitié des pays membres de l'*ONU* ont récemment proscrit la peine de mort et ici ou là on s'attaque aux crimes de guerre, d'honneur, de discrimination etc...
Et pourtant c'est une phrase parmi d'autres que les frères précités savent distiller, sachant qu'elles ne peuvent que séduire le tout venant de la critique autant qu'un grand public convaincu qu'il vit la pire des époques.

9 septembre 2008
SALUER L'APPEL DU MINISTRE des affaires étrangères britannique de ce jour (*The Independent*) pour l'établissement d'un traité contrôlant les ventes d'armes (Arms Trade Treaty). En particulier de celles qui vont alimenter les conflits en cours.
Bien sûr, il faudrait être innocent pour croire qu'un tel traité, même signé par tous les pays, pourrait stopper net le flux sidérant des armes à travers le monde.
Mais c'est si urgent de bouger sur cette question. En effet le marché des armes a explosé ces dix dernières années et il continue de s'accroitre.
C'est le premier souci que nous devrions avoir autant pour des raisons de paix que d'écologie.

15 septembre 2008
QUE C'EST TRISTE une maison où il n'y a pas de livres, répète une amie, à chaque conversation de vernissage, sans que je sache si elle craint qu'il y en ait de moins en moins à mesure de l'arrivée du livre électronique.
Comme j'aimerais cependant, comme j'aimerais savoir ranger au mieux ma bibliothèque qui me désespère chaque fois que je cherche un livre parce que la plupart du temps je ne le trouve pas.

Souvent j'abandonne, tant pis. Comme, en général, c'est un passage précis d'un livre que je cherche, j'abandonne d'autant plus facilement que je peux faire la recherche de ce passage sur *Google*, dans les livres qui sont numérisés...
Classer mes livres par ordre alphabétique, je ne peux m'y résigner. Proust à P, Rimbaud à R, Shakespeare à S ? Non, pas possible. Bien sûr que, comme tout le monde, j'ai mon coin de livres préférés, mais il y a plein d'autres livres que j'aime aussi, beaucoup d'autres, qui sont perdus dans la masse...
Que c'est triste, elle insistait, les gens qui n'ont pas le temps de lire !
J'en étais à me demander s'il ne faudrait pas doter chaque livre de ma bibliothèque d'une petite puce pour m'indiquer sa place chaque fois que je le chercherais, de sorte qu'ainsi je pourrais le trouver...

19 septembre 2008
LA CRISE S'ÉTEND, s'aggrave, se propage, n'en finit pas d'éclater. D'ailleurs elle va durer, certains économistes l'annoncent même devant nous, et non derrière.
L'économie va perdre jusqu'à 1000 milliards de dollars. Oui mais l'ex-patron de la *Federal Reserve* dit qu'il y a toujours des gagnants et des perdants, donc ces 1000 milliards ne vont pas disparaitre pour tout le monde, mécaniquement des acteurs économiques vont les rempocher...
Sans compter que les États mettent l'économie sous perfusion, suivant en cela les Banques centrales qui elles injectent des milliards de liquidités. Inutile d'essayer de comprendre d'où cet argent sort, de nulle part, ex nihilo! De la folie, ou du génie, si l'on est rieur.
Assurément la finance est devenue folle en spéculant sur elle-même ou sur des titres avant même que les spéculateurs les possèdent. Mais sans folie qui gagnerait quelque chose à quoi que ce soit ? Personne, tous perdraient en ne gagnant pas.

Ce pourquoi les bourses qui sont totalement irrationnelles, doivent monter puis descendre.

29 septembre 2008
SELON JEAN GUILAINE: « Les conflits sont antérieurs au néolithique. Mais le néolithique n'a pas arrangé les choses, car on pouvait piller les réserves... Je n'accuse pas le néolithique, je pense que c'est l'homme qui a mal tourné... »
Mal tourné, l'homme ?
Voilà une phrase assénée mille fois par des gens qui n'étaient pourtant pas des spécialistes du néolithique, ni d'ailleurs spécialistes de rien du tout.
C'est une idée classique selon quoi avant il y avait le paradis et puis ensuite il y a eu la sortie de l'éden, de quoi tout le mal est venu.
On se contentera d'avancer que depuis l'agriculture, il y a eu l'avènement de la pensée.

4 octobre 2008
GRANDE NOUVELLE SUR LE FRONT DU FRANÇAIS, de la langue française précisément.
Les dictionnaires se mettent à proposer en option (à la manière de clé et clef) la nouvelle orthographe provenant des *Rectifications de l'orthographe de 1990*.
Près de 6 000 mots sur les 60 000 du *Robert* sont ainsi proposés avec deux orthographes différentes.
Donc il aura fallu pas loin de 18 ans pour y arriver. Et encore tout n'est pas retenu, par exemple la quasi suppression des accents circonflexes sur le « i » et le « u » est jugée trop sensible et le « sèche-cheveu » au singulier ne fait l'objet que d'une remarque...
Cette mini révolution aura cependant plus de conséquences qu'il n'y parait. Parce qu'elle ouvre heureusement les portes à plus de logique et aussi à plus de vie dans l'usage de la langue.

9 octobre 2008

APRÈS TOUT UN TAS DE CRISES qu'on a fini par oublier, la crise financière se prolonge, dure et ne cesse de continuer. On ne sait si elle est toujours due aux fameuses maisons américaines vendues à des pauvres gens à qui on a tout repris, ou si elle est motorisée par la peur éternelle fortement attisée par les déclarations alarmistes des différentes instances internationales.

De fait la crise globale semble installée comme toutes les crises dans le temp(s) médiatique global. Il y a des années c'était la vache folle, il y a quelques mois c'était le pétrole -qu'on voyait à au moins 200 dollars, et aussi les matières premières qui montaient, montaient, n'arrêtaient pas de monter. Surtout, on prédisait que ça durerait...

Depuis des jours les bourses décrochent, plongent, ce matin la japonaise a encore baissé de 0,8%, si ça veut dire quelque chose qu'ils le disent plus clairement.

Attendre que le temps médiatique déroule son déroulement, ensuite il y aura bien quelque chose d'autre qui montera ou descendra. Ou qui n'en finira pas de dévisser ou de flamber jusqu'au pic des cimes ou des abimes...

15 octobre 2008

VOILÀ, ÇA Y EST, LA CROISSANCE EST À ZÉRO, de quoi satisfaire les propagandistes de la non croissance?

Pas sûr, d'ailleurs ils ne semblent pas s'en réjouir. C'est que la non croissance n'est pas drôle, elle est surtout grave pour les plus pauvres.

Où l'on saisit alors qu'elle ne convient pas à l'humanité, que sans doute la croissance est non seulement souhaitable mais inévitable, bien sûr pas pour plus de bagnoles ni même pour davantage de bâtiments universitaires.

Par exemple, pour la multiplication de mises en réseaux des profs, des chercheurs, des étudiants. Ou encore pour la fameuse conquête de l'espace qui montre combien la croissance est inhérente à l'humain.

Ces temps-ci un engin va cartographier la Terre depuis l'espace et certainement nous en rapporter une vision autre que celle que nous en avons depuis des siècles.
Un autre essaie de capter ce qu'on voit de la Terre depuis Vénus, plus précisément si de là-bas on en détecte des signes de vie...

21 octobre 2008
DE JEUNES SPECTATEURS d'un film sur l'humoriste Coluche, notant que celui-ci parlait des années 1980 comme une période dure, en ont conclu que c'était dur à ce moment-là mais que maintenant c'était encore plus dur. Ce qui pourrait conduire à penser que les temps ont toujours été durs.
Cependant des époques l'ont objectivement été plus que les autres, oui assurément si l'on prend les périodes de guerre, 1917, 1942 ou les périodes de grandes épidémies en Europe, ou d'intolérances « moyen-âgeuses ».
Celle des années 1960 quand toute une partie de la jeunesse masculine française partait pour de longs mois en Algérie faire une guerre qui ne portait pas ce nom ? De l'année 1982 ou l'on voyait à la télé le président demander d'un air dramatique qu'on achète des produits français ? On pourrait y ajouter 1993 avec le développement du sida en même temps que la récession économique...
Une autre question serait de savoir si une plus grande conscience des choses rend ou ne rend pas les temps encore plus durs ?

28 octobre 2008
ET SI, À FORCE DE PLONGER, s'écrouler, capituler même dit-on, toutes les bourses allaient descendre pour s'approcher de presque rien ? À l'image de la taille des *baladeurs numériques* ultraplats dont on a peine à se représenter l'ancêtre d'une vingtaine d'années qu'était le gros Walkman et sa fameuse *K7*, ancêtre seulement par usage tant les capacités ne sont tout simplement pas

comparables ?
Oui, si tous les prix déclinaient d'une certaine façon sur le mode de la gratuité souvent offerte sur le net et allaient jusqu'à tendre vers zéro?
Cela laisserait entrevoir de nouvelles valeurs esthético-philosophiques, sans toutefois écarter que de vieilles valeurs de rapacité reprennent le dessus.

-/-

7 novembre 2008
UNE AMIE ME DIT: « Ce que j'ai compris de toi, c'est que tu penses que le passé était pire que maintenant, ou alors qu'il y a aujourdhui des choses qui sont mieux... »
Sans doute oui je suis plus intéressé par l'époque présente que par le passé, et encore plus par ce qui apparait en devenir dans tous domaines...
Sûr que je me passionne pour le stade numérique et pour l'accroissement des possibilités en général.
Ce qui m'intéresse dans mon entreprise d'écriture, c'est l'avancée mentale. Oui je m'attache à ce que ma langue d'écriture porte des données nouvelles de vie autant qu'elle traduise le développement mental de l'humain.
En cela je cherche à accroitre le mental dans la vie plutôt que le contraire.

15 novembre 2008
CE QUI POURRAIT SAUVER UN PEU les habitants de l'Est du Congo : que des images de leur réel soient de plus en plus diffusées sur les télés et sur le net.
Elles ne vont pas arrêter hélas, mais freiner possiblement, la bêtise guerrière. Car sans elles, c'est le silence complet

sur ce qu'il se passe !
Au Rwanda, au pire des moments, il n'y avait pas de diffusion d'images.
Et pas d'images du tout en 1942, en Europe...

18 novembre 2008
SELON LES CROYANCES LES PLUS HABITUELLES, le dernier paradis sur Terre, c'est la vie sauvage, la nature non humaine. Là où l'homme ne serait pas encore intervenu, ou bien ne s'y serait comporté que comme un animal parmi d'autres...
Curieux de penser que, selon les clichés analogues, la vraie liberté, ce serait celle de l'homme qui vit dans le désert, isolé, loin et démuni de tout !
Moi je la vois plutôt chez l'homme relié au monde.

21 novembre 2008
DANS LA SÉRIE DES « y a plus », selon le sociologue E. Enriquez, notre monde serait devenu progressivement « sans transgressions ».
Ceci rapporté par un chroniqueur qui en fournit la raison: « il n'y a plus ni idéaux ni sur-mois collectifs forts », impliquant que jadis il y avait une conscience collective.
On ne saurait dire si elle a jamais existé, cette conscience, peut-être en début de guerre 14-18 quand la population était apparemment consentante.
D'ailleurs rien ne prouve qu'elle n'existe pas aujourdhui si l'on considère l'accord majoritaire sur bon nombre de questions morales, le refus de l'esclavage ou de la guerre, l'adhésion à l'égalité...
La transgression est surtout à chercher là où justement beaucoup la refusent, par exemple à travers l'accroissement du champ du numérique, la transformation de la langue en un outil de pensée et de communication logique, ou encore l'avancée mentale pour sortir l'humain du stade très inhumain de l'histoire.

1er décembre 2008
LA CRISE ON Y EST, pessimisme des industriels, des ménages, tous les indicateurs sont au plus bas, il faut dire qu'on avait préparé le terrain, qui ? Je ne sais pas, je ne crois pas aux chefs de complot, mais on parle de la crise depuis au moins dix ans, et bien avant déjà.
Parmi les raisons de fond du pessimisme, il y a celle principale de Claude Lévi-Strauss qui regrette que la population mondiale soit passée des 2,5 milliards de sa jeunesse à 6,5 et bientôt aux 9 milliards prévus actuellement pour les années 2020.
Il y a la question écologique qui selon certains écarte tout futur, mais à trop dire qu'on en a plus que pour dix ans tous les dix ans, on casse le moral sans rien changer...
Il y aussi cette fracture mondiale, et parfois intérieure à chacun, entre les forces qui poussent à vivre les transformations du monde et celles qui veulent que le monde perdure comme il l'aurait toujours été, ce qui est une vue de l'esprit myope.
Le monde a en effet toujours changé, seule la vitesse de modification a spectaculairement mué à échelle de vie humaine.

8 décembre 2008
L'AFFAIRE DE L'ANCIEN DIRECTEUR du journal *Libération*, cueilli chez lui au petit matin pour être amené devant un juge, est une bonne opportunité de rappeler que cette procédure est courante, qu'elle peut nous tomber dessus n'importe quand, comme cela arrive quotidiennement à des gens qui souvent ne sont pas plus coupables que ce monsieur.
Elle est accompagnée de pratiques plutôt brutales, bien qu'elles soient légales, comprenant après l'arrestation le menottage, puis le déshabillage suivi de l'ordre de tousser trois fois...
Bonne occasion de prendre conscience que la France conserve dans ses rapports civils des méthodes de type militaire qui ne vont pas du tout avec son orientation

démocratique. Le pire est que ces méthodes se retrouvent à des degrés divers dans toute la vie sociale. De la justice à l'entreprise et au monde du travail, en passant par l'ensemble des administrations.
Il faudrait sérieusement démilitariser notre société.

26 décembre 2008
VENT D'OPTIMISME chez les conservateurs de la langue, le français ne serait plus menacé, ce serait le tour de l'anglais, car il y a la francophonie et son multiculturalisme.
On dirait que ces gens ne voient rien dans les rues des villes ou sur les routes de France, qu'ils ne lisent ou n'entendent plus. Les boutiques à enseigne en anglais se multiplient et les mots anglais se font de plus en plus voyants dans les textes ou les conversations.
L'embêtant est que ces mots correspondent à de nouveaux concepts qui ne se créent pas en français.

5 janvier 2009
UNE BONNE RAISON D'ARRÊTER toutes les guerres, ou de ne pas les déclencher, puisque aucune autre jusqu'à maintenant n'y est parvenue, pas même celle faisant valoir qu'elles tuent des innocents et font souffrir des enfants, des femmes et des hommes qu'on nomme les civils...
C'est que les guerres polluent plus que toute autre activité humaine, qu'elles émettent énormément de gaz à effet de serre, qu'elles gaspillent de l'énergie, détruisent des ressources etc.

10 janvier 2009
JE NE CONNAIS PERSONNE AYANT VÉCU la grande dépression des années 1930, en revanche j'ai un souvenir détestable de l'année 1993, marquée par la récession, et surtout des années qui ont suivi durant lesquelles ont émergé un tas de visions « rétro et archéo ».
Espérons que de la crise présente, il ne sourdra rien de tout ça mais au contraire un sursaut de modernité.

12 janvier 2009
ON FAIT DES FAUTES dans les mails, textos et autres écrits rapides, plus encore dans les messageries instantanées, sur les réseaux sociaux. Bien sûr, ce pourrait être lié à la rapidité justement qui force à précipiter les mots et en plus à les écrire en abrégé. Sans compter qu'il n'y a pas de temps de relecture.

Ou alors l'orthographe étymologique se découvre bien peu en accord avec notre pensée présente ?
Si l'on tenait compte de la théorie de l'information on n'accorderait pas tous les éléments de la phrase. Et on rendrait logiques beaucoup de graphies d'usage...

14 janvier 2009
DES AUTEURS FRANÇAIS se mettent à retraduire des auteurs anciens. Il y en a même qui entreprennent une retraduction à partir d'une précédente traduction. Y introduisant ainsi leur vision historique dans des textes déjà vidés de celle qu'ils portaient.
Que signifie-ce ?
Au-delà de l'imposture que représente cette dernière entreprise, cela montre que ces auteurs sont dans la panique de ne pas comprendre ou supporter la spécificité du temps présent. Et préfèrent lui tourner le dos.

17 janvier 2009
DANS LA SÉRIE « LES SYSTÈMES LOURDS ». A cette banque, toujours il faut faire la queue pour atteindre un guichet où deux personnes tentent de régler les problèmes des gens. C'est très lent.
La direction, je présume, a eu l'idée, pour solutionner ces problèmes d'attente au guichet d'installer une machine qui s'appelle « information ». Et qui a l'air de trôner dans un coin comme une personne.
Bon, il faut d'abord introduire sa carte puis composer son code avant de pouvoir demander quoi que ce soit. Ce jour-là, je cherchais à connaitre le coût des retraits aux distributeurs et des paiements par carte de crédit hors de la zone euro. Pas trouvé parmi toute une batterie de questions générales... De toute façon, pas le genre d'infos que les banquiers aiment donner en priorité !

18 janvier 2009
B. VIENT D'ÉCRIRE UN PETIT LIVRE de peu de mots, clairsemés sur quelques dizaines de pages, qui s'appelle

Rien.
-C'est bien mais c'est triste, je lui ai dit.
-Terrible, tu veux dire, elle répond.
Même si son *Rien* est singulier, il me semble que tout auteur(e) de l'histoire aurait pu écrire à peu près cela.
Car elle n'y intègre pas l'accroissement de l'intelligence et des connaissances contemporaines.
Ni l'accroissement des possibilités en général. Je ne lui ai pas dit.

19 janvier 2009
PARCE QU'ELLE M'A CHERCHÉ tout le cours d'une soirée, m'accusant d'être trop rationnel et d'en inventer toujours dans l'intellectuel ou le mental, je rétorque à la belle que c'est vrai j'opte résolument pour la piste d'intelligence.
Bon, quoi? Cela ne m'empêche pas d'aimer aussi la passion, la tendresse, le physique, la douceur, la sensualité, l'amour. Et le sexe qui on le sait est sans doute ce qu'il y a de moins rationnel.

20 janvier 2009
ON AIMERAIT REVENIR EN ARRIÈRE, parfois on aimerait effacer la réalité horrible...
Les avions sont restés sur leur base, les soldats s'amusent à la guerre virtuelle, les bâtiments se redressent, les écoles reprennent vie, les morts sont debout à s'affairer comme d'habitude, il n'y a pas de bombes ni de roquettes, les arbres sont en place et vont donner leurs fruits. Voilà que les hommes ont un peu de bon sens, ils écoutent davantage les femmes et surtout leurs mères, ils ont à la conscience que depuis toujours les guerres ont opposé des voisins.
Il se trouve que désormais les voisins se parlent, dans pas mal d'endroits du monde, on fait même des fêtes entre voisins...

22 janvier 2009
OUI, MAIS VOUS ÊTES COMME LES AUTRES, vous vous heurtez au mur, me disait Alain Veinstein, pour contrer mes assertions enthousiastes sur l'accroissement des possibilités, de l'intelligence et des connaissances, que je crois pouvoir associer à ce 21e siècle.
Pourtant, c'est bien cela -non pas briser le mur mais essayer de crever le plafond, qui meut toute mon entreprise d'écriture.
Jusqu'à avoir l'impression d'y parvenir un peu, petit peu.

28 janvier 2009
YV-NO ÉCRIT EN PARLÉ de tous les sujets de sa vie par les secondes qui courent, par exemple de son adolescence sans joie... En toute urgence, il demande comment faire pour avoir le cul propre avant de rejoindre son amant.
Un de ses amis lui conseille de se servir du tuyau de douche après en avoir retiré la pomme.
Il y a déjà longtemps, j'ai découvert dans les pays arabes la manière de se laver les fesses dans les toilettes, après le caca, à l'aide d'un tuyau d'eau justement, le papier y étant considéré comme peu civilisé ni très propre. S'agissant donc de se laver au lieu de s'essuyer, pas de se faire un lavement.
C'était une pratique médicale répandue, les lavements, qui a disparu, tout comme les ventouses dans le dos et les sangsues dans le cou...
Il parait que des bourgeoises se font nettoyer le gros intestin pour avoir l'impression d'être propres partout. Il parait aussi que c'est assez douloureux.
Yv-No quant à lui surfe sur son envie de tornade de libération en lien à son savoir de danser.

29 janvier 2009
LES JOURS DE GRÈVE dans les services publics. Jusque dans les années 1960/70, il y avait des coupures d'électricité et le téléphone ne marchait pas, pour cause de non automatisation. À Paris, la ligne 14 du métro

fonctionne même en cas de grève car elle est automatisée.
De la fin 19e au milieu du 20e siècle les grèves longues se terminaient souvent par l'intervention de l'armée. Il parait que sous Staline quand il y avait des révoltes, à défaut de grèves, les chars faisaient l'affaire.
En mai 1968, Maurice Blanchot s'écriait à la Sorbonne: « Manifestons-nous ! » (ceci rapporté par J-B Puech).
Il avait raison, Blanchot, nous devrions nous manifester davantage.
A propos de quoi, quand ?
De tout, toujours ! Au diable la réserve !

30 janvier 2009
SI L'ON VEUT ÉCOUTER LA RADIO un jour de grève pour la défense du service public, bien obligé d'aller sur les radios commerciales. En effet les radios publiques sont dans « l'impossibilité de diffuser leurs programmes habituels », remplacés par quelques bulletins d'infos et de longues plages de musique au rabais.
A une époque, la radio publique en grève diffusait un programme non stop de musique classique, je me souviens que cela ne me déplaisait pas, même si ça pouvait être angoissant.
A d'autres moments, et dans d'autres pays, quand la radio officielle s'arrêtait pour n'émettre que de la musique classique, cela signifiait qu'il y avait un coup d'État en cours, et par suite un changement de régime, ce qui, il faut le reconnaitre, se fait de moins en moins...

1er février 2009
SOIRÉE EMPLIE DE DISCUSSIONS DE FOND qui à un moment frisent l'agressivité comme un jour de pleine lune... Elle me dit que je m'intéresse trop à ce qui m'intéresse. Quoi ? Je m'intéresse à tout ce que je peux comprendre un peu et bien entendu à tout ce qui fait que je ne comprends pas...
Ensuite la parole bascule sur un tas d'histoires de

conflits, dont je dis qu'en général je fais tout ce qu'il faut pour ne pas en être.
Je dis aussi ceci : « Ce que je n'aime vraiment pas, par-dessus tout, dans la vie, c'est la guerre entre les hommes et les femmes. »
Elle me répond qu'elle ne fait pas la guerre... Je n'avais fait que dire que je n'aimais pas la guerre entre les hommes et les femmes...
Je repense à « l'invivable contemporain » de ma journée, je retiens que pour acheter des tickets de métro, il faut désormais se servir de machines automatiques. Pas forcément à redire, au fond est-ce que c'est intéressant pour un humain de vendre des tickets de métro ?
Oui, mais ces machines sont installées, sans abri protecteur, en bordure du couloir d'entrée où le courant d'air s'exerce à la manière d'une soufflerie industrielle, au point qu'à peine manipulé une commande l'on peut déjà avoir attrapé un rhume ou une otite aigüe pour les enfants.
Facile de comprendre que les concepteurs de l'affaire ont appliqué leur objectif sans simulation sur le terrain.

04 février 2009
UN CLICHÉ QUI REVIENT TOUJOURS consiste à dire que le monde a la tête à l'envers. C'est fort possible mais comme des gens de pensées fort différentes le clament tout autant, ce doit être un cliché.
Je trouve surtout que le monde est à l'image de nos claviers de machines, en AZERTY, qui perdurent alors qu'ils avaient été conçus pour les machines à tiges afin d'éviter que celles des lettres les plus utilisées se collisionnent...
Autrement dit, on pourrait utiliser un clavier en ABCD sur nos ordinateurs, donc les enfants n'auraient pas apprendre cette pratique inutile d'Azerty etc.
Autrement dit encore, le monde oui fonctionne toujours avec un code décalé de sa propre contemporanéité...
« Est-ce que les langues seraient en déclin, est-ce qu'on

écrirait avec de moins en moins de mots ? » constituent d'autres clichés auxquels je pensais en lisant Pierre Michon dont la réussite par exemple dans *Vie de Joseph Roulin* est d'écrire la langue du sujet de son livre, celle du 19e.
Je me demandais ce que cela aurait donné de l'écrire avec une langue vivante du 21e (le livre date de 1988). Moins de subjonctif imparfait c'est sûr, plus d'imparfait de l'indicatif qui semble prendre une nouvelle carrure dans l'écrit des blogues. Moins d'expressions anciennes aussi et plus d'expressions nouvelles...
Vous croyez? Bien sûr, oui. il suffit de se reporter à l'épaisseur croissante des dictionnaires papier pour le comprendre que les langues ne sont pas en déclin.

05 février 2009
A L'AFFIRMATION DE G (qui semble lui faire plaisir), que nous serions en plein Kafka avec tous les systèmes de surveillance, tous les enregistrements vidéos informatiques etc, je répondais combien cela m'est absolument égal que les services de renseignements américains captent mes messages.
Pareil que ces divers services aient la possibilité de savoir ce que je fais, où j'étais à tel moment, et ce à partir de mes appels téléphoniques, de mes passages au péages d'autoroute et de mes paiements avec cartes de crédit ou de mes envois de mail...
Je ne suis pas paranoïaque, ou pas au point de m'en inquiéter. Bien sûr cela implique que je ne sois ni bandit de grands chemins ni fraudeur d'envergure. Et surtout que le régime politique sous lequel je vis ne soit ni totalitaire ni inquisiteur.
Il est facile d'y opposer le pire du passé, la contrainte sur l'individu infiniment plus forte aux temps des guerres, de l'administration civile ou religieuse toute puissante, du service militaire, des commissariats uniquement masculins etc.
Néanmoins je fais remarquer que, grâce à cette possibilité

de reconstituer le parcours des gens, soit on peut sauver des gens en perdition, soit au peut arrêter des gens réellement malfaisants.
Sauf que le pouvoir hélas ne peut s'empêcher d'en rajouter à tous les niveaux de sa pyramide et que dans la pratique, sur le terrain, la tendance la plus spontanée est d'accroitre l'emprise sur l'individu.
En témoigne l'info stupéfiante selon quoi 1% de la population française âgée de plus de 13 ans a été mise en garde à vue au cours de l'année 2008, soit près de 600 000 personnes...

09 février 2009
LA CRISE EST PRONOSTIQUÉE DE PLUS EN PLUS FORTE, beaucoup de commentateurs en rajoutent pour nous prédire les temps les plus sombres. « Le choc est à venir », clame un psycho-sociologue allemand, pour qui manifestement on ne s'en remettra pas de sitôt, voir jamais.
Le cliché du « mur » revient, on se dirige droit dans le mur, peut-être bien que la Terre pourrait exploser et nous, disparaitre à travers la fameuse (?) 6ème extinction annoncée.
Il est vrai que la crise désormais est la crise. Même plus financière, économique ou politique, c'est la crise globale et générale, ce qui pourrait d'ailleurs recouvrir tout autant l'idée d'une fin de cycle que celle d'un début de cycle.
Car l'accroissement des connaissances se poursuit à un rythme jamais atteint. Par exemple la découverte d'une exoplanète nommée *Exo7 B* qui, contrairement aux centaines d'autres géantes repérées, serait à bien des aspects comparables à la Terre, à peine deux fois plus grosse, peut-être rocheuse, où certes il y ferait une température de plus de 1000 degrés.
Ces découvertes me semblent nous dire que l'avenir n'est pas limité à demain et qu'il pourrait bien y avoir une suite imprévue à tout ça !

11/13 février 2009
QUE FAIRE PAR TEMPS DE CRISE ? Pourquoi pas de la littérature ?
A la fin de la guerre (seconde, mondiale), Michel Leiris tentait d'écrire un texte de présentation pour une édition de son *Âge d'Homme*, désespéré d'apercevoir par sa fenêtre la ville du Havre détruite, sinon rasée, au point qu'il ressentait toute la dérision de cette entreprise d'écriture.
Plus d'un demi-siècle après, Le Havre est debout plus que jamais et le texte *De la littérature considérée comme une tauromachie* est devenu un texte de référence.
Par temps de crise, la littérature est encore plus nécessaire que toujours, même si rien ne parait aller dans son sens. De toute façon, la littérature n'est jamais ce à quoi on s'attend. Ce qui explique la perplexité des lecteurs d'édition face aux textes novateurs qu'ils refusent.
Le directeur des éditions de Minuit avait quant à lui pour principe de toujours refuser le second livre des auteurs (rapporté par Jean Echenoz dans son *Jérôme Lindon*). Certains cédaient (dont Echenoz) et repartaient d'un pas ferme pour un troisième en oubliant le second. D'autres qui ne connaissaient pas cette manie de principe en seraient devenus fous si, par exemple, ils ne l'avaient pas été déjà, fous, amoureux !

15 février 2009
QUAND ÉTAIT-IL APPARU QUE LA QUESTION MENTALE pouvait se substituer en priorité à la question sociale? On avait oublié... oui sans doute, faute de ne pas s'en être rendu compte.
A une époque l'argument était que la question sociale, posée centralement, avait toujours abouti à l'instauration de régimes autoritaires dictatoriaux.
Tandis que par exemple la libération des femmes qui avait été une avancée mentale, avait carrément plus changé le monde que toutes les révolutions sociales. On

pourrait en dire tout autant de la pratique autorisée de la contraception, de la généralisation malgré tout des droits des humains...

23 février 2009
UN CONSEIL RÉCENT DE SOLLERS dans *Le Monde* : « Ne lisez rien de ce qui parait en ce moment, retournez au classique ».
Sauf que, -un peu gonflé quand même, il cite les livres de trois auteurs de son éditeur, dont sa personne.
Pas même l'humour de laisser entendre qu'il ne connait peut être pas tout, ni qu'il n'est pas forcément en mesure de comprendre ce qui le dépasserait, lui qui se veut un homme du temps analogique et pas du présent numérique !

24 février 2009
VISION DOULOUREUSE d'une disparition du livre, évidente. Me promenant sur Market Street, j'entre dans ce qui semble être l'une des ou la plus grande librairie de San Francisco (*Stacey's Bookstore*), genre *La Hune à Paris*, sur un seul niveau, vaste et profond. Elle renvoie malgré tout un air ancien, de quelque chose qui n'est plus tout à fait au goût de ce monde. Sans doute parce que le décor y est inchangé depuis 50 ou 100 ans, en tout cas il aurait pu être pareil.
Une affichette assez discrète postée sur la porte d'entrée annonce la fermeture définitive de la librairie, plus aucune commande n'est prise, tout est à moins 40%.
Ma visite déambulatrice est troublée par ces deux raisons : la fermeture de la librairie et l'impression d'une époque dépassée...
Reprenant Market Street, j'arrive quelques pas plus tard devant le magasin de la chaine internationale *Virgin* (*). Apparemment identique à celui de Paris. Comme il annonce tous produits culturels y compris les livres, je m'y lance. Arrivé au dernier étage, les deux ou trois autres étant pleins de jeux vidéos et de supports

enregistrés, films et musiques, je découvre quelques rayons minuscules de livres. Y sont empilés les best-sellers du moment -qu'il y avait aussi dans la grande librairie.
« À te dégoûter des livres », je me suis surpris à marmonner.
En fin de semaine, à l'aéroport de S-F, je flanote dans une des ces boutiques internationales où l'on vend genre très peu de tout et guère intéressant. Au fond de l'espace, je trouve une étagère de best-sellers, avec deux ou trois dizaines de livres au plus.
Est-ce que, je me disais, ces quelques dizaines de best-sellers suffiraient à fournir de la lecture au monde mondial?
(*) Le *SF Gate* annonce ce 27/2/09 la fermeture également de ce magasin.

26 février 2009
UNE JEUNE FEMME, INSTALLÉE SUR LA TERRASSE où je me trouvais, légèrement en retrait d'elle, a sorti de son sac un petit livre, qu'après avoir gardé un moment dans sa main, elle a donné à une amie assise en face d'elle.
Au moment où elle lui a passé, j'ai vu sur la première de couverture une photo de Marguerite Duras. Cette photo est l'une des plus connues, elle y est jeune, belle, presque asiatique, mystérieuse.
Le titre du livre m'a échappé. La collection et l'éditeur encore plus.
Un peu plus tard, l'amie d'en face a rendu le livre à la jeune femme qui l'a caressé de ses deux mains, le tournant, le retournant, exprimant assez probablement qu'elle ne croyait pas plus ses yeux que ses mains qu'il existe ce livre. Paraissant le découvrir encore, cet objet miraculeux qu'elle venait sans doute d'avoir été chercher chez l'éditeur. Par exemple un premier exemplaire de son (?) livre qui venait juste d'arriver de l'imprimerie, donc qui sortirait dans les semaines à venir.
Là que j'ai lu/cru lire le titre : *L'Amante*. Rien de plus, ni

éditeur ni collection.
Je réentends la voix de MD (*Emmedée*) : « Il y a une femme qui vient d'écrire un livre... pour me tuer ! ».
Le jeune femme est plutôt jolie, je le note car les auteur(e)s ne sont pas toujours beaux ou jolies comme dans les magazines.
En revanche, elle pourrait avoir l'air d'une tueuse, oui.
Sur internet, j'ai recherché trace de ce livre possible, rien. Pas encore référencé ou alors j'avais rêvé, ce qui reste possible. Il arrive qu'on rêve en état d'éveil.

27 février 2009
POUR SE SAUVER qu'on s'était mis ensemble. Puisqu'on avait l'amour, on l'avait déjà l'amour !
Pour s'en sortir ? Non, de quoi d'ailleurs ?
Non, il s'agissait de se sauver. D'inventer une voie de secours flamboyante dans ce monde forcené... D'essayer d'être libres et dignes, autant qu'il était possible. Maximalement. Une vie exaltante, créative, pour inventer le voyage chaque jour...
En fait se sauver pour ne pas passer à longueur de semaines sous les fourches caudines.
Caudines?
Tu peux pas savoir ce que c'est, chaque jour des moments... Bien sûr que tu le sais... Les centres administratifs fiscaux médicaux qui te convoquent, les trucs auxquels tu dois adhérer, les choses que tu dois suivre, faire, avoir l'air de croire, penser... Sans compter toutes les démarches d'adoubement, les couleuvres qu'il faut avaler, les tuiles qui te tombent sur la tête, les bas-coups éventuels des amis, les courriers négatifs... Tout cela dont on voulait se sauver et bien d'autres choses encore, la souffrance, la maladie...
De la mort? Hélas, si cela avait été possible !

05 mars 2009
IL EST TOUJOURS SIDÉRANT de constater lors d'un séjour au large, en l'occurrence en Californie, que pendant une

dizaine de jours on peut ne capter aucune nouvelle de France. Pas une seule dans les médias, presse, radio, télé... Tout autant sidérant, qu'au retour, toute la gamme des nouvelles habituelles est bien en place, par conséquent aussi dans nos têtes.
Avec le lourd rituel des inévitables nouvelles qui arrivent sans en être vraiment, les anniversaires, « il y a 50 ans le déplacement des Halles du centre de Paris vers le marché de Rungis », reprises dans tous les médias, et ce à partir d'une seule dépêche d'agence.
Ou bien la toute aussi inévitable apparition annuelle d'un habitué des livres à thèses, par exemple Régis Debray, décrétant que la fraternité aurait disparu...
Et puis, à mesure, on est replongé dans un courant qui déprime un peu plus chaque jour... Baisse de 75% des bénéfices de telle banque ou compagnie qui s'élèvent néanmoins à des centaines de millions... Événement ou situation jamais arrivés, ou arrivés pour la première fois, mais pas depuis telle date... Drame honteux ou particulièrement scabreux, développé à satiété...
Quand ce n'est pas l'annonce tonitruante de mesures politiques dont on croyait qu'elles étaient activées dans la réalité depuis longtemps.

08 mars 2009
SE RÉJOUIR DE LA JOURNÉE de la femme. Ou plutôt des femmes.
Je suis de ceux qui ont vécu la libération des femmes comme une libération personnelle. On peut dire en effet que la libération des femmes a libéré les hommes. Elle ne les a pas diminués ni rapetissés les pauvres hommes, comme on l'entend souvent dire. Elle les a libérés, tout simplement parce que le machisme n'est pas libérant.
En fait les hommes n'ont pas besoin d'être machos pour être hommes, bien au contraire. Ne serait-ce que pour cette raison majeure qu'à un machisme installé correspond symétriquement une posture féminine.
S'il reste courant de constater des comportements

machos chez les hommes, jugés en général assez ridicules, il est en effet possible de remarquer des comportements féminins correspondant au machisme, quand ce n'est pas un machisme inversé. Ce qui n'est pas plus libérant pour la femme que pour l'homme.

Appeler encore à la libération des femmes dans le monde mondial. Et à celle des hommes aussi par conséquent.

10 mars 2009

UNE CRITIQUE RÉCEMMENT APPARUE des textes de Duras viserait une exagération dans le style, les descriptions, les sensations, ce qui pourrait se nommer de l'hyperbolie.

Au-delà des particularités, voire des manies et tics que toute écriture peut comporter, cette critique mettrait en cause une trop grande importance accordée à des situations, événements ou émotions auxquels ordinairement on n'en apporte guère.

Pour ma part, je trouve que c'est dans les bestsellers que je vois une exagération dans l'importance accordée au quotidien quotidien ou aux détails des situations ou sentiments répandus, ce qui pourrait alors s'appeler de l'hyperbolie plate.

Expression qui relève de l'oxymore.

Justement, on me dit qu'une autre critique reprocherait à l'écriture de Duras de se résumer à une pratique de l'oxymore.

Je n'arrive pas à en trouver d'exemples (« la chambre hallucinatoire » ou « les chômages devenir séculaires n'en sont pas »).

Mais il y en a sûrement puisqu'on peut dire que toute la poésie est oxymorique, donc toute la belle écriture. Et que des gens aussi recherchés ces temps-ci que Pessoa la pratiquait assurément (« Le grand quai plein de peu de gens... je suis la vérité qui parle par erreur »).

Ainsi, tout ce qui s'éloigne de l'ordinaire et tout ce qui serait éblouissant relèverait de l'hyperbole ou de l'oxymore.

De ces deux critiques, je perçois qu'il s'agit en réalité d'un refus de la littérature...

12 mars 2009
« QUAND L'EAU MANQUERA », telle est le texte dramatique de l'affichette de promotion du journal *Le Monde* du 12/03/09, apposée dans la rue près des kiosques à journaux.
En première page, le titre principal est moins affirmatif : « L'ONU alerte le monde sur la crise de l'eau », tandis qu'en page 4, un long article est plus classiquement intitulé « Combattre la crise de l'eau, une urgence pour l'ONU », avec un sous-titre raisonnable : « Sa raréfaction menace le développement économique selon le rapport des Nations Unies ».
Ainsi la dramatisation, et sa charge anxiogène, s'amenuisent au fur et à mesure que l'on s'enfonce dans le journal.
La lecture de l'article qui rend compte du rapport de l'ONU fait apparaitre que l'objectif de ce rapport, publié quelques jours avant le Forum mondial de l'eau, est que les gouvernements mondiaux prennent en charge le problème de l'eau avec la même importance que la crise écologique ou financière car « le secteur souffre d'un manque chronique d'intérêt politique, d'une mauvaise gouvernance, et de sous-investissement ».
C'est dire que cette affichette porte en réalité un effet manipulateur.
D'abord parce que seuls ceux qui liront l'article de fond se libéreront de l'angoisse provoquée par l'affichette, alors que les autres seront confortés dans l'idée que décidément rien ne va plus, puisque même l'eau manquera. Il s'agit bien d'un futur, la phrase qui est générale implique que l'eau va manquer un jour, partout, y compris ici en France et en Europe, si ce n'est demain.
Ensuite, parce que cette affichette est fausse. L'eau ne manquera pas partout ni bientôt. Et l'eau pourrait ne pas

manquer du tout si des politiques adéquates sont menées.

16 mars 2009
VA-T-ON ATTEINDRE UN POINT DE SATURATION-DÉGOÛT avec l'accumulation de nouvelles anxiogènes aggravées par des effets de dramatisation de la presse, par exemple : la crise économique dont on ne connait que le début, la crise écologique qui nous mène droit dans le mur, la montée des eaux qui ne cesse, la fonte de la banquise ou l'acidification des océans plus graves qu'on le pensait, la pollution chimique et la disparition progressive des terres arables de plus en plus alarmantes, tout ça à côté de la recension des fusillades et attentats quasi quotidiens, la perspective de guerres nouvelles sans compter la sixième extinction de masse annoncée, la baisse de la fertilité masculine, l'augmentation des maladies auto-destructrices, une aggravation de la santé des jeunes et la prévision d'un nombre considérable de réfugiés climatiques à venir...
Même si par ailleurs le nombre de réfugiés politiques diminue tout comme le nombre d'accidents d'avion et de voiture et que l'espérance de vie augmente constamment dans nombre de pays. Même si les échanges et les communications s'établissent plus facilement, l'accès au savoir se fait de plus en plus simplement, tandis qu'on a jamais produit autant de céréales qui devraient nourrir le monde et qu'une sonde vient d'être envoyée au-delà du système solaire pour étudier des exo-planètes, surtout, que l'accroissement des connaissances en tous domaines s'accélère d'année en semaine ?

20 mars 2009
« OUI, IL Y A UNE PERTE DU SAVOIR » est une phrase qui se répète au point de devenir un cliché, en une sorte de cri de ralliement, exprimé avec contentement aussi bien par des artisans ou artistes que par des philosophes ou psychanalystes.

On ne peut qu'en être sidéré quand on sait que le savoir s'est développé et se diffuse comme jamais, en particulier depuis les dernières décennies et même depuis ces dernières années.
Cela n'empêcherait pas qu'en effet il y ait des pertes de mémoire, des trous... Cependant difficile à admettre, alors qu'on fouille dans le passé comme jamais, et avec de moyens de plus en plus sophistiqués, grâce à des équipes de chercheur(e)s de plus en plus spécialistes. C'est en définitive difficile à entendre autrement qu'à travers une certaine option idéologique (un peu comme le créationnisme par rapport à l'évolutionnisme).

-/-

2 avril 2009
PARFOIS, À LA MANIÈRE DES GENS RAISONNABLES, ou pas poètes du tout, on dit : « Faut pas rêver quand même ! ».
On pourrait aussi dire qu'il faut rêver. Cela nous ferait sûrement du bien. Et ce serait se relier à Rimbaud et à son « il faut se rendre voyant ».
Pour y parvenir, il fallait selon lui opérer un dérèglement de tous les sens. Donc pas forcément à conseiller à tout le monde !
Moi j'essaie -quelle ambition !- de provoquer une déstabilisation du sens, en usant de ce que j'appelle des petits dérapages idéologiques afin de faire émerger du texte nouveau...

3 avril 2009
NOTRE ESPACE-TEMPS est de plus en plus rempli. A l'image de la multiplication des moyens de communiquer (mails, textos, réseaux sociaux et autres) qui s'ajoutent

aux anciens (téléphone, lettre) et bien sûr à ceux de la présence réelle....
Si bien que lorsque vous n'avez pas vu une personne amie depuis quelques mois vous avez entre elle et vous tout un espace-temps rempli de différentes connections, sans compter tous les accès à l'information par de multiples canaux et aux connaissances à travers des quantités d'entrées.
Au point que vous pouvez vous sentir éloignés, différents d'avant, jusqu'à ne plus savoir ce que vous partagiez, si on avait déjà parlé de « ça », voire même si on se disait « tu » ou si on se vouvoyait...

6 avril 2009
QU'Y A -T-IL DE COMMUN entre un cinéaste posté en attente au coin des boulevards Montparnasse et Raspail et le temps de l'imparfait?
Sans doute rien. Sauf que j'ai croisé ce cinéaste alors que j'étais en train de penser à la nouvelle carrure de l'imparfait.
Cinéaste que je n'aurais sans doute pas remarqué s'il n'avait eu un air de ne pas savoir se décider à héler un taxi ou bien à s'installer à la terrasse du café *Le Dôme*.
Que je n'aurais surtout pas remarqué s'il n'avait tenu ostensiblement un livre à la main.
Un cinéaste qui fait son film commercial tous les 2 ans a en général besoin d'un livre. Car, sans livre à histoires le cinéaste ne peut pas faire de film. Il s'agit alors d'un livre souvent écrit au passé simple qu'il va scénariser en dialogues au présent et forcément à l'imparfait. Bien obligé en effet de supprimer les passés simples, puisque dans la vie on n'utilise plus le passé simple.
La nouvelle carrure de l'imparfait m'est apparue à la lecture de différents blogues où le passé simple n'est pas utilisé, parce que les blogues sont vivants, et où l'imparfait développe une nouvelle carrière parce qu'on ne peut pas tout parler (écrire) au présent.
Mais si l'imparfait se développe au détriment du passé

simple -ce qui est une bonne nouvelle car l'imparfait est le seul temp régulier, c'est sans doute parce que le passé n'est plus vraiment définitif, à l'image de cette perspective (possibilité) annoncée de faire renaitre les mammouths disparus il y a déjà 20 000 ans.

8 avril 2009
LE DISCOURS VIEU (plutôt que vieil) et grave, mais assez répandu, capté sur *France Inter* l'autre nuit alors que je croyais être sur *RFI,* consiste à dire qu'avoir 20 ans dans les années 60 c'était un peu plus facile qu'aujourdhui. En tout cas que c'était mieux que de savoir qu'on sera « au chômage toute sa vie ».
On se demande bien pourquoi il y a eu les révoltes de Mai 1968. Déjà à 20 ans, dans les années 1960, on était mineur puisque la majorité était à 21 ans, il n'y avait pas encore vraiment de contraception (la légalisation de la pilule c'est 1967 et le droit à l'avortement 1975).
Il faut se représenter ce qu'était l'interdiction aux étudiants garçons de rendre visite aux étudiantes filles dans les résidences universitaires qui n'étaient pas mixtes. D'ailleurs c'est à ce propos que la révolte a commencé le 22 mars 1968 à Nanterre...
Aujourd'hui, je ne sais si c'est plus drôle, oui, l'accès facile à la communication et au savoir, le mobile, les textos, et internet !
Un militant de Greenpeace se demande pourquoi avenir est toujours confondu avec progrès ?
Et pourquoi donc le passé serait toujours à vivre comme meilleur que le présent ?

10 avril 2009
DEUX EXEMPLES DE BÊTISES STATISTIQUES ou plutôt de bêtises dans la lecture statistique.
On annonce une diminution des accidents de la route en mars 2009 par rapport au même mois de l'an dernier.
Oui, mais cette année, Pâques est en avril alors qu'en 2008 il tombait en mars. Donc la variation est fortement

liée au fameux weekend pascal, connu pour être « meurtrier », même si la tendance de fond est à la diminution des accidents...

La presse a publié une étude selon quoi à peu près rien n'aurait changé sur le travail parental, en gros ce sont toujours les femmes qui assurent et les mecs qui foutent rien. Bien sûr il s'agit là d'une étude globale, sans doute exacte, quoique trop générale. Donc, qui ne fait pas ressortir les tendances nouvelles ou marginales. En fait, dans des milieux de moins en moins minoritaires les hommes font le travail dit domestique plus ou moins à égalité.

De plus, elle ne tient pas compte, par exemple, de ce que les femmes font à leur tour ce que les hommes faisaient avant, aller au café entre mecs. Donc maintenant elles y vont entre filles, tandis que les mecs doivent s'occuper de la « maison ».

La guerre que je déteste le plus est celle qui oppose les hommes et les femmes.

15 avril 2009

MAURICE DRUON ÉTAIT UN GRAND DÉFENSEUR et un héraut de la langue française. Il était même au chevet de la langue, c'est ce que disent presque tous les journaux qui reprennent ainsi une dépêche d'agence.

On y apprend que cet homme pensait, qu'après « les têtes coupées de la révolution française », une lente évolution conduisait à la destruction de la langue !

Il a lutté de tout son poids contre la féminisation des noms, en vain, bien heureusement, car l'usage désormais intègre cette féminisation.

Un homme sans doute trop enfermé dans les couloirs de l'Académie pour entendre la transformation du monde.

Par exemple, l'intonation du parler de la langue s'est carrément modifiée en moins de cinquante ans. Les toniques du journal télévisé ne sont plus identiques à celles des premiers journaux télés, et le brassage interrégional a fait naître des accents "aberrants",

nouveaux en réalité.
Et l'on voudrait cependant garder des règles intactes pour réglementer les accents qui datent pour la plupart des siècles passés. Ce qui est étrange, c'est la passion qu'ont les maitres d'apprendre aux enfants de cours élémentaire des accents (par exemple circonflexes) que ceux-ci ne pratiquent plus dans leur vie (chaine de télé)...

25 avril 2009
LA (SUR)POPULATION CARCÉRALE continue d'augmenter, un titre de plus dans la presse, information récurrente depuis des dizaines d'années, sans que rien ne semble y faire, situation aggravée par la croissance récente du nombre de condamnés. Il a pourtant été construit de nouvelles prisons mais les anciennes sont délabrées, il a été inventé le bracelet électronique mais il est peu mis en application.
Reste cette solution toujours mise en avant -hélas vainement, du moindre recours à l'emprisonnement, en particulier par la réduction drastique de la détention préventive, pratique ordinaire de la justice française, souvent inutile et vexatoire, digne d'un autre âge dirait la gent(e) politique sans rien n'y changer.
Pareillement pour l'état d'insalubrité du « dépôt » du Palais de justice à Paris, souvent dénoncé ces dernières années par des observateurs européens. Hier encore par le bâtonnier (qui ? le représentant en chef) des avocats parisiens qui clame « Nul ne devrait juger ni condamner une personne qui a passé jusqu'à vingt-trois heures (...) dans une cellule de 3m2, avec deux autres personnes, sur un banc, qui n'a disposé ni d'eau courante ni de WC isolé, qui a été soumise à des fouilles à répétition, le tout dans un local dont la saleté et la puanteur sont repoussantes... »
Rien ni quiconque ne semble y faire. Pas la presse qui préfère déblatérer des journées entières sur des polémiques ridicules agitant le petit monde politique.

Pas même semble-t-il les responsables sur place qui, pour ce qui est de la saleté, pourraient déclencher illico des opérations toutes simples de ménage...

27 avril 2009
QU'ARRIVE-T-IL AU SOLEIL ? Plus de tâches solaires depuis un temps inhabituel, le vent solaire est des plus faibles jamais constatés, un étrange calme règne sur notre étoile, ce qu'on n'aurait pas observé depuis un siècle !
Vous me direz qu'un siècle à l'échelle du soleil et de l'univers c'est vraiment très très peu...

28 avril 2009
« LE MANQUE D'APPÉTENCE POUR L'INFORMATION DU NOUVEAU LECTORAT », c'est ainsi qu'un philosophe à l'ancienne -tenant salon chaque samedi matin sur la radio France Culture, parle de millions de gens qui selon lui se détourneraient de la presse classique pour consulter des sites d'informations sur le net.
Il les accuse de ne plus lire mais de surfer. Il n'a d'ailleurs pas l'air de savoir ce que c'est, sinon il découvrirait cette façon actuelle de lire du « nouveau lectorat » qui recherche l'information au sens strict et ne lit plus dans la crédulité béate. Donc qui ne veut ni de la langue de bois, ni de l'information présentée selon sa localisation idéologique.
Il découvrirait la furie perspicace parfois nécessaire à mettre en concurrence diverses sources, afin de croiser les données d'information, pour trouver autre chose qu'une dépêche d'agence à peine modifiée.
Et aussi pour se débarrasser de ces pseudo-infos émanant de conservateurs -toujours bien placés à la diffusion, qui lancent ce genre de clichés :
-les jeunes ne lisent plus... (Sans doute moins que quand il n'y avait rien d'autre à faire mais davantage que quand il n'y avait pas de livres de poche par exemple... et maintenant ils lisent sur le net).

-la lecture sur écran, c'est pas la même chose. (Qui dirait le contraire? Cependant de plus en plus de gens lisent sur écran parce qu'ils y trouvent facilement des données qui ne sont pas ailleurs, ou difficilement accessibles).
-rien à voir avec la lecture studieuse en bibliothèque. (Ancien modèle qui au-delà de ses qualités renvoie à l'enfermement contrairement à l'ouverture du numérique).
S'il pratiquait le net, cet homme comprendrait l'effort qu'il faut faire pour déjouer les récriminations de ces gens à pouvoir (dont il est) qui ne se servent ni d'ordinateur ni du net mais portent néanmoins des jugements sur ceux qui s'en servent.

30 avril 2009
LA GRIPPE PORCINE va-t-elle continuer de porter ce nom ou bien s'appeler « mexicaine » ou « nord-américaine » comme le voudrait l'*OMS* ? Pas sûr, maintenant qu'elle est nommée, le nom risque de rester bien que finalement le virus H1N1 semble issu à la fois de celui de l'aviaire et de la porcine. Oui mais le foyer d'origine serait bien le Mexique, sauf qu'à ce jour seuls huit cas mortels (et un aux USA) sont avérés être des cas de la nouvelle grippe.
La maladie de la grippe a failli tuer l'espèce humaine à plusieurs reprises dans l'histoire. Celle de 1918/19 s'est appelée espagnole, alors qu'il n'y avait aucun cas en Espagne, parce que la presse espagnole avait été la première à dévoiler son existence, information censurée par les censures militaires des armées en guerre. Se représenter que cette épidémie a provoqué plus de victimes dans le monde que la dite première guerre mondiale.
Il est vrai que les populations étaient affaiblies par plus de quatre années de conflit et que le monde ne disposait pas de traitements adaptés.
Surtout, il n'y avait pas encore nos médias omniprésents qui, comme pour l'épidémie du SRAS en 2003, couvrent sans compter l'affaire, assénant d'une voix mondiale que « la grippe porcine ne cesse de

se propager ».
N'empêche que si cette grippe 2009 avait déjà causé la mort de 200 personnes, comme l'annoncent certains médias, ce serait à peine le niveau de l'ordinaire quotidien des tués sur les routes de Chine.

9 mai 2009
GRANDE DÉCEPTION au retour d'une de ces rencontres analogiques comme il y en a de plus en plus. Un débat sur l'art, des présentations redondantes, des topos à n'en plus finir sur ce dont il va être question, le public est comme à l'université en face des intervenants, ceux-ci discourent l'un après l'autre, leurs propos sont plutôt intéressants mais pas toujours, il y a beaucoup de reprises de poncifs. Le public passe le temps comme il peut entre écoute amusée et passive, opère quelques gestes ou murmures d'approbation ou parfois de désapprobation contenue... Il aura droit de poser quelques questions en fin de séance, les micros marchent mal, une personne crie « on n'entend rien », « passer le micro à la personne au fond à gauche » lance le modérateur... Les poseurs de questions relèvent souvent d'une catégorie assez minoritaire et un peu spéciale... Il ne reste malheureusement plus beaucoup de temps, peut-être une toute dernière question, fini...
Je ne dis pas qu'il ne faut plus bouger de chez soi et ne faire que communiquer par ordinateur.
L'intéressant aurait été que le public, cette entité globale pourtant constituée de tant d'individualités, se mêle et se parle.
En fait j'ai pris conscience que ma déception provenait de ce que j'étais venu à cette rencontre, un peu comme je serais allé sur *Facebook,* pour donner des nouvelles, partager des émotions, échanger des infos...

27 mai 2009
JE ME RENDS COMPTE QUE J'AI SOULEVÉ UN LIÈVRE, métaphore de chasse de l'ancien régime, plus gros que je

le pensais, du genre patagonien.
Pour avoir diffusé sur le net, en feuilleton, *Le petit roman de juillet*, certains me reprochent de ne pas garder la solidarité de résistance à l'égard des technologies nouvelles qui mettraient en cause le livre papier.
En réalité j'aime autant le livre papier que le support numérique, et je crois que les deux ont un avenir commun et complémentaire.
De fait, il ne s'est jamais autant vendu de livres qu'actuellement et, d'un autre côté, la production générale de textes se développe comme on dit de façon « exponentielle », ce dont il n'y a pas à se plaindre. Sauf qu'à terme, et déjà, le livre papier et l'édition traditionnelle ne peuvent répondre à cette production ultra foisonnante...
Oui mais la lecture sur écran, me dit-on ? Elle est possible malgré la lumière désagréable des écrans d'ordinateur, inconvénient que n'ont pas les nouveaux appareils e-lecteurs. Pour ma part, j'arrive à lire, je n'imprime plus les textes comme je le faisais il y a plusieurs années.

02 juin 2009
HIER, SUR *ARTE*, une émission met en scène les propos prospectifs de Jacques Attali dignes d'un mauvais film de science-fiction. Il annonce pas moins que le chaos général, la guerre totale, y compris celle de l'eau, de l'énergie, de la nourriture, pouvant conduire à la disparition de l'humanité. Cependant, en toute fin, comme pour se couvrir, il laisse entendre qu'une autre hypothèse est possible.
Ce qui est surprenant, c'est que les gens semblent aimer ça, les perspectives catastrophiques. Il faut dire que les responsables d'institutions aussi. Croyez-vous que cet homme aurait pu faire son émission s'il avait seulement développé son autre hypothèse, celle de « l'avènement d'une *hyperdémocratie* altruiste, forgée par une nouvelle génération de *transhumains* » ?

Eh bien, non ! Pourtant tout à parier que c'est ça qui surviendra, peu ou prou.

10 juin 2009
SOUVENT LES PHRASES DE MES AMIS me font réagir. Je lis que tel, exposant à Venise, veut parler « de la privation de liberté dans une société contemporaine de plus en plus sécuritaire où les gens y sont dirigés comme des fauves dans un cirque ».

Bon, j'ai tendance à penser que ce n'est pas vrai, que les gens ont connu dans l'histoire des régimes autrement plus dirigistes.

Il est difficile d'être exhaustif dans l'établissement du pour et du contre. Certes les gardes à vue et la pratique de la détention préventive ou provisoire ont connu l'an dernier en France des niveaux jamais atteints. D'un autre côte, jusque dans les années 1960 les jeunes français par exemple devaient se présenter nus devant des commissions pour être ou non déclarés aptes à faire le service militaire.

D'un autre côté, il y a des droits nouveaux, l'individu peut saisir la Cour de justice européenne ou contester la constitutionnalité d'une loi.

Encore faut-il en user, ainsi les députés y compris donc d'opposition peuvent à tout moment aller visiter les prisons, ce qu'ils devraient faire régulièrement pour contrôler les conditions d'emprisonnement.

11 juin 2009
UN TRUC QUI SE DIT PARTOUT est que les enfants d'aujourdhui ne seront pas aussi riches que leurs parents, ou n'auront pas de plan de carrière aussi brillant qu'eux.

Sans doute, peut-être, je n'en sais rien.

Ce qui est sûr en revanche, c'est que les enfants des *années 2000*, j'en prends le pari, auront un mental bien plus aigu, et qu'ils ne seront pas aussi tordus ni aussi coincés... Et encore, qu'ils se serviront bien davantage de leur pensée et de leur aptitude à la logique autant pour vivre le bonheur que le possible ou l'inattendu...

26 juin 2009
TROUVÉ SUR FACEBOOK cette orthographie novatrice et innocente : la « clée » (une clée USB).
Le mot avait déjà deux écritures possibles clé et clef. D'ailleurs j'ai toujours mis en avant cet exemple pour dire que deux graphies peuvent cohabiter, un certain temps au moins : l'orthographe orthodoxe et l'orthographe logique.
La clée relève en fait d'une graphie logique, les mots féminins devraient en général se terminer par e et les masculins jamais. Ainsi devrait-on écrire le foi (organe) et la foie (croyance).
Ce qui montre combien les raisons d'inertie des conservateurs, à modifier quoi que ce soit de la langue, peuvent s'expliquer tant le changement, si l'on s'y mettait, serait radical.

27 aout 2009
AUX USA LA TENDANCE EST à faire quelque chose de bizarre pendant un an et puis à écrire un livre qui en retrace les moindres détails.
Une manière de répondre à la question : quoi écrire ? Ou plus pathétique : sur quoi écrire ?
Une manière aussi d'intéresser les journalistes avec des sujets faciles à traiter, genre j'ai passé une année entière dans mes toilettes ou bien j'ai vécu un an avec seulement 1 dollar par jour.
Plus drôle, une femme raconte qu'elle a passé une année sans faire l'amour, pas même une seule fois, tandis qu'une autre raconte comment elle a fait l'amour tous les jours de l'année avec son mari à qui elle avait décidé d'offrir « ça » en cadeau d'anniversaire...
Comme quoi tout est possible à écrire.

30 septembre 2009
ÇA PLAIT BEAUCOUP aux médias de parler de la baisse du niveau de l'orthographe... Voici un logiciel d'entrainement à l'orthographe qui s'appelle « Voltaire », donc ils en parlent avec délectation.
Il se trouve que le grand Voltaire a bagarré ferme un partie de sa vie pour déclencher une réforme de l'orthographe, lui qui écrivait : « L'écriture est la peinture de la voix : plus elle est ressemblante, meilleure elle est ».
Une réforme qui interviendra en effet, à peu près 50 ans après sa mort.
Ce nouveau logiciel intègre-t-il le fait qu'aujourd'hui il y a clairement un conflit entre les logiques contemporaines objectives apprises à l'école et celles de l'orthographe étymologique qui ne le sont guère, mais bien plutôt subjectives, presque religieuses ?
La question n'est bien sûr pas posée.
En 1990, suite à un initiative du gouvernement Rocard, étaient publiées au Journal officiel un ensemble de *Rectifications de l'orthographe* que l'Académie française finira par adopter dans son dictionnaire.
Que croit-on qu'il en est advenu à l'école ? Eh bien les enfants apprennent toujours les règles antérieures.

6 octobre 2009
LIBÉRATION FAIT DIRE EN TITRE au linguiste Jean-Pierre Jaffré « Je suis pour une une libéralisation de l'orthographe ». De quoi se réjouir que ce journal s'y mette, ce titre rappelant mon *Libérons la langue française* » (Le Monde 14/01/1998) qui avait cependant

un objectif plus large, puisque j'y appelais à une inventivité dans l'usage de la langue autant en orthographe que dans la création de mots.

Le sujet est en effet récurrent tant les forces qui s'opposent à la transformation sont fortes. Et pourtant le niveau de l'orthographe a continué de baisser et le déclassement du français à l'étranger également. Or ce serait en rendant la langue française plus logique que ces deux tendances pourraient être combattues et non en conservant les choses en l'état.

Ce linguiste préconise des pistes simples comme le « s » au pluriel toujours, la suppression de lettres qui ne se prononcent pas et le non-accord du participe passé avec avoir, à quoi on pourrait ajouter le « e » toujours pour le féminin et le « non e » pour le masculin.

L'orthographe devrait avoir une fonction d'information et non comme beaucoup de ses règles colporter une fonction de continuité étymologique.

Un nouvel argument vient justement d'être lancé en faveur de cette continuité qui propose de recourir à la pratique des correcteurs orthographiques pour faire face aux anomalies sans avoir à les apprendre. Ce serait alors traiter le français comme une langue morte.

La perspective de réforme est hélas vécue avec déchirement, pas seulement par ceux qu'on appelle les « puristes » (!) mais par les gens en général. Comme s'il s'agissait d'une action négative de plus, comme si ça allait être un moins, quelque chose qui nous enlèverait encore de l'acquis.

Pourtant la langue serait plus forte, et ses acteurs seraient portés vers un usage créatif au lieu d'être occupés par la véritable discipline que constituent les difficultés inutiles et désuètes de la langue française.

9 octobre 2009
AU FOND LA QUESTION POSÉE par l'hypothèse d'une réforme de l'orthographe est de savoir si la langue est constante depuis des siècles et même des décades, ce qui

n'est pas le cas, et si il est raisonnable de penser qu'elle le restera pendant les siècles à venir, ce qui ne se peut pas.

La langue française s'est élaborée petit à petit, autant sur les ruines d'autres langues qu'au frottement de l'usage, depuis environ douze cents ans. Plus ou moins stabilisée par les dictionnaires imprimés, elle semble reprendre sa liberté naturelle avec l'irruption de l'écrit numérique.

Introduire des rectifications audacieuses dans l'orthographe, et surtout laisser l'usage développer une créativité naturelle, c'est continuer de construire notre langue.

16 octobre 2009
LA PREUVE QUE LA LANGUE BOUGE tout le temps, c'est que malgré leur train-train de sénateurs, les académiciens français en sont à travailler sur la 9ème édition de leur dictionnaire, -à la lettre P (à moins que ce soit Q), sinon ils en seraient restés à la 1ère édition d'il y a 300 ans à peu près...

Si la huitième a été réalisée en 3 ans, entre 1932-1935, la présente commencée en 1986 demandera plus de temps, sans doute près de trente ans ! Il faut dire que pas mal de choses ont changé dans la langue, beaucoup de mots nouveaux, de graphies nouvelles et aussi plein de mots tombés en désuétude.

En fait, ils constatent l'usage, plus ou moins, avec résistance et retard...

30 octobre 2009
BS CROIT FAIRE UNE DÉCOUVERTE en citant la fameuse phrase de Hobbes « L'homme est un loup pour l'homme ».

Je lui réponds : « Très certainement, et la femme ? »

C'était trop tentant de faire jouer la phrase sous différentes formules : La femme est une louve pour la femme, l'homme est un loup pour la femme, ou la femme est une louve pour l'homme...

Me répond, feignant de croire que je ne le saurais pas, qu'en l'occurrence « l'homme » est générique.
Hobbes ne pouvait pas le dire autrement. Ne pouvait pas opter pour humain (homme, femme, enfant) comme nous commençons de le faire.
L'humain serait-il un loup pour l'humain ?
Question qui fait aussitôt ressortir le vieux côté de la phrase, sa signification désuète. Car, non, il n'est pas loup.
En fait l'humain est humain avec l'humain, c'est-à-dire pas toujours très humain.

5 novembre 2009
AU DELÀ DE L'HOMMAGE RENDU par toute l'église intellectuelle à Claude Lévi-Strauss, hommage bien mérité d'évidence, je ne peux m'empêcher de mettre en avant la prédiction terrible de l'anthropologue : « Le monde a commencé sans l'homme et il s'achèvera sans lui ».
Phrase terrible en effet, en ce qu'elle émane d'un intellectuel particulièrement brillant, même s'il a passé plusieurs décennies de sa vie dans cet endroit de sommeil intellectuel qu'est l'Académie française.
Sauf qu'il n'était pas nécessaire d'inventer le structuralisme pour la faire cette prédiction. D'abord parce qu'elle aurait pu être faite dès les premiers émois de la pensée humaine. Ensuite parce qu'elle n'intègre pas la donnée de l'aventure spatiale qui se développe quoi qu'il arrive sur Terre.
Faudrait-il considérer une particularité de catégorie mentale plus qu'un type de raisonnement logique pour comprendre le pessimisme fondamental de cet homme ?
Sans doute qu'alors s'expliquerait également son pronostic prévisionnel encore plus terrible, celui d'une « dégradation irrémédiable des rapports entre les humains ».

7 novembre 2009
JE NE SAIS SI Marie Ndiaye a choisi qu'il en soit ainsi, mais la première question que les médias lui posent est de savoir si elle se sert d'internet.
A quoi elle répond qu'elle s'en sert le moins possible, seulement pour recevoir ses mails ou pour avoir une information précise et que sinon, non, elle ne surfe pas, surtout pas !
Elle se déclare par ailleurs « 100% papier », comme si c'était le prix à payer pour en passer par le soutien d'une grande maison d'édition. En tout cas cette prise de position semble représenter l'engagement majeur de l'auteure.
Cela va sans doute avec une nouvelle tendance des gens « bien » qui vise à protéger les enfants d'internet, de sorte qu'ils s'en servent « le moins possible », c'est l'expression avancée, donc la même.
Ce qui n'est pas sans rappeler la position d'interdiction de l'église catholique, il y a à peine plus d'un siècle, à l'égard des cabinets de lecture (ancêtres de nos bibliothèques) et à l'égard de livres et d'auteurs qui forment cependant notre fonds classique d'aujourdhui.
S'agirait-il pour cette auteure de tenir compte du lectorat potentiel d'un livre qui doit se vendre beaucoup ? Je le décris sans méchanceté : c'est un public plutôt féminin, pas très jeune, pas très éduqué, peu tourné vers les TIC, retors à la modernité... ? Je n'arrive pas à le croire.
Que faut-il faire pour être écrivain ? « Lire, lire, et lire », déclame la couronnée Goncourt. Peut-être qu'elle a raison même si moi je croyais qu'il fallait surtout écrire.
Me rappelle que notre premier éditeur commun, Jérôme Lindon de Minuit, me faisait le reproche que « les » personnages de *Rauque la ville* ne lisaient pas.

12 novembre 2009
RETOUR SUR LES PRIX LITTÉRAIRES. Il a été beaucoup remarqué que trois des quatre derniers sélectionnés pour le Goncourt avaient été publiés par les Éditions de Minuit,

bien que finalement la lauréate soit désormais chez Gallimard.
À une époque du *Nouveau roman*, Jérôme Lindon, l'éditeur de Minuit, se targuait de publier les auteurs qui étaient refusés par les maisons d'édition en place. Et il ne prenait pas même la peine d'envoyer les livres aux jurys des prix, sachant qu'il n'en obtiendrait pas, les jurys étant composés de gens hostiles à cette littérature.
Que s'est-il passé depuis lors, outre que la Seine a continué de couler sous les ponts de Paris ? La société, les lecteurs et le monde littéraire auraient-ils progressé dans un sens de plus d'exigence littéraire ?

19 novembre 2009
LA FRANCE ÉTONNANTE, ce matin tandis que la Tour Montparnasse étincelle de brumes, c'est le jour du vin nouveau, on découvre dans les rues des étals de beaujolais nouveau que l'on peut déguster accompagné de morceaux de charcuterie censée aller avec, dès dix heures du matin !...
Sur son blogue, *Le tiers livre*, un écrivain se lamente d'une décision administrative supprimant la direction du livre pour la noyer dans une direction des médias et des industries culturelles. Bon, j'ai toujours pensé que les structures administratives n'avaient rien à voir avec la littérature. Lui conclut d'un (populiste) « Triste boutique, la France » !...
Michel Onfray, philosophe d'aujourdhui, décline les quelques oeuvres essentielles qu'il garderait en dernier ressort : un livre de Lucrèce, de Sénéque, un Spinoza, un Nietzsche, les Essais de Montaigne... « et on pourrait s'arrêter à ça ».
Rien de plus récent ! Ni Freud ni Einstein. Pas de contemporains, donc pas de pensées récentes, pas de visions contemporaines, alors que ce monde présent ne serait tout simplement pas lisible pour les auteurs qu'il a retenus. Pas de curiosité affirmée pour tous ces essais, en particulier américains, de ces dernières trente années qui

tentent d'appréhender le monde et l'humain à travers les dernières découvertes et observations scientifiques !

22 novembre 2009
LA CHANTEUSE A FAIT UN TABAC l'autre soir au *Palace*. Une file d'attente partait du métro *Grands boulevards* jusqu'à l'entrée du théâtre. Jamais un de ces concerts n'avait autant dégagé d'instants de ferveur, il y a même eu de vrais pics de ferveur, par exemple quand elle a chanté: « Et si je meurs, ce sera de joie ».
Sur Facebook des gens postent qu'elle est exactement dans l'époque... Bon, quand elle dénonce une époque de prohibition, est-ce qu'elle décrit l'époque ou bien est-ce qu'elle rapporte ce que les gens croient ? L'opinion générale étant en effet qu'il y a de plus en plus de règlements et d'interdictions, que bientôt on va devoir demander une autorisation pour aller pisser. Ce qui justement était vrai dans toutes les bonnes structures du passé, les établissements scolaires, les usines, les casernes etc.
L'époque est elle vraiment une époque de prohibition ? Quant à elle, oui, pour ce qui concerne le tabac. J'aime à lui rappeler que Juliette, celle de Victor Hugo, s'enfuyant en Bretagne pour se rendre à Brest était restée bloquée à Rennes parce qu'elle avait oublié son passeport à Paris... Je lui dis aussi qu'aujourd'hui un enfant de huit ans peut trouver d'un clic un poème de Verlaine ou de Rimbaud.
Il n'empêche qu'elle chante : « Très bientôt musique, amour, poésie seront interdits par tous ces maudits » !

24 novembre 2009
HIER DANS MA RUE, un homme sans abri, clairement délabré autant qu'aviné, me demande d'appeler le secours au *115*. En réponse à mes premiers appels, un message indique que les travailleurs sociaux sont tous en ligne et qu'il faut rappeler plus tard, ceci étant répété en trois langues.

Je rappelle plusieurs fois et finalement obtient un message en boucle m'enjoignant de ne pas quitter, m'assurant que j'allais être mis en relation avec un permanencier, le temps d'attente prévisible étant estimé à six minutes, une musique au piano quasi durasienne ponctue le message répété en différentes langues là encore.

Je déclenche le haut-parleur de mon téléphone et patiente sans trop d'impatience. Au bout de quelques minutes, le message s'interrompt, hélas je ne capte pas de voix à l'autre bout du fil et mes « allos » répétés me sont renvoyés en écho.

Je raccroche et rappelle, cette fois une voix de robot dit d'une façon tranchée que le serveur étant saturé il faudra rappeler.

Je me penche par la fenêtre et constate que l'homme est parti. Il a dû penser que je n'avais pas appelé.

28 novembre 2009
C'EST À NE PAS LE CROIRE, il y a des écrivains, auteurs, intellectuels qui ne supportent pas la langue d'aujourdhui. Celle de l'oral et surtout celle des jeunes gens. Ils ne s'attaquent pas au parler des stades de foot ou des bars de toujours. Non, ils visent la langue des ados lycéens qui comme à chaque génération a ses mots à la mode et ses tics, de fait la langue la plus vivante en ce qu'elle est perméable aux frémissements conjoncturels de vie.

Cette langue les révulse, par exemple l'usage intempestif du verbe « bouger », au point de prôner l'éloignement, le leur, celui des clercs, de la scène du présent.

Au fond, c'est comme ils veulent, qu'ils se barrent et laissent les ados enrichir la langue. Sauf qu'en réalité ils ne s'éloignent pas tant que ça, car la plupart ont pignon sur médias.

Ce qui est drôle, c'est que le français qu'ils pratiquent -qu'ils qualifient d'orthodoxe ou de normal (Finkielkraut), est une langue qui a beaucoup bourlingué, qui a été mâtinée de formes orales non orthodoxes, considérées en leur temps comme déviantes et vulgaires par leur prédécesseurs.

3 décembre 2009
LE RÉCHAUFFEMENT CLIMATIQUE EST UNE DONNÉE contemporaine, même si ce n'est pas la première fois que la Terre s'est réchauffée.
Ce qui est une première, c'est que ce réchauffement cette fois est « fort probablement » provoqué par l'activité humaine.
Une autre première fois réside dans le fait que les humains entendent intervenir pour modifier le climat afin d'éviter que leur Terre s'embrase. Car historiquement les humains percevaient le climat d'une façon parfaitement fataliste. Et ils le traitaient d'une façon tout aussi parfaitement irrationnelle.
D'ailleurs à chaque événement climatique, les témoins ou victimes réagissent encore par un « on n'a jamais vu ça », tandis que les météorologues ont tendance à constater que cela n'était pas arrivé depuis telle ou telle date...
La grande nouveauté, plus encore qu'une première fois, c'est la perspective d'un monde sans carbone, à l'énergie renouvelable, au développement durable...

7 décembre 2009
UNE RUMEUR TENACE dit que nombre d'écrivains à succès font appel à des « rewriters » pour rédiger leurs livres à partir de brouillons qu'ils apportent à l'éditeur.
Puisque cela se fait pour nombre de « personnalités » publiant un livre, qui elles ne savent pas les écrire, ce peut être vrai aussi pour quelques-uns de ces auteurs reconnus dont la critique vantera néanmoins la qualité de l'écriture...
D'ailleurs on pourrait considérer que c'est le brouillon qui est l'essentiel du travail. Sauf que tout écrivain sait bien que le plus dur c'est justement de travailler un brouillon

pour arriver à un texte écrit, élaboré et fini.
Curieusement la rumeur ne fait pas état de la pratique la plus répandue, à savoir le « caviardage » des livres, considérés comme achevés par leurs auteurs, qui sont revus et corrigés par des directeurs d'édition de sorte d'en faire un produit uniformisé, censé être vendable au plus grand nombre.

11 décembre 2009
ÉCRIRE DES CHOSES NON ÉCRITES, si tu savais, des choses qui n'ont jamais été écrites !
Toi tu t'intéresses à la pensée antique, bon, moi ce que je privilégie, c'est le non écrit encore.
Pourquoi je veux écrire? c'est pour écrire des choses non écrites. Certes, je ne suis pas le seul à le vouloir, et à tenter de le faire, même si l'on n'est pas tant que ça.
Écrire surtout ce que je veux, pouvoir écrire tout ce que je veux, en transgressant le « dit » habituel et général.
Manière de se libérer par l'écriture du commun de la vie, la littérature c'est ça aussi. Pourquoi ? Question de goût, de mental ? D'esthétique ?
Le non écrit encore, quand il s'écrit, apporte plus d'explications sur le monde et la vie que l'écrit historique...

12 décembre 2009
« AVEC TOUT CE QUI SE PASSE », ou bien « avec tout ce qu'on voit », est une expression répandue qui évoque toutes les horreurs du monde. Bien sûr elle témoigne de la diffusion immédiate, et même répétitive, des nouvelles venant des moindres coins du monde.
En 1917, aux pires mois de la guerre, à peu près personne ne savait réellement ce qu'il se passait. Aujourd'hui un américain reçoit environ l'équivalent de 100 000 mots par jour en informations les plus diverses. Bien sûr, il est possible de se protéger de celles qu'on déteste, choisir de zapper publicités et programmes ennuyeux ou débiles, ne

pas lire les romans de masse, ne pas voir les films grotesques ou complaisants etc.
On peut se lamenter du spectacle de l'actualité faite d'horreurs et d'inhumanités, mais il faut savoir que ne pas en avoir connaissance n'empêcherait pas leur existence, tandis que médiatisées, elles devraient avoir plus de mal à perdurer.

13 décembre 2009
LA PRESSE ANNONCE la création par Bernard Pivot d'un comité de défense du beaujolais, le vin, symbole selon lui de « l'identité française ». J'ai eu peur en lisant l'information que cet homme se lance à nouveau dans la défense de la langue française qui est tout autant et plus encore symbole de l'identité française. En effet, avec la manie qu'il a, lui et ses collègues conservateurs, de vouloir réhabiliter de vieux mots français, et par conséquent de fermer les possibilités de néologismes, il aurait risqué d'enfoncer encore un peu plus le français dans une position de langue vieillissante où l'on ne crée plus de concepts. Car pour rester vivante la langue française a besoin de se laisser envahir, comme d'ailleurs cela se passe naturellement dans l'oral, par les nouveaux mots, les nouveaux concepts, les nouvelles formes, les nouvelles manières de former la phrase...

18 décembre 2009
« SUR INTERNET, on y écrit aussi ! » déclarait récemment Michel Winock, il est vrai dans une émission de radio culturelle dont l'animateur ne semble toujours pas se servir d'internet. Autant cette phrase aurait pu être exacte dans les années 1990, autant elle devrait désormais se transformer en « on y écrit beaucoup ».
Car internet est devenu le lieu de l'écrit, le support de quantités innombrables d'écrits et ce, même si on écarte tout ce qu'il peut y avoir de très mauvais ou d'inconsistant.

Oui, diront les chagrins, mais ce sont des textes plus courts, internet ça réduit tout. En fait non, on peut y diffuser aussi bien des thèses que de petites notes, y lire des livres numérisés du domaine public ou d'auteurs contemporains...

Il reste que le livre papier n'a jamais été aussi présent, son influence de plus en plus considérable, et jamais aussi forte, devrait-on dire. Notamment parce que les gens des médias s'appuient sur des livres pour construire leurs émissions.

Ils pourraient le faire également à partir de textes diffusés sur le net, pas pour l'instant, patience, il leur faudra du temps pour se mettre à jour !

23 Décembre 2009 11h

LE LANGAGE TEXTO fait très peur aux lettrés qui y voient une perte de langue autant que d'eux-mêmes.

Pourtant le langage texto a un mérite, celui de pousser la langue vers son expression la plus réduite. D'accord, c'est parfois incompréhensible pour qui n'y est pas habitué. Et la plupart des praticiens de l'écrit, dont je suis, ne rédigent pas les textos en langage « abrégé ».

J'ai cependant souvent la tentation de laisser « tomber » des formes absconses, par exemple le « s » de mon corp au singulier ou *l'apostrophe* de aujourdhui...

On doit avoir conscience que c'est comme ça que la langue s'est formée.

23 décembre 2009 18h

UNE FOIS DE PLUS LE PRÉSIDENT a joué avec les nerfs de la gauche en lançant le débat sur l'identité française. Pourtant elle devrait savoir, la gauche, que ce débat, parmi d'autres signaux -telles les reconduites d'afghans par charter ou l'idée de faire chanter la Marseillaise dans les écoles, est destiné à l'extrême droite. Car dans le même temps le gouvernement aura régularisé 20 000 personnes dans l'année...

Ce dont il faut se réjouir, ne serait-ce que pour contrer une des hypocrisies de la société française qui accepte notamment de ne pas voir que dans les cuisines des restaurants de France, il y a beaucoup d'immigrés -souvent sans papiers, qui y travaillent...

28 décembre 2009
POURQUOI S'ENTHOUSIASMER pour le mouvement de révolte qui se développe en Iran ? Bien sûr parce que cette contestation est dirigée contre ce que les manifestants appellent une dictature, qui de plus ne respecte pas ses propres principes. Mais encore parce que c'est un mouvement qui pourrait toucher la Terre entière, en effet sous-jacent il porte cette revendication d'une liberté d'exister, un peu à la manière des lycéens de France qui ces semaines dernières exprimaient leur volonté de ne pas vivre « en prison ».
Cette révolte ne devrait pas pouvoir être arrêtée quand bien même le régime serait de plus en plus répressif, car la moitié de la population iranienne a moins de 27 ans. Celle-ci est très utilisatrice des technologies de communication, d'ailleurs les manifestants sont seulement armés de leur téléphones portables.
Le bruit du monde, à Tehran, hier, était celui d'un monde en train de basculer sous la pression d'un mouvement fort de liberté, de vie, d'énergie. De beauté.

7 janvier 2010
UN RAPPORT TRAITANT DE « l'avenir de la création sur Internet » vient d'être remis au Ministre dit de tutelle. Certainement intéressant, quoique surréaliste dirait mon voisin de palier, au regard de certaines propositions. Croire par exemple qu'on va imposer à la Terre entière des mesures telles que le prix unique pour les livres numériques est cocasse ou arrogant, et laisse penser que les gens qui ont produit ce rapport ne se rendent pas compte que le système internet est mondial. Glissons du coup vers un point d'achoppement quotidien pour l'acheteur de livres. On ne sait pas pourquoi, mais commander un livre dans une librairie locale implique un délai d'une semaine au moins. En revanche en commandant sur le net, le livre arrive par la poste dans les deux ou trois jours.
Il se trouve que l'on doit souvent commander des livres car matériellement tous les livres ne peuvent être stockés localement. Ajoutons que, par pur mécanique de marché, les librairies de quartier, dont je suis comme beaucoup un grand partisan, n'ont le plus souvent en stock que les livres les plus demandés et/ou les livres envoyés d'office par les grandes maisons d'édition...

14 janvier 2010
POURQUOI LE CINÉASTE ERIC ROHMER pensait-il que la langue du Moyen Âge était beaucoup plus précise que la nôtre ? Voici sa phrase retranscrite:

« Quand on compare la façon de parler actuellement avec la façon de parler au Moyen Âge, on trouve que nous sommes beaucoup plus lourd et plus obscur. On était beaucoup plus clair à ce moment-là. On disait les choses très simplement et très directement. Tandis que maintenant on emploie très souvent beaucoup de figures, de périphrases etc. Donc de ce côté-là on a perdu... »
Pourquoi donc ? Sans doute parce qu'une idée répandue est que ce qui vient de l'origine est plus pur. Pourtant en termes de langue comme en termes de race ce concept est bien douteux. En l'occurrence le français venait du latin, se construisant par intégration de différents apports d'autres langues et de patois locaux.
Certains académiciens d'hier pensaient que la langue la plus précise était celle du 18e siècle. Beaucoup de clercs d'aujourd'hui pensent que la langue contemporaine s'est dégradée par rapport à celle du 19e, voire à celle des années 1950.
Il me semble au contraire qu'on pourrait s'approcher d'une langue plus précise en intégrant les logiques contemporaines.

17 janvier 2010

A L'ÉCOLE, les enfants apprennent que les mots en « eur » se transforment en « euse » au féminin et que si certains mots sont identiques au masculin et au féminin, d'autres sont différents comme cheval et jument.
À part exceptions -il doit y en avoir, on ne leur apprend pas la féminisation des noms de métier qui s'est pourtant largement imposée malgré une ferme opposition des conservateurs.
Ainsi se sont généralisés en pratique les féminins comme auteure, professeure, ingénieure et docteure. Qui tient encore à s'appeler doctoresse?
Et on peut dire aussi entraineure, dans les disciplines sportives, plutôt qu'entraineuse (à moins qu'on préfère dire coach ?)... Et pourquoi pas éditeure, chanteure, danseure, et cultivateure, producteure, metteure en scène,

et réalisateure ?... Si l'on objecte qu'à l'oral cela ne se distingue pas, il suffit de prôner la prononciation du e final, comme d'ailleurs cela se fait mal à propos dans bonjour-reu!

18 janvier 2010
LES GRANDES EXPOSITIONS PUBLIQUES déclenchent une forme d'unanimisme qui est un peu suspect. Elles ne devraient pas en effet pouvoir plaire à tout le monde.
Elles sont chaque fois soutenues par une presse élogieuse et abondante, et il est de bon ton d'en dire du bien. En tout cas de ne pas en dire du mal.
Je me suis fait réprimander à un diner parce que je m'étonnais qu'on ait exposé de lourds blocs d'immeubles en ruine sous la si jolie verrière du Grand Palais, tout juste restaurée, qui elle dégage une légèreté extraordinaire (Monumenta 2007).
Pas de raison de dire du mal de la dernière exposition sur Fellini, même si c'est de la culture entendue. Et de quel droit dire du mal a priori de la présente exposition de Boltanski également au Grand Palais à Paris ? Certes, j'aurais préféré qu'il nous fasse entendre le « bruit » des neurones plutôt que ceux des battements de coeur. J'avoue aussi que l'empilement de vêtements fripes jusqu'au dégout ne m'intéresse guère, et pas davantage qu'il ait fait couper le chauffage. De plein droit en revanche, je me révolte contre l'obsession de nous tirer vers la mort qu'a cet homme alors qu'il déclare aimer manger de la blanquette de veau.
Les grandes expositions correspondent au goût des organisateurs, et c'est bien normal, ou à celui supposé du très grand public, si docile, prêt à faire des queues interminables, parce qu'il pense que la culture c'est bien !

20 janvier 2010
C'EST UNE HISTOIRE UN PEU MERVEILLEUSE D'UNE CERTAINE FAÇON. Ponctuant ma belle relation d'amitié avec Marguerite Duras, j'avais produit *Les Entretiens* pour

les Nuits magnétiques sur France Culture et puis écrit *La Fiction d'Emmedée*, un roman dont elle est le personnage principal.
Ensuite je ne pensais plus être remis sur son chemin ou y être redirigé jamais. D'ailleurs certains ont pu me dire, « Duras, ça va, faut oublier maintenant ! ». Il se trouve que j'avais vécu *La Fiction d'Emmedée* à travers une pensée pour Diderot et son *Neveu de Rameau,* dans la limite de toute comparaison. C'est à dire qu'il s'agissait d'une vraie relation, ayant existé...
Voilà que Catherine G après une lecture de textes de Duras au *Théâtre du Temps* dans le 11e à Paris, m'avait demandé si je verrais d'autres textes qui pourraient y être lus. A l'instant je ne sais pas, j'avais dit en souriant, mais je vais réfléchir...
Des mois plus tard, je l'ai appelée pour lui parler des *Entretiens*. Et puis un jour elle m'a dit qu'il y aurait des dates, peut-être pas en fin d'année, en début de celle à venir. En décembre, elle a dit « fin février/début mars ».
Il suffisait de dire oui, en fait de ne pas dire non. Puis de rencontrer des comédiens, mi-janvier je n'en avais pas. Et puis voilà, une lecture aurait lieu le 6 et 7 mars, en version courte pour des raisons de bonne raison.

25 janvier 2010
POURQUOI FAIRE APPEL À DES COMÉDIENS DE 20/30 ANS pour lire ces dialogues tirés des *Entretiens avec Marguerite Duras* ? Pour qu'ils n'aient pas une image a priori d'elle, en particulier celle un peu dépréciée que certains milieux hostiles lui avaient donnée dans les dernières années de sa vie. Puisqu'ils n'ont pas connu Duras, ne l'ont pas vu intervenir à la télé, ne connaissent pas très bien son oeuvre. Parfois n'ont vu que *L'Amant*, le film, ou lu seulement *Un barrage* ou *Le marin de Gibraltar.*
Ainsi, quand ils la lisent, ils le font bien différemment de la plupart des lecteurs des années 1970/90 qui trouvaient ses livres difficiles.

Il ne leur viendrait sûrement pas à l'idée d'affirmer comme la critique (qui était très critique à son égard) qu'il ne se passe rien dans ses livres.
Donc appel à des comédiens de cette génération 2000, à qui je ne demanderai pas de jouer Duras, ni de faire du Duras. Bien plutôt de transmettre le plaisir qu'on peut ressentir à la lire, dans une envie de découverte, au fond à la manière dont je suis allé la voir, enthousiaste de comprendre ce qui faisait que MD parlait, vivait et écrivait en écrivain.

27 janvier 2010
PROTESTATION VÉHÉMENTE contre l'exécution en Iran par pendaison de deux hommes accusés selon *Isna agency* d'être « ennemis de Dieu » en liaison aux manifestations de ces derniers mois contre le pouvoir en place...

28 janvier 2010
UNE PHRASE DE DELEUZE : « Créer n'est pas communiquer, mais résister », circule un peu partout. Pour moi créer n'est surement pas résister, au risque de rester dans le champ analogue de l'objet de cette résistance. Ou alors ce serait pour s'opposer à l'inertie.
Créer, c'est transgresser pour le moins, se libérer assurément, voir plus loin et davantage, se déplacer dans un chemin mental plus ouvert ou plus complexe.
Deleuze a sorti beaucoup de phrases formidables tant il pratiquait une logorrhée créative, parfois avec le risque de léger dérapage, cela n'a d'ailleurs pas d'importance.
En revanche cette phrase exprime qu'il n'aimait pas le concept de communication, pas plus qu'il n'aimait la modernité. Et encore moins les machines (à part peut-être les « désirantes »), Il avait par exemple toujours refusé d'avoir un lecteur de disques (vinyls) pour écouter de la musique. Ainsi, peu de temps après qu'un appareil de ce type lui avait été offert, ce dernier était curieusement tombé en panne, et sous ce prétexte il s'en était séparé...
Moi j'ai dû résister durant les années 1985/2000, pas

contre la grande ennemie qu'est l'idéologie fasciste, celle-là je la traque partout où je passe. Non, contre l'idéologie conservatrice et rétrograde et postmoderne que plusieurs de mes amis avaient adoptée jusqu'à ne plus me voir tout à fait comme écrivain digne de ce nom.
Ils étaient, croyaient-ils en résistance contre la modernité, le progrès que sais-je ? Contre la technique, contre le numérique, contre le téléphone portable (ça leur a passé). Contre toute transformation.
J'ai résisté aussi au mode catastrophiste, la peur de l'an 2000, les centaines de milliers de victimes annoncées avec la « vache folle », voir « le poulet fou » (dont s'était emparé un intellectuel aussi respectable que Edgar Morin à une conférence à l'*UNESCO*).

4 février 2010
POUR LIRE LE TEXTE DE DURAS, j'ai choisi trois comédiennes, parce qu'une seule aurait dû soutenir le poids de représenter MD, ce qui aurait été franchement lourd et l'aurait exposée à la critique facile de ne pas le faire !
Et puis, cette triple présence peut figurer la diversité et la complexité de la personnalité de Dame Duras. Par exemple, Michelle Porte disait : « Avec MD, on se plaignait et on pleurait » tandis que pour moi, c'était : « On se parlait et on riait ».

-/-

8 mars 2010
J'AI VÉCU LA LIBÉRATION DES FEMMES COMME UNE LIBÉRATION PERSONNELLE, sans avoir l'impression d'en avoir été réduit dans ma condition d'homme, à part la perte du côté machiste que je n'ai jamais vraiment eu.
Par ailleurs je suis convaincu que les femmes vont finir par transformer le monde, partout où elles accéderont massivement à l'éducation et à la politique.
Bien sûr, s'il arrivait que prenant résolument le pouvoir, elles finissent par l'exercer avec des méthodes ressemblant à celles des hommes historiques, eh bien il faudrait reprendre le combat et lutter contre elles.

12 mars 2010
YV-NO G DONNAIT SON *HAMLET 3* au théâtre de Vanves. Il dit qu'il montera toute sa vie des *Hamlet*, et il a sûrement raison.
Il me semble que chaque fois Yv-No cherche la sortie de l'instance. Mais de quelle instance ? Du théâtre, de la réalité ?
Comment se situer hors du réel qu'on n'aime pas tel qu'il est ? pourrait être un résumé de l'affaire.
Comment sortir du rituel (du tunnel) ? Ça, il sait le faire.
Comment sortir de l'instance prédéterminée ? C'est beaucoup plus difficile, car la force d'inertie est la plus forte de toutes les forces.
Alors il enlève de la séparation, l'instance est donc aussi hors du plateau... Une voix off faible en surgit de temps à autre... Une porte s'ouvre dévoilant une voie d'issue certainement... Peut-être que le sujet momentanément, c'est la lumière qui en jette...
Et le tout se concentre dans *un salut de fin* joué dans la beauté des corps et des êtres, qui semble pouvoir durer davantage que la pièce elle-même. Ou ne jamais finir, à la manière d'une *symphonie de Gustav Mahler* dont on croit toujours qu'elle va se terminer, et qui se relance encore dans la jubilation.

15 mars 2010
L'AVENTURE DES ENTRETIENS AVEC DURAS s'arrête après ces trois premières publiques.
N'aurait-il pas été plus raisonnable de trouver une production d'abord et/ou d'attendre le résultat d'une demande de subventions? Non bien sûr que non. Enfin raisonnable peut-être, au diable qu'il aille.
Ne pas oublier qu'il y avait deux soirs de théâtre libre, et surtout que maintenant ces trois séances sont dans la mémoire des personnes qui y ont assisté.
Pour ma part, je n'ai pas besoin de fermer les yeux pour visualiser les visages des comédiens éclairés par les écrans d'ordinateurs.

21 mars 2010
AUJOURDHUI c'est la journée mondiale de l'eau. Hier, c'était le printemps à 17h31 et aussi la journée de la Francophonie.
Un jour après, pas grave, dire que j'aime bien *La Francophonie*, surtout dans ces années récentes où des pays y ont adhéré librement, on peut le croire, et non plus comme par une suite logique de la colonisation.
Ce qui me plait en plus, c'est que certains pays, le Québec par exemple, sont bien plus exemplaires que la mère patrie en ce qui concerne la langue française.
Ainsi au Québec, à partir de cette année scolaire, la réforme du français de 1990, dites « Rectifications à l'orthographe », sera acceptée dans tous les examens scolaires et universitaires. Tandis qu'ici à Paris, aucun éditeur, pas davantage l'Éducation nationale ne l'appliquent. Elle est même considérée comme relevant de la faute, tout bonnement. Pourtant le dictionnaire de l'académie admet presque toutes ces rectifications, en option aux graphies précédentes...

25 mars 2010 14h
ENTENDU AU CAFÉ *SELECT*, une jeune femme assénant à l'homme assis en face d'elle qu'elle n'irait sûrement pas au Salon du Livre : « C'est tout sauf la littérature, elle disait... Ah non, non, y aura pas Marcel Proust ni Marguerite Duras au salon du livre ! »
Il y a bien, je pensais, quelques coins qui ressemblent à en être, de la littérature, mais c'est surtout une grosse foire où les valeurs sont inversées. Plus la superficie des stands est grande et plus il y a de chances pour que les livres soient mauvais ou populistes, ou idéologiquement « craignos ». Plus il y a de monde à faire la queue pour la dédicace... Plus il y a de contrats signés avec les éditeurs étrangers et plus, etc.
C'est aussi une grande beuverie, à l'inauguration (ce soir). Ce qui n'est pas grave. Sauf que les visages des gens dans les stands rougissent et se défont à mesure qu'ils se donnent de l'importance à être là...
Ne pas croire que le salon du livre existe depuis les Romains. Non, il a été créé au début des années 1980, pour relancer le livre face à la montée de l'image. Je me souviens qu'au 1er salon, l'éditeur Minuit n'avait pas un seul exemplaire de *Rauque la ville* dans son stand. Il ne croyait pas qu'il pourrait continuer de se lire, par exemple en 2010.

25 mars 2010 22h
C'EST DRÔLE, je suis souvent amené à redire comment j'ai rencontré Duras. « Comment vous l'avez/tu l'as rencontrée ? »...
J'avais l'habitude de renvoyer à mon livre *La Fiction d'Emmedée* où j'ai décrit cette rencontre. Depuis peu, je me laisse aller à la raconter comme je peux le raconter tant d'années après.
La sortie de la projection de mon film *Narcisso-métal* au festival de Hyères... MD à qui je viens d'être présenté me dit : « C'est un film d'écrivain »...

Le déjeuner en plein air, je suis assis en face d'elle, je lui dis que je pourrais facilement transférer mon rapport à ma mère sur elle... Puis je lui parle d'amis qui passent leur soirée à danser sur la musique d'*India Song*...
Où, demande-t-elle ? À Caen, je réponds !
Quelqu'un de Caen m'envoie des lettres, dit-elle mystérieuse, il s'appelle Yann...
Oui, il en était Yann de ces amis qui jouaient à se lancer des phrases du film avec les intonations de Delphine Seyrig...
A la suite de ça que, me voyant en amour avec la belle Livia, MD avait décidé de répondre aux lettres de Yann.
Pour dire comment ces faits sont ainsi entrés dans sa fiction, la faisant se développer, la sienne à MD.

5 avril 2010
IL EST PRÉVU QUE LES AUDITIONS DE PRISONNIERS PAR LES JUGES se fassent désormais en visioconférence pour éviter de les déplacer depuis leur prison jusqu'au tribunal, à Paris centre, où siègent les juges. Car ce sont des déplacements coûteux, qui en plus impliquent des protections armées. Et qui surtout sont bruyants dans nos rues, puisque les convois doivent actionner au maximum leur sirène pour dépasser les voitures des gens non prisonniers.
Bien sûr, on aurait pu imaginer que les juges se déplacent, ce qui aurait été plus simple, mais là, trop grosse remise en cause des hiérarchies/habitudes en place.
Quand cela adviendra-t-il ? Beaucoup de mesures sont annoncées mais n'interviennent jamais, sans qu'on sache pourquoi !
Pourtant, ce serait bien pour nos oreilles, de diminuer le nombre de sirènes hurlantes, étant donné que sont inévitables celles des ambulances et des pompiers qui doivent passer en toute priorité, et celles de la police contre qui on ne peut rien faire.
Donc il restera de toute façon assez de sirènes pour nous

casser les oreilles. Rousseau, Jean-Jacques, se plaignait du bruit qu'il y avait à Paris (et aussi de la saleté et de la boue), il nous est impossible d'imaginer ce bruit en comparaison du nôtre, celui des moteurs à explosion !

14 avril 2010
DE GRANDES PARLOTES SUR LES RUMEURS ont occupé la presse tout le week-end dernier, bien sûr avec de longues interventions de spécialistes de la question. À noter le tandem spécialiste/journaliste, désormais intimement lié à la fabrication de l'info.
Il a été redit qu'avec internet évidemment les rumeurs allaient plus vite et qu'en plus on pouvait difficilement repérer le point de départ.
Il me semble en revanche qu'elles sont beaucoup plus faciles à désamorcer que les rumeurs qui couraient de ville en ville et de hameau en hameau...
Ce qui m'étonne le plus c'est que les gens ont toujours tellement envie d'y croire, à ces rumeurs.
Je passe mon temps à dire à des gens : « Mais non, ça c'est des conneries ».
Et je vois bien que souvent ils ne me croient pas, et même m'en veulent un peu que je ne valide pas ces conneries du haut de ma rigueur intellectuelle.

18 avril 2010 12h
UNE PAROLE DE VICTOR CHERRE qui me revient: « Je vais réfléchir ». Il dit ça tout le temps.
Et en effet quoi de mieux qu'on puisse faire chaque moment des jours dans notre société qui change sans cesse ? Oui, il y a sûrement rien de mieux à faire que réfléchir.
A quoi j'ajouterai ma propension actuelle à essayer de toujours dire oui. On peut se voir tel jour ? Oui. Est-ce que tu es libre mardi ? Oui.
Si je ne le suis pas, je décale, je tords le calendrier. Et j'ajoute des heures aux soirées, je vais dans deux endroits à la fois, je parle à plusieurs en même temps et

j'aime doublement mes êtres chers.
Surtout je souris de plein de sourires, trois fois plutôt qu'une, jusqu'au rire si les yeux d'en face me les renvoient.
Rien que je déteste plus qu'on me propose pour se voir un rendez-vous le mois suivant alors qu'on est en début de mois, et encore entre 13h et 14h, parce qu'ensuite il y a ceci cela.
Oui je veux bien, d'accord ! Oui, être en disponibilité permanente.
Bien sûr je déteste l'attitude des gens sur-occupés qui même avec des amis de toujours n'arrivent pas à prendre le temps de leur parler au téléphone !
Se mettre en disponibilité, c'est produire une amplification d'exister.

18 avril 2010 24h
LES VOLCANS ONT TOUJOURS ERUPTÉ, apparemment quand ils le voulaient et autant de temps qu'ils le voulaient. Il n'y a pas plus pas moins d'éruptions maintenant qu'hier et avant-hier. Bien qu'il y ait des variations saisonnières et des cycles divers. Tout comme pour les tremblements de terre et autres tsunamis qu'on appelait avant raz-de-marées, sauf qu'on en entend parler à longueur de temps.
Il y a deux ou trois siècles encore, la population mondiale n'aurait pas su qu'il y avait un volcan en éruption, à part les voisins et la petite élite voyageuse.
Les proches habitants y voyaient un signe des dieux et, s'ils avaient réussi à s'en protéger, considéraient le monstre avec beaucoup de respect ou plutôt de pieuseté.
Les quelques observateurs du ciel repérant le nuage de poussières se perdaient généralement en conjectures.
Aujourd'hui, on s'inquiète pour la santé des petits et des vieux, on se demande surtout quand on pourra reprendre l'avion.
Voilà donc des humains qui se débrouillent pas si mal, ils appliquent le principe de précaution à la lettre, le ciel est

calme sur l'Europe, les riverains des aéroports sont contents, que les volcans volcanisent !

05 mai 2010
Y AURAIT IL PLUS D'ÉVÉNEMENTS que dans le passé de l'histoire ? Ou même qu'il y a quelques années encore ? C'est vrai qu'on a l'impression qu'il « s'en passe » de plus en plus. A peine le volcan s'est-il calmé qu'une marée noire se déclenche. Une crise semblait se terminer, une autre s'enclenche. Encore un tremblement de terre, des inondations qui s'en suivent. Une maladie a disparu ou bien se soigne mieux, voilà qu'un nouveau virus survient etc.
On peut facilement poser que l'augmentation considérable de la population mondiale a accru le nombre d'événements. Les bousculades répétées à l'origine de centaine de morts en Inde ou en Chine, ou les accidents de bacs en Asie ou en Afrique en sont une illustration.
On peut avancer aussi que le développement de l'activité humaine précipite la survenue d'événements. Pas de catastrophes aériennes au temps de Platon en effet, pas d'accident de plate-forme pétrolière durant la vie de Jésus, ni d'explosion de centrale nucléaire sous Henri IV. Des éruptions de volcans oui, des tsunamis, des naufrages, des famines, des épidémies, des incendies... Et des guerres autrement plus habituelles, oui.
Nous sommes dans la nécessité d'accepter que rien n'est stable, que le monde change tout le temps, qu'il se passe toujours quelque chose. Et qu'il y a toujours quelque chose qui ne va pas !

16 mai 2010
DIVAGATION SUR LA BÊTISE DES MÉTAPHORES, par exemple cette dernière d'un journaliste qui vient de sortir un énième bouquin sur les dangers supposés de notre époque qui serait « comme une voiture qui plus elle augmente sa vitesse, moins les phares éclairent loin » !
A part qu'elle s'apparente à la fameuse formule d'aller

droit dans le mur, cela voudrait montrer que le présent se charge de tant d'informations qu'on a tendance à perdre la mémoire. Ainsi, on ne saurait plus ce qui s'est passé deux ou trois ans auparavant...
Cependant nous n'avons pas besoin de garder en mémoire immédiate tout un tas de faits puisque avec les moteurs de recherche nous avons les moyens de retrouver à l'instant même la mémoire du moindre événement passé.
Autre implication de cette métaphore de « chauffeur de *Citroën* des années 1970 », le fait que tellement pris par ce qui se passe dans le moment présent on n'aurait pas ou plus de vision lointaine.
Chaque jour, je me répète qu'il faut regarder loin. À ce moment précis, la navette américaine rejoint *l'ISS* dont on s'apprête à modifier l'orbite pour éviter une collision avec un engin dont a repéré la trajectoire... Et puis on découvre une étoile massive qui vient de naitre tout récemment (il y a 2 ou 3 millions d'années)...
Souvent au téléphone, je dis : non, je ne suis pas chez moi. Car on l'est de moins en moins, en tout cas quand on répond au téléphone. On se trouve au travail, dans la rue, au café, dans une boutique, devant l'école, et parfois dans des endroits improbables où cependant l'on peut répondre sans faillir : non, vous ne me dérangez pas du tout !

28 mai 2010
JE CONNAISSAIS MAL JEAN COUTURIER, le réalisateur de France Culture qui vient de mourir, à part qu'il a réalisé mon *Pour échapper au destin* (1ère diffusion, 7 juillet 2004). Certainement, je lui saurai gré toujours d'être allé enregistrer des séquences de cette pièce radiophonique, dans une voiture, sur les quais de la Seine, ainsi que le texte l'indiquait... Et lui serai toujours reconnaissant d'avoir pris deux jours au moins pour la mettre en onde (avec Annick Alane, Anne-Lise Hesme, Arnaud Bédouet, Garance Clavel, Simon Duprez). Au lieu d'une après-midi

de prises au lance-pierre, comme cela se fait généralement.
Je regrette bien d'avoir répondu non à sa question de savoir si je n'avais pas un autre texte à lui donner, qu'il semblait prêt à réaliser dans la foulée... C'est vrai que je n'avais pas de texte écrit exprès pour la radio. Mais j'aurais pu lui passer les dialogues de *Pathétique Sun* ou de *Fréquence perdue* (film de 1982), faire un découpage de *La Fiction d'Emmedée*, lui proposer de prendre des extraits de *Rauque la ville* qu'aucun de mes amis cinéastes des années 1980 n'a porté au cinéma.

-/-

3 juin 2010
DANS LA SÉRIE « L'ORTHOGRAPHE EN MARCHE » (le français vivant quoi !), cette jolie phrase « Reviens quand tu auras disparue » que Yv-No verrait bien comme titre. En fait, sa phrase était d'abord : « Quand tu auras disparue, tu reviendras ! »
Bon, normalement, le participe passé après avoir ne s'accorde pas avec le sujet mais avec le complément direct. Donc grosse faute pour toute la garde académique. Sauf que cet accord apporte d'évidence une information, ce qui est l'objectif de base de l'orthographie.
Il est signifié en l'occurrence qu'il s'agit d'une femme et non d'un homme. Ceci légitimerait l'accord avec le sujet, qui était d'ailleurs l'une des options avant que Malherbe impose la règle actuelle qui est particulièrement piégeante !
Règle de plus pas toujours compréhensible et finalement pas très intelligente, je le dis : c'est l'une des torderies du

français. Et si un écrivain ne le dit pas (ne l'écrit pas), qui donc le dira ?

6 juin 2010
ILS SE SONT PERMIS DE CORRIGER des fautes chez Duras, dans *Cahiers de la guerre* !
On donne décidément trop de pouvoir aux correcteurs d'édition qui ne semblent pas comprendre que pour l'écrivain, l'orthographe n'est bien sûr pas la première préoccupation qui est d'abord celle d'écrire. D'écrire quelque chose qui forme du texte.
Ils se sont permis de corriger des fautes chez la Dame, des fautes qui d'ailleurs n'en étaient peut-être pas... En effet si l'on considère que nombre de règles reposent sur le sens, ces correcteurs ont pu ne pas comprendre celui voulu par l'auteur. Ils se sont donc vraisemblablement autorisé à modifier le sens, bon, dans le détail, d'accord.
Aurait il fallu laisser ces « fautes » ? Oui, le *sic* aurait été préférable c'est certain, s'agissant en plus d'un texte non publié de son vivant, qu'elle n'aurait peut-être pas souhaité publier. Pour les « éditeurs », c'était impensable de laisser des fautes pareilles, pire que péché, un sacrilège impardonnable, on aurait eu honte pour elle !
Ils devraient pourtant se rendre compte que l'orthographe, c'est pas très intelligent en fait. Par exemple, un cheveu, même sans « s » ni « x », c'est déjà un pluriel (latin). Néanmoins, la règle est d'écrire « un sèche-cheveux », et non un sèche-cheveu, en raison de ce qu'on a en général plus d'un cheveu sur la tête...

19 juin 2010
DEUX ÉCRIVAINS SE RÉUNISSENT pour dire combien ils aiment Rimbaud, laissent entendre qu'ils connaissent son oeuvre presque par coeur, à part quelques lettres d'Abyssinie de moindre importance... Confient qu'ils le citent souvent dans leur livre, qu'ils en glissent des phrases dans leurs textes...
Qu'est-ce qu'ils retiennent de Rimbaud ? Qu'est-ce qui fait

qu'il les inspire aujourd'hui ? Ne diront rien de ça...
Qu'est-ce qui les attire chez lui ? L'un aurait pu parler d'une forme d'éblouissement...
Et vous donc, aurait demandé l'autre ?
Et bien moi j'aime qu'il ait écrit son « il faut être absolument moderne »... Et aussi son « il faut être voyant ».
Ce que souvent je traduis par « il faut regarder loin », c'est à dire au-delà des premières couches au moins !

22 juin 2010
TOUT S'APPAUVRIT DIT N. Quoi, qu'est-ce qui s'appauvrit, s'étonne le voisin ? Tout s'appauvrit, tout, réitère le premier !
Cette affirmation affirmée comme évidence par des personnes qui pourtant peuvent avoir dans leur sac des appareils extraordinaires est rien moins qu'étonnante. Surtout qu'elle reprend la thématique de gens vieux déçus de leur personne plus que de leur époque...
Bien sûr que les écrivains d'aujourd'hui n'écrivent pas tous comme Chateaubriand. Mais il faut se rendre compte que de son temps à lui non plus !
En revanche la donnée majeure de cette époque c'est justement selon moi que tout s'accroit, les connaissances, les possibilités...
Ce qui s'appauvrit, si j'ose dire, c'est par exemple la taille des appareils de communication, de plus en plus petits et en même temps de plus en plus performants.

2 juillet 2010
QU'EST-CE QUI EXPLIQUE QUE JE DOUTE SOUVENT des affirmations des conversations usuelles.
D'abord qu'elles ont en général comme moteur le fait d'épater ou de s'épater soi, donc qu'elles forcent les faits par principe à la manière des conteurs de contes...
Surtout, je suis peu croyant, donc je ne crois pas facilement. Par exemple que le président de la République prend de la cocaïne avec sa femme. Ou que le *1984*

d'Orwell s'est réalisé alors que dans ce livre le pouvoir est censé « voir » directement ce qui se passe chez les gens...
En fait je me refuse aux assertions trop grosses et fatiguées, par exemple : « la France serait devenue une république bananière », car quel mot pourrait-on utiliser pour qualifier les républiques bananières, soit les pays où la corruption est généralisée et la police plus dangereuse que les mafias ?
Ou encore : « ça n'a jamais été aussi pire », car qu'aurait-on pu dire des périodes horribles de l'histoire, celle de la guerre nazie ou de la peste qui tuait la moitié de l'Europe ?
Oui mais je suis un convive pas agréable à force de tout mettre en doute, un peu rabat-joie du coup de ne pas croire ce qui fait tant plaisir à croire.
Alors je « mets » des gants, je dis : Ah oui ? je ne savais pas !... Tu crois vraiment ?

8 juillet 2010
LE MAIRE DE PARIS voit un rapport entre l'atmosphère délétère de la France de la fin des années 1930 et « l'époque actuelle ».
En tout cas les extrémismes de droite d'aujourd'hui n'ont heureusement rien à voir avec ceux de cette époque lointaine... Où le maire de Paris a t-il vu les événements de février 1934 dans sa capitale?
Cette comparaison entre les années 1930 et celle de 2010 est absurde, elle est en plus franchement suspecte... C'est très étonnant de la voir opérer par divers acteurs médiatiques bien différents. Certains croient y déceler des similitudes convaincantes au point de la développer dans une apparente jubilation. A se demander s'il n'y a pas une fascination inconsciente pour le chaos qu'elles représentaient et à quoi elles ont abouti.
Je me sens libre de dire que non, hormis la fameuse crise économique, rien ne rapproche ces périodes-là. Et surtout

que rien ne peut permettre de penser que nos années présentes peuvent s'engager dans ce chaos-là.

10 juillet 2010
UN CRITIQUE JOURNALISTE (et écrivain bien en place) fustige le monde de l'édition qui ne parlerait plus que de combien valent les auteurs, enfin quelques-uns, une dizaine... Lui qui connait bien le milieu doit savoir de quoi il parle quand il ajoute que la question de savoir si les livres sont bons ou intéressants ne se pose plus.
Outre l'appât de gains astronomiques, le système est en fait piégé par la demande des lecteurs massifs qui veulent eux une sorte de reflet de leur propre vision des choses. Les auteurs se doivent de leur raconter plus ou moins ce qu'ils savent ou pensent (?) déjà.
Donc tout ça n'a rien à voir avec la littérature qui a pour objet d'inventer le monde.

12 juillet 2010
SI JE CONTRE CHAQUE FOIS les phrases glissées dans le discours telles des vérités évidentes sur l'époque, c'est pour résister au discours de l'extrême droite.
Par exemple, avec la transparence et l'information généralisée, on finirait par avoir plus peur de ce qui arrive que lorsqu'on savait rien ou mal, et quand par conséquent on connaissait peu les risques ou les dangers. Or s'il y a effectivement des faits divers horribles, il se trouve que la criminalité en général tend à diminuer en nombre depuis un siècle alors que la population a plus que doublé...
Donc si je mets en avant cette donnée statistique, c'est pour contrer l'efficacité de la phrase de café: « Avec tout ce qui se passe » !
Et c'est pour lutter contre le discours populiste dont je découvre qu'il est en réalité majoritaire.

21 aout 2010
LES ANIMATEURS D'ÉMISSIONS invitent de plus en plus des spécialistes, notamment des universitaires. Sans vouloir critiquer ces derniers, quelque chose de comique s'instaure dans la présentation hypertrophique que l'on fait d'eux. Ainsi, on les décrit comme enseignant en... au département de... à l'université de... et également enseignant à l'université de... en outre directeur du laboratoire de... A quoi on ajoute le titre de leur dernier ouvrage, complété d'un sous-titre à rallonge... Le tout prenant donc l'allure d'un étalage interminable.

30 aout 2010
« ON SERA DE PLUS EN PLUS DÉPRIMÉS », en raison du niveau d'exigence des humains, déclame Houellebecq.
Lui qui, comme il le laisse entendre, écrit clairement des livres pour les « cons » et, pour ce faire, aligne autant que c'est possible les clichés les plus ordinaires, a parfois des instants de clairvoyance. Sauf qu'il en tire des conclusions imbéciles.
Oui le niveau d'exigence des humains s'accroit, c'est une donnée notable que beaucoup ne veulent pas voir. C'est pourtant une source de plus grande conscience et par suite d'exaltation, même pour les quelques déprimés que ça peut déprimer en effet.

-/-

1er septembre 2010
MAIS QUI DONC AIME LA RENTRÉE, à part les amateurs de foot dont le championnat a déjà repris en aout ?

Les amoureux de la littérature qui se réjouiraient de la rentrée dite littéraire ? Pas sûr...
Ni les auteurs qui ont l'air de souffrir, autant ceux qui en sont que ceux qui n'en sont pas.
Ni les critiques, ils sont dans l'incapacité de lire toute cette production qui pourrait être étalée sur les longs mois de l'année. Du coup, ils se plaignent de la médiocrité de beaucoup de livres, ils en parlent néanmoins...
Peut-être les gros éditeurs qui auraient intérêt à en sortir plein pour faire financer leur trésorerie par les libraires, comme le rapporte un billet de la *République des livres*.
Ce qu'il y a de triste dans la rentrée, c'est la perspective de devoir recommencer à peu près dans les mêmes conditions. Les vacances étaient une fuite hors du truc et puis faut revenir dans l'ordinaire, au fond il faut rentrer dans le rang. Horrible !
J'avais rêvé pour ma part -et rêve encore- qu'en toute logique mon livre *Le petit roman de juillet* sorte en juillet, Seul mon éditeur précédent (*Le Rocher*) était intéressé, hélas il n'a trouvé personne dans son équipe pour soutenir ce projet de sortie en juillet.

5 septembre 2010
POUR LA SUPPRESSION DU « LIVRET DE CIRCULATION », toujours obligatoire, bien qu'imposé aux gens du voyage par une loi de 1963 qui, il est vrai, abrogeait le « carnet anthropométrique » instauré par une loi de 1912 sur les nomades...

6 septembre 2010
UNE EXPRESSION FORTE DE CONVICTION, semble-t-il, revient dans les discours d'écrivains en place : « On voudrait nous faire croire que... ceci, cela »...
Chaque fois je me dis : qui donc est ce « on », puisque ce n'est jamais précisé ? Qui est ce « on » qui voudrait nous faire croire ? Le pouvoir, le président, les églises, le discours dominant ?
Car l'étrange, est que ceux qui se servent de cette

expression (par exemple Sollers ou Fleischer) sont clairement dans le courant dominant, ou en position de dire ce qu'ils veulent, d'ailleurs ils ne s'en privent pas...
En fait, en creusant bien, je crois comprendre que ce « on voudrait nous faire croire » est un argument de défense contre tout ce qui représente pour eux la modernité.

10 septembre 2010
GÉNÉRATION SACRIFIÉE, l'expression arrive comme ça à la radio, légèrement, au petit matin, entre deux bonjours. Il est question de la génération des jeunes des « 2000 ». Terrible, de quoi la décourager un peu plus !
Un rocker américain des années 1970 chantait déjà la génération sacrifiée, mais il se référait à la guerre du Vietnam. L'expression a sûrement été utilisée la première fois pour celle de la guerre 1914-1918, au sens propre du mot. Sacrifiée parce qu'une jeunesse avait été volée par la guerre, une bonne proportion ayant été tuée ou handicapée.
Ici et maintenant, il s'agit de la génération qui a du mal à trouver du travail, qui doit accepter des boulots qui n'ont rien à voir avec leur formation. Ou qui doit faire face à une compétition de masse, liée à la démocratisation de l'éducation.
Donc on pourrait jouer à inverser les choses. Parce que, les générations sacrifiées, ce seraient plutôt les générations antérieures qui ont souvent connu le manque et non le trop plein d'aujourdhui. Toutes celles du passé qui n'ont pas connu la libération des femmes, la contraception, internet et le téléphone portable, la communication en temps réel, l'accès à la connaissance d'un clic ou deux...
Et les voyages rapides et... même la traduction d'un simple mouvement de curseur.

12 septembre 2010
LE PRÉSIDENT VISITE CE JOUR la vraie grotte de Lascaux, pas la copie conforme construite à quelques kilomètres

de là pour les touristes.
En revanche, tout terrien, de quelque endroit qu'il se trouve, peut quant à lui faire une visite virtuelle de la grotte sur le net... Je sais, ce n'est pas pareil.
Mais une visite cependant très impressionnante. On peut s'arrêter quand on le souhaite sur des gros plans et scruter, en déplaçant le curseur ou en utilisant le zoom, les détails qu'on a envie de regarder avec plus d'attention : la vache noire, les cerfs nageant ou l'homme blessé... Et y retourner à volonté et à tous moments.

14 septembre 2010
IL EST COURANT D'ENTENDRE parler d'affaiblissement général... Il n'y a plus de dialogues, déclarait même récemment Jacques Doillon qui « le voit bien dans les scénarios qu'on lui demande de lire ».
Il y a beaucoup de choses faibles, certainement, que le temps en général traite par l'oubli. Beaucoup de choses insignifiantes ou légères aussi, mais qui ont justement pour objet de l'être, telles la plupart des productions télévisuelles.
Il faut aussi voir que nous comparons ce qui se fait à ce qui a été conservé des productions antérieures, donc des meilleures, y compris celles qui avaient été réalisées plus ou moins dans la marginalité, souvent avec des moyens dérisoires.
Il n'empêche que les producteurs éditeurs traquent tout ce qui peut d'après eux séduire un public de plus en plus vaste. De cela, on peut tout à la fois se réjouir ou bien se lamenter.

29 septembre 2010
ENTRE LES DIRIGEANTS de la Corée du nord et ceux des *FARC* de Colombie, par exemple, il n'y a sans doute pas grand chose de commun. Pourtant ces gens, convaincus du bien fondé de leur action, illustrent dramatiquement comment des humains sont capables de produire des mondes de complète folie qu'eux voient comme une

normalité. Au point qu'ils ont comme objectif premier de les perpétuer...
Hélas, ils ne sont pas les seuls. Il y en a eu beaucoup dans l'histoire, et il y en a toujours, aussi bien à l'échelle macro qu'à l'échelle micro de nos sociétés.

8 octobre 2010
DES MISES À JOUR RÉCENTES de traitement de textes (en l'occurrence de *Open office*) font que désormais l'accent circonflexe de apparaît, paraît ou plaît s'écrit par défaut.
Si vous avez la perversion de l'enlever, le correcteur n'indiquera pas de faute en accord avec la réforme -dite rectifications à l'orthographe de 1990, qui propose de ne pas mettre d'accent circonflexe sur le « i » sauf pour distinguer par exemple il croit et il croît (de croire et croitre).
Je persiste à me sentir en accord avec cette réforme pour la raison majeure que ces accents ne se prononcent plus.
Cette nouveauté m'enlève cependant l'argument qui était que l'écriture de l'accent circonflexe n'est pas vraiment facile sur clavier, sans regret d'ailleurs.
Mais pourquoi ne pas faire en sorte que ces traitements de texte écrivent directement l'accent circonflexe sur le « e » de être, qui là aussi est compliqué à taper sur un mot si important et si souvent utilisé ?
Et pourquoi pas sur le « e » de arrêter, et sur les « o » également de bientôt.

11 octobre 2010
LA « PREMIÈRE » À TROUVILLE-SUR-MER. J'étais venu enregistrer les *Entretiens* à Trouville, aux Roches noires, au début du mois d'octobre 1980.
Peu de temps après leur première diffusion sur France Culture, Marguerite Duras m'avait dit : « Il faut qu'on fasse quelque chose avec ça ».
Et puis le temps a passé, et je n'ai finalement jamais su ce qu'aurait pu être ce quelque chose qu'elle aurait voulu

faire de ces entretiens.

15 octobre 2010
LES CHIFFRES DU NOMBRE de participants aux manifestations des derniers jours en France seraient inférieurs à ceux annoncés par les syndicats (pas une surprise, eux-mêmes savent qu'ils sont gonflés), mais aussi à ceux de la police, selon *leparisien.fr*, ce qui est plus étonnant. Tout le monde était persuadé que la police sous-estimait les chiffres des manifestants.
Or, soit en utilisant un logiciel de comptage (*France-soir*) soit en comptant visuellement (*Médiapart* et *Le Progrès* par exemple), les chiffres relevés par ces organes de presse sont au niveau de ceux de la police, voire un peu moins élevés.
Dans ces cas-là, il faut accepter la réalité d'une information même si elle va à l'encontre de ses convictions. C'est ce qu'a fait le site *mediapart.fr* et c'est tout à son honneur, d'autant qu'il s'est fait rabrouer à cause de cela par certains de ses lecteurs !

19 octobre 2010
UNE FOIS ENCORE LU, ENTENDU: « Dans les années soixante, leurs parents avaient du boulot et ils avaient une retraite » qui est une déclinaison du slogan nostalgique (mythique ou mystificateur) selon quoi les enfants d'aujourdhui seraient moins favorisés que leurs parents...
A part que la retraite était à 65 ans et que les pensions étaient faibles (on parlait des « économiquement faibles »), ou inexistantes pour certains, comme les paysans. Seule une minorité des jeunes faisaient des études et les boulots étaient mal payés, sinon pourquoi donc auraient-ils fait grève durant les événements de Mai 68 ?
Ajouter qu'ils sortaient de la guerre d'Algérie, que le service militaire au mieux était à 18 mois, au pire deux ans et plus. Et qu'ils n'avaient ni internet ni portable ni

« smartphone ».
Cela n'empêcherait cependant pas de donner aux jeunes d'aujourdhui le droit de vote dès 16 ans !

23 octobre 2010
UNE VIDÉO BALANCÉE SUR LE NET, du discours d'un ancien ambassadeur chinois parlant de l'Exposition universelle de Shanghai dont la traduction en français se révèle être *un faux (hoax)*. On y entend au lieu de cela un commentaire très négatif sur la situation économique de la France et sur l'état d'esprit des Français.
Certains observateurs en ont conclu que cela montrait qu'il y avait beaucoup de choses suspectes sur le net.
Selon moi, cela démontre surtout la forte propension de beaucoup de gens à croire tout ce qu'ils trouvent, du moment que cela va dans le sens de ce qu'ils veulent croire.

30 octobre 2010
« LE LYCÉEN SAIT BIEN que la société n'a plus aucune perspective enthousiasmante à lui offrir » (Robert Redeker), cette phrase parue dans une tribune (*Le Monde* 21/10/10) est pour moi proprement révoltante.
D'abord parce que cette phrase n'est pas pensée, mais balancée. Ensuite parce qu'on pourrait tout à fait affirmer que jamais une société n'a autant offert à sa jeunesse !
Bien sûr il y a toute raison de se rebeller contre un monde qui devrait être mille fois mieux, qui de ce fait peut rendre triste à en pleurer, (et pas seulement parce qu'il n'offre pas des emplois à tout un chacun).
Il se trouve néanmoins que les jeunes gens d'aujourdhui -à qui au moins on ne propose pas la guerre comme perspective, n'ont jamais eu autant accès aux études, à la formation, au sport, au loisir, au voyage, à la communication et à la connaissance, des universités aux musées en passant par des supports inimaginables il y a encore 30 ans (la possibilité de lire Proust sur iphone !).
Sans compter le chemin enthousiasmant des découvertes

de cette connaissance, du plus petit monde à l'univers sans fin.
Cette phrase qui est reprise par plein de gens de la génération d'après 1968, implique semble-t-il que notre société n'offre pas facilement un bon boulot bien payé à tous comme c'était dans les années 60. En réalité idéalisées, ces années-là, où une minorité qui faisait des études trouvait facilement de bons jobs bien payés, tandis qu'une majorité qui ne faisait pas d'études était forcée à de mauvais emplois mal payés.
Reste cette question de savoir si une société doit réellement offrir à sa jeunesse une perspective d'une certaine façon philosophique ?

-/-

1er novembre 2010
DANS LES DÉBATS, CE QUI EST FATIGANT, c'est que, selon son appartenance à tel ou tel parti, la personne que vous écoutez défendra forcément telle ou telle position. Elle passera donc par des formules préparées, en essayant de lui donner des allures d'explication raisonnable...
Ainsi, les fameux « plateaux » radio-télé où défilent une ribambelle de gens, en général beau-parleurs, et/ou les tribunes d'« opinions » publiées dans la presse, sont marqués par cette prestation d'équilibriste : avoir l'air d'exposer une analyse réfléchie tout « en prêchant pour sa paroisse », comme dit Jérôme Beaujour.
Rares sont ceux qui parviennent à y tenir un raisonnement objectif. Car même lorsqu'ils ont comme principe d'être rigoureux, à un moment ils se font piéger

par un interlocuteur de mauvaise foi qui les entraine, au-delà de leur pensée, vers des zones de convictions à défendre.
Ces temps-ci, le plus fort c'est Jacques Attali, non content de parler « sur » la personne qui parle, il dégaine un « vous n'avez pas lu mon rapport, vous ne pouvez pas en parler ! » qui clôt toute discussion.

8 novembre 2010
ENTENDU DANS LA RUE, EN PASSANT : « Bon, on va pas lui jeter la pierre ! », qui m'a renvoyé à la fameuse formule de Jésus : « Que celui qui n'a jamais péché, lui jette la première pierre... »
Phrase que je relis à la pratique de la lapidation pour donner la mort, existant encore en Iran et en Afghanistan par exemple, et évidemment à la menace de lapidation de Sakineh, cette femme iranienne dont le destin est heureusement médiatisé de par le monde.
Drôle que cette expression de la langue courante se découvre être une trace d'une époque de l'histoire où la lapidation était un mode d'exécution répandu.
Trace parmi d'autres d'un lointain passé que l'on véhicule souvent sans le savoir.

9 novembre 2010
JE N'AI RIEN A DIRE SUR les prix littéraires. Houellebecq, je n'aime pas beaucoup ce qu'il raconte, ni son univers, mais il écrit bien et il parvient à sortir des sommes qui tiennent debout. Il dit qu'il a particulièrement travaillé la fluidité de lecture pour ce dernier livre, bon ça devrait se vendre beaucoup, lui qui vendait déjà beaucoup.
Juste rappeler qu'il a dû supplier l'éditeur Maurice Nadeau (les autres n'en voulaient pas) et le tanner, sa femme et lui, jusqu'à ce qu'il publie son *Extension du domaine de la lutte*.

13 novembre 2010
ROLAND BARTHES, en son temps emmené par France Culture à *Illiers-Combray* pour commenter les lieux de Proust, en particulier la maison de Tante Léonie, au milieu de laquelle il répète avec gêne « il faut dire les choses comme elles sont ! »
Car tout lui parait petit, mesquin, dérisoire. La salle à manger est minuscule, la cuisine ordinaire, vraiment impossible à replacer dans *La Recherche*, le parc du Pré Catelan est un jardin de paysan... Surement pas à la hauteur du grand Proust ni de son écriture !
Du coup Barthes ne cesse de parler du pouvoir de transfiguration du réel par l'écriture.

25 novembre 2010
LES BOUSCULADES DE MASSE NE SONT PAS SI RARES, elles surviennent généralement à l'occasion de pèlerinages. Lundi, au Cambodge, c'était le festival annuel des eaux. Le point générateur n'est pas facile à décrire, à part que c'est un faible mouvement qui s'amplifie vers l'horreur.
En l'occurrence, on ne peut pas accuser la technique, le progrès ou je ne sais quel excès de la modernité. Non, on est dans des zones troubles de l'humain, qui relèvent de l'absurdité irrationnelle ou de la folie grégaire. Sauf à accuser l'ancienneté du pont.
D'ailleurs il semblerait que la décision de le détruire soit inévitable, déjà nommé « le pont du malheur », les cambodgiens « très superstitieux » dit-on ne voudront plus l'emprunter...
Un prochain pont, techniquement forcément plus élaboré, devrait éviter que des rumeurs sur l'effondrement possible du pont provoquent de nouvelles bousculades, mais ce n'est pas sûr du tout.

27 novembre 2010
QUE VA DEVENIR LE LIVRE ? On prédit désormais qu'il passera massivement au numérique dans les cinq ans qui viennent. L'édition papier continuant son existence, il est

donc possible qu'un nouveau public de lecteurs naisse de cette novation.
Le livre numérique va-t-il se transformer en contenu multimédia avec textes, images et sons. Ou interactif, avec des procédures permettant au lecteur d'inventer plus ou moins le récit du livre ? Il va changer c'est sûr, mais pas forcément dans ce sens-là.
Ce seront plutôt des changements qui se profilent déjà dans les textes mis en ligne. Des changements au fond, dans l'écriture, dans la langue et la syntaxe, peut-être avec des phrases plus courtes ou du texte plus dense en informations. Sans doute une plus grande rapidité de texte, avec de nouvelles formes, de nouvelles expressions...
Ceci en correspondance avec une nouvelle façon de lire, en fait plus habile, contrairement à ce qui se dit sous le manteau. A l'image de ce qui s'est passé pour les sous-titres au cinéma : pendant longtemps, on ne traduisait pas tous les dialogues, arguant de ce que le spectateur n'aurait pas la capacité de tout lire...

1er décembre 2010
A UNE AUTRE ÉPOQUE, fin 19e/début 20e, les fuites « diplomatiques » de *WikiLeaks* auraient provoqué un ou plusieurs conflits armés.
Pourtant on se rend compte qu'on y apprend à peu près ce qu'on savait déjà, sauf que généralement cela n'apparait pas dans le langage diplomatique. Et que s'y découvre précisément ce que les chefs politiques pensent au fond d'eux-mêmes et de chacun. Il y a donc là un surgissement de vérité plutôt réjouissant.
On ressent même un soulagement de voir que les problèmes du monde sont ainsi traités, comme le font les baronnies de province, avec tous les sentiments dits humains, la peur, l'arrogance, la fourberie etc.
Ou bien à la manière dont les gens parlent de leur vie sur Facebook, laissant transparaitre leur rage, leur désir, leur fragilité...

Soulagement aussi de voir que ces problèmes du monde sont possiblement traitables de façon transparente et non plus cachée derrière des machines administrativo-politico-militaires redoutables.
Cela devrait constituer une étape non négligeable dans la mondialisation politique.

11 décembre 2010
DANS LA REVUE *La règle du jeu*, un article rend compte d'une invraisemblable soirée au café de Flore, soi-disant organisée pour fêter les 20 ans de la revue. Avec toute l'allure d'un pastiche, tant il est rédigé à la manière dont les journaux des années 1950 racontaient une soirée mondaine à Saint-Germain-des-Près.
Pour preuve ces enchaînements de narration : « Soudain, la machine s'emballe... Bousculade à l'apparition de... Couple culte de la littérature française... Affolement des photographes... Coup de théâtre, on vient d'annoncer... La bousculade devient indescriptible... Le monde de l'édition arrive en force... Il y a la queue, pour entrer, jusqu'aux Deux Magots et au-delà – quelle hérésie ! »
Finalement on se dit que ce pourrait être vrai, qu'il y a bien eu cette fête, simplement que ces gens sont légers comme fétus de paille baladés du plafond de l'opéra jusque dans la fosse d'orchestre. On se dit alors que la défense de toutes les bonnes causes portées par cette revue et son directeur B-H Lévy n'est qu'amusement, sorte de romantisme politique ou façon de se mettre en avant.
On se réjouit cependant si cela peut sauver Sakineh, cette iranienne menacée de lapidation, sauf qu'elle n'est pas la seule. La dernière semaine c'était une autre qui a été exécutée, pour des raisons similaires, comme l'atteste l'agence de presse *IRNA*: « Yahed prayed prior to the hanging and then burst into tears »...

28 décembre 2010
« S'IL Y A BIEN UNE CHOSE qu'on est une multitude à partager, c'est d'en avoir assez d'aller dans la direction

prise » écrit Nathalie de St Phalle (catalogue exposition Joerg Huber), qui ne fait pas ici référence par exemple à la politique du président français actuel.
Non, « la direction prise » est une expression codée, comprise et partagée par tous les gens qui rejettent les nouvelles technologies, la numérisation, la mondialisation. Et qui cible tout à la fois la financiarisation, l'ultralibéralisme, les réglementations étatiques, la surveillance des citoyens et la modernité en général.
La « direction prise », c'est aussi qu'il n'y aurait plus d'autorité, plus de respect, plus d'effort.
Et même plus de courage (comme semble le dire Cynthia Fleury par le titre d'un de ses livres), c'est-à-dire moins.
Comme s'il n'en fallait pas du courage pour vivre sans certitude ni croyance. A nous, humains de ce 21e siècle, qui sommes presque en l'état d'expérimentation de vivre !

2 janvier 2011
« IL FAUT S'INDIGNER », dit Stéphane Hessel. C'est certainement bien et utile d'avoir cette capacité-là. Mais on peut aussi s'indigner de tout, à tort et à travers.
Par exemple, sur Facebook, beaucoup s'indignent à propos d'informations qui pourtant se révèlent être inexactes.
Et puis on peut s'indigner que des humains dorment de nos jours dans la rue et que cette indignation, largement partagée, ne donne pas grand chose. Pareil, si on s'indigne du fait que des femmes sont pendues en Iran etc.
Il peut y avoir aussi des indignations contradictoires, ainsi des gens s'indignent que la burqua soit portée et d'autres qu'elle soit interdite.
Il faut résister, résister dit Unetelle, mais il y a des gens qui résistent contre ce que vous croyez, vous, être positif. Ainsi certains font de la résistance contre Wikipédia quand d'autres y voient la continuation de l'entreprise de *Diderot*.
Voyez tous ces gens de l'histoire qui ont résisté aux innovations avant de s'y mettre malgré tout.
Qui était en résistance ? Galilée, Pasteur ? Ou ceux qui s'opposaient à eux ?
Du coup ce peut-être imbécile de résister pour résister
Il n'empêche qu'il faut savoir résister. A l'occupant, au dictateur, au harceleur, sans doute. A l'inertie, à l'injustice, à la bêtise... Sachant le risque de se tromper, et même de s'entêter à tort !

5 janvier 2011
ON S'EST « RAPPROCHÉ » DES FAITS DIVERS au point de croire assister à leur multiplication. Pourtant non, les meurtres ont tendance à diminuer, c'est une tendance de fond en France depuis plus d'un siècle. Ils ont en effet légèrement décru en nombre par rapport au début du 20e siècle, malgré un doublement et plus de la population.
Mais la connaissance immédiate et complète des faits divers entraine à en être rapproché à travers des réactions d'indignation, de compassion ou d'affliction. On est désolé de la mort de telle ou tel à l'autre bout de la Terre, on enrage de la violence de barbares sans conscience ou de régimes débiles, on est affligé par des vies qui sont brisées.
D'ailleurs, ces faits divers nous apparaissent de plus en plus comme provoqués par des sortes d'erreurs de scenario...

7 janvier 2011
UN IDÉAL RÉPANDU est de se remettre à lire les classiques. Le philosophe Michel Foucault se sachant près de la mort relisait Sénèque, d'autres aspirent à la retraite pour avoir le temp* de lire les textes bibliques.
Yv-No reprend pour son stage les textes classiques, tous les grands textes qu'il aime. Et pas les textes contemporains, qui ne sont que rideau de fumée dit-il. Ce qui est possiblement vrai, ne serait-ce que parce qu'il faudrait traverser un lourd rideau de fumée pour y apercevoir quelques textes réellement contemporains...
Hélas, reprendre les textes classiques est sans doute la meilleure façon de ne rien comprendre au temp présent, en ce que par définition il ne l'est pas présent dans ces textes, et ne pouvait pas l'être.
Or, exceptionnellement, dans l'histoire jusqu'alors des humains, des transformations majeures sont intervenues, pour la première fois on a découvert la matière dont nous sommes, des humains ont quitté la Terre, des engins sont

sortis du système solaire... et par exemple se développe un mental rapide d'aujourdhui qui n'existait pas dans ce passé.
Bien sûr on peut lire les textes classiques pour le plaisir ou pour la connaissance du passé. Mais si l'on tient à comprendre notre temp, alors il faudrait les lire en cherchant le temp contemporain par défaut, c'est-à-dire en y recherchant son absence. Et non en se félicitant de cette absence.
(*Pas de s à temp ici, parce qu'il faudrait le garder pour le pluriel, id pour le corp)

21 janvier 2011
POUR CÉLINE, L'ÉCRIVAIN ! Pour cette langue écrite qu'il a inventée.
Bon, je n'aime pas toujours le bonhomme Céline, non seulement en raison de ses pamphlets antisémites, mais aussi parce qu'il disait des conneries en général dans ses entretiens, des conneries de beauf !
Cependant, je le défends contre l'avocat Serge Klarsfeld qui s'indigne qu'il fasse partie -à l'occasion du 50e anniversaire de sa mort- des personnalités incluses dans « le recueil 2011 des célébrations nationales ».
Je le défends d'autant qu'à ma connaissance il n'y a pas de discours antisémite dans ses grands romans.
Et puis, sans que cela justifie rien, personne ne sait plus aujourd'hui que la France globale des années 1930/50 était plus que « légèrement » antisémite, y compris dans le langage de tous les jours, c'est à dire par habitude.
Présentement il nous faut faire attention à des interdictions ou condamnations qui comme telles pourraient nous entrainer tous vers l'abime.
Ainsi tout récemment Stéphane Hessel a été invectivé en raison de ses prises de position sur le conflit israélo-palestinien (« Mon indignation à propos de la Palestine »).

23 janvier 2011
CARTONNER, pour une grande exposition (genre *Claude Monet* au Grand Palais), ça veut dire que des gens font la queue pendant des heures, dans des conditions plutôt humiliantes. Les gens pensent que ça vaut la peine et les organisateurs en sont contents car leur succès se mesure à la longueur des queues et donc à l'ampleur du temps d'attente.
Moi je voudrais bien que, comme les collections du Centre Pompidou, toutes les expos soient mises en ligne, même si ce n'est pas pareil, en tout cas à destination de ceux qui n'ont pas envie de pratiquer ce sport-là, le queueing ou le queueage!

28 janvier 2011
MONIQUE CANTO-SPERBER, directrice de l'ENS Paris, explique dans une tribune (*Le Monde*) pourquoi elle a annulé un meeting pro-palestinien dans son école. Bon, l'explication parait convaincante et sa décision compréhensible. Oui, mais en fin de démonstration, elle glisse la petite phrase symptomatique de la classe intellectuelle française en place :
« Pourquoi n'a-t-on pas mentionné le combat que mène l'ENS pour la défense des valeurs liées au savoir, à la recherche et à la qualité de la transmission, aujourd'hui bien malmenées? »
En quoi il y aurait à les défendre, ces valeurs? A continuer de les promouvoir, sans nul doute ! Et pourquoi les voir « malmenées » alors qu'elles n'ont jamais autant été mises en avant ?
Aucune autre époque n'a autant accru le savoir, développé la recherche, multiplié les découvertes, privilégié la transmission, ne serait-ce que par l'archivage généralisé et la facilité « inouïe » de consultation des textes du passé.
Ce qui est malmené, c'est le savoir ancien par le savoir qui s'accroit. Comment en serait-il autrement d'ailleurs puisque certaines des connaissances les plus importantes

de notre époque ne datent parfois que de dizaines d'années, et même de quelques années seulement ?

30 janvier 2011
ET SI C'ÉTAIT UNE SORTE DE PRINTEMPS DU MONDE ?
Un espoir pour contrebalancer ces bribes d'horreurs d'actualités résonnant à nos oreilles :
« Selon la croyance bouddhiste, les femmes sont impures, elle ne doivent pas parler aux moines »...
« La condamnation de la lapidation est une insulte au Prophète »...
« La notion de dangerosité sociale prédélictuelle est réapparue à Cuba pour mater les opposants »...
« Plus de 60 personnes ont été pendues en Iran pour crimes divers depuis le début de l'année, soit deux par jour »...
Et si ce pouvait être une sorte de printemps du monde qui se déclenchait à la suite de la *révolution tunisienne*?
On se prend à espérer que le mouvement se poursuive dans tout le monde arabe, mais aussi dans tous les pays fermés. La Corée du nord, la Birmanie et l'Iran, et Cuba. Et la Chine aussi. Et encore le Belarus, on en oublie toujours de ces pays fermés... Il y en d'autres, en Afrique...

05 février 2011
« UNE TRIBUE (SIC) AMAZONIENNE ISOLÉE, filmée pour la première fois » (*Le Monde.fr* 05.02.11/14h46). Survolée par une équipe de la BBC, on peut imaginer la frayeur qu'a dû ressentir cette petite dizaine de personnes en entendant le bruit de l'avion, puis en apercevant la machine volante passer au-dessus de leurs têtes. Drôle, le commentaire cliché du journaliste de la BBC : « ce sont les derniers hommes libres sur la Terre ».
Comme si ce pouvait être une liberté d'être, sans savoir pourquoi, le sujet d'une image filmée depuis un avion d'humains, libres eux, de survoler de vastes espaces sans poser pied à terre ni perdre leur connections de communication !

Le plus drôle étant ce « e » ajouté à tribu, nom féminin. Non sans raison car il serait en effet beaucoup plus logique d'accoler un « e » à tous les mots féminins comme cela se fait désormais pour les noms de métiers au féminin.

20 février 2011
BIEN SÛR, ÇA NE VA PAS VRAIMENT DANS LA DIRECTION PRISE par les différents ministres des immigrations du monde, cependant je suis un fan du droit du sol.
Il y a quelque chose d'éminemment sympathique et humain dans le droit du sol. Et aussi de simplement logique : on est du pays où l'on nait. Ce que l'on pourrait écrire: « on nait du pays où l'on est ».
Il y a d'ailleurs des quantités de belles histoires qui viennent de ce droit du sol. Untel(le) né(e) par hasard à tel endroit, ses parents y vivaient ou n'avaient pas eu le temps d'en partir. Ou même, sur fond de malheur, quand la famille s'est exilée, seule la mère a pu partir et le père non, ou le contraire, si ce n'est un enfant déposé juste de l'autre côté de la frontière...
En ce moment, le droit du sol n'a pas l'air d'aller dans le sens de l'histoire, mais l'on sait qu'on se trompe souvent sur le sens que prend l'histoire. Ce pourrait bien être une donnée à venir le droit du sol. Quand les populations de la mondialisation se seront beaucoup mélangées, eh bien, pour s'y retrouver, on en reviendra peut-être au strict droit du sol.

1er mars 2011
« LE CERVEAU DES NOUVELLES GÉNÉRATIONS ne fonctionne plus comme par le passé », dit l'universitaire Serge Tisseron dont la phrase a été reprise en titre dans la presse.
On imagine les réactions simplistes de la bonne société résistante au numérique, y voyant là une catastrophe supplémentaire et/ou la preuve que la modernité mène à rien.

Il ajoute que c'est également vrai « de tous ceux qui sont gros consommateurs de nouvelles technologies ».
Moi je traduis cela par la notion de mental rapide. Qui n'est pas le mental lent, comme on peut l'observer dans certains jeux de TV, animés par un certain Foucault qui n'est ni le Charles de, ni l'homme du Pendule.
C'est un mental qui fonctionne sur plusieurs « fenêtres », avec une recherche immédiate de l'information, et la possibilité d'intégration de différents sujets... Il est alors en effet inadapté au système d'éducation traditionnel. Encore que c'est un comble d'écrire cela, il faut plutôt inverser l'affaire : il est clair que le système d'enseignement traditionnel est inadapté à ces nouvelles façons de fonctionner du cerveau.
Il faut oser dire que cette inadaptation est une source de malaise chez bon nombre d'adolescents d'aujourdhui. Et sans doute chez de nombreux professeurs qui s'échinent en toute bonne foi à vouloir inculquer les anciennes façons.

8 mars 2011
JOURNÉE DES FEMMES, PLAISIR DE LE REDIRE chaque 8 mars, que la libération des femmes a été une libération pour moi, en tant qu'homme, accompagnant ma libération. De quoi ? En tout cas du machisme.
Mon espoir : que les femmes libèrent le monde, en particulier des traditions barbares. Donc qu'elles poursuivent leur libération à l'égard des hommes machos, toujours majoritaires en pouvoir sur Terre.
Ma crainte est qu'une fois au pouvoir, elles copient le modèle des hommes, et que certaines femmes adoptent le comportement des hommes, comme les hommes l'étaient, machos envers leur compagne, leur famille, leurs enfants...
Mon souhait : que les femmes ne se comportent jamais de façon machiste, et surtout pas avec les hommes qui ne le sont plus !

17 mars 2011
LES INFOS SUR L'ACCIDENT SURVENU À LA CENTRALE NUCLÉAIRE DE FUKUSHIMA au Japon, provoqué par un *giga tsunami* qui a fait suite à un méga tremblement de terre, sont très difficiles à capter.
A part des chiffres très variables du niveau de contamination ou d'exposition aux radiations, j'entends que les nouvelles sont mauvaises, les accidents se multiplient, la situation s'aggrave, le scenario se précise, le réacteur pourrait... la contamination pourrait...
Du coup les informations se transforment en comment les gens vivent l'événement qui pourtant ne savent rien, pas plus que les journalistes.
Le communiqué « Fuyez ! » adressé par l'Ambassade aux Français résidant au Japon ne me parait pas très digne, tout comme la décision du rapatriement des journalistes de France Info.
Le réacteur a pris feu, le containement serait détruit, le scenario noir est en train de se réaliser, désastre nucléaire, catastrophe, apocalypse...

18 mars 2011
LE SALON DU LIVRE EST SURTOUT CELUI DES ÉDITEURS. Pas des auteurs qui eux ne sont pas vraiment à la fête, à part quelques-uns qui signent à tour de mains.
D'abord parce que c'est pour le moins un lieu de mise en modestie des écrivains. Face aux 50 000 titres exposés, tout écrivain qui va au Salon, Parc de Versailles, même s'il est fêté par son éditeur, est au moins réduit au 50 000ème de ce qu'il croyait être : une personne unique.
Ensuite parce que les valeurs y sont inversées, c'est la loi du chiffre qui l'emporte sur le fond des livres !
C'est donc une fête de l'édition qui d'ailleurs a bien le droit de se fêter. Jamais autant de livres édités, jamais autant de livres vendus, jamais autant d'auteurs publiés, jamais autant de lecteurs, avec une expansion continue d'année en année.

Même le numérique n'est pas un danger, la diffusion d'écrits sur le net provoquant un surcroit d'achat de livres. Sans compter qu'elle crée un nouveau public de lecteurs.
Ce n'est pas non plus le salon des libraires qui pour un temps sont sérieusement concurrencés par cette hyper librairie, heureusement pour eux éphémère.

21 mars 2011
ENFIN UN INTELLECTUEL, MICHEL SERRES, académicien français, qui affirme dans un texte de fond *Éduquer au XXIe siècle,* que nous sommes en train de vivre une des plus fortes ruptures de l'histoire. Et qui salue comme une bonne nouvelle le « nouvel humain (qui) est né, pendant un intervalle bref, celui qui nous sépare des années soixante-dix ».
Enfin une personnalité de l'institution, philosophe libre, capable de dire que « les philosophes, dont je suis », ont failli à leur tâche, celle « d'anticiper le savoir et les pratiques à venir », pour faire face à cette mutation, par suite « d'une entreprise généralisée du soupçon et de la critique »
Ainsi fait-il partie de ces rares personnes (dont je suis) qui observent le monde de façon positive... Et non de ces grandes personnes qui décrivent le monde avec défiance, par petitesse ou par habitude, et qui en transmettent une image négative auprès des jeunes gens.
À eux qui savent la chance qu'ils ont d'être de cette génération à connaître les portables, les tablettes, la communication rapide etc.
Eux qui ne vivent pas assez l'étonnement de connaître -en tout cas en Europe- une espérance de vie de 80 ans, un accès facile au savoir, un monde sans guerre et sans famine, des mariages et des enfants désirés en général, un horizon d'univers passé de quelques milliers d'années à des milliards maintenant...
A quoi j'ajouterai, pour fêter le printemps, la perspective

enthousiasmante de l'émergence d'un seul monde, une seule Terre.

30 mars 2011
LA VERSION INTÉGRALE de *On ne peut pas avoir écrit Lol V. Stein et désirer être encore à l'écrire* à la 6ème journée Duras, à l'Atrium de Chaville, a été assez différente des précédentes lectures. D'abord parce qu'il y avait une demi-heure de textes en plus, notamment tout le bloc portant sur *L'Homme assis dans le couloir* dont la réintroduction apporte une dimension plus théâtrale.
Ensuite en raison d'un dispositif adapté au lieu, pas de plateau du tout, un décor de chaises, les trois comédiens (dont "une MD" et "un JPC") évoluant entre, parmi et autour du public.
Enfin, il y avait l'homme qui marche (Axel B).
Qui est-ce, m'a t-on demandé ?
« Je pense que c'est moi, l'homme qui marche, enfin c'est l'auteur » dit Marguerite Duras dans ces entretiens.
Rencontre avec Jean Cléder qui souhaite que les *Entretiens* soient publiés.

-/-

15 avril 2011
« ON VOIT BIEN QUE L'ÉPOQUE n'est ni au perfectionnement de soi, ni à l'effort intellectuel soutenu » (Brice Couturier sur France Culture). Un exemple type de phrases dont on peut dire que lui et ses confrères se sont habitués à les dire et à les croire sans avoir à les penser.
À noter que ces deux assertions sont introduites par ce « on voit bien » qui écarte toute contestation.

Passons vite sur la première. Pas de perfectionnement de soi ? Mais c'est toute la marque de notre époque. Jamais il n'y a eu un désir aussi répandu et partagé de se transformer, de se libérer, de s'analyser, de s'éduquer, de se cultiver, de connaître et partager les cultures. Jamais autant de gens n'ont fait la démarche de prendre des cours ou de reprendre des études etc ...

La seconde est plus insidieuse. L'époque ne serait pas à l'effort intellectuel soutenu ? Dire que dans les années 1930 il était courant (comme un ancien Président de la République) de passer la même année sa licence de lettres et sa licence de droit, ce qui serait bien impossible désormais. Et puis qu'étant donnée la compétition existant du fait de l'arrivée massive d'étudiants, il faut aujourdhui pour réussir des concours en passer par un effort intellectuel soutenu comme jamais ne l'ont fait leurs ancêtres du 20e siècle.

Par ailleurs, jamais il n'y a eu autant de thèses produites sur des sujets les plus divers et de plus en plus pointus qui nécessitent des efforts soutenus pendant des années pour en arriver en plus à des sommes qu'il faut ensuite réduire pour être publiées.

Jamais il n'y a eu autant de chercheurs, de spécialistes, d'experts en tous sujets qui sont bien obligés d'en passer par l'effort intellectuel soutenu pour l'être et le rester...

Alors, il faut chercher ailleurs. Ce qui est visé c'est le fait que l'on peut obtenir une information rapidement sans avoir à chercher des jours dans une bibliothèque papier. Ce qui est mis en avant, c'est l'accusation de touche-à-tout parce qu'on peut traiter plusieurs sujets en même temps à travers plusieurs fenêtres... Ce qui est dénoncé c'est la concentration qu'on n'aurait plus parce qu'on peut en même temps écouter de la musique, taper sur son ordinateur, répondre à des mails, voire visualiser des images...

C'est au fond une critique maso de l'accès facile à l'information, au savoir, aux connaissances, à la culture et à la communication.

25 avril 2011
ON PEUT DÉSORMAIS FEUILLETER sur Google Livres, *Les Voyageurs modèles*, un roman que j'ai écrit au début des années 2000. Paru chez Comp'Act, éditions depuis disparues (hommage à l'éditeur Henri Poncet), avec un accueil discret. A part la postface de Mathieu Bénézet, un entretien (Alain Veinstein) et une lecture (Garance Clavel, Jacques Taroni) sur France Culture. Et puis une présentation à la librairie L'Arbre à lettres de Olivier Renault, à Paris...
Bien sûr, il y a eu de très bonnes réactions, comme toujours. Et aussi quelques réactions assez violentes, m'accusant de n'avoir rien dit dans ces 186 pages. Ce qui est peu vraisemblable, puisque j'y prends le contre-pied de tous les clichés de l'époque, avec comme question première : « Aimez-vous votre époque ? ». Question généralement évacuée sous l'évidence répandue selon quoi on ne peut pas l'aimer.
Il y a eu aussi cette perle d'un ex-éditeur selon qui il y avait trop de pensées dans ces *Voyageurs modèles* !

7 mai 2011
UNE LANGUE NOUVELLE SE DÉVELOPPE qu'on peut entendre de plus en plus ici, là et là-bas, aux terrasses de café, dans les rues et sur les radio spécialisées. C'est une sorte d'arabe mâtiné de français, en fait d'arabe dialectal dans lequel s'insèrent des mots et des expressions françaises. On ne sait pas ce qui déclenche le mélange des deux langues. Certains mots surgissent parce que très utilisés dans une langue, ou parce qu'ils n'existent pas dans l'autre ? Peut-être davantage de mots français qui se réfèrent à la technologie ? Ce qui est surprenant si l'on pense qu'en français, c'est l'anglais qui joue ce rôle.
On comprend qu'il y a un plaisir manifeste à choisir à un moment de passer au français ou au contraire de revenir à l'arabe dialectal, mais pas littéraire il semble. Oui, ça a quelque chose à voir avec le franglais pratiqué par des

français qui se servent couramment de l'anglais et qui donc, dans les conversations, usent d'un français mâtiné d'anglais.
On peut voir là un rapprochement des langues, certainement inévitable, pas seulement dans le sens des mots, dans les formes syntaxiques aussi.

10 mai 2011

EST-CE QU'IL ÉCRIT RÉGULIÈREMENT, me demande une cousine de ma mère qui n'ose pas me dire « tu » ?... Vous écrivez tous les jours ?... Est-ce que tu t'astreins à écrire à heure fixe ?
Écrire est mon activité première. Je suis même en général dans une stratégie d'efficacité maximale à l'égard des occupations de la vie ordinaire, afin de réserver le plus de temps possible à l'écriture.
Mais je ne suis pas non plus un bûcheron. Je ne peux pas comme certains travailler dès avant l'aube, sans arrêt, jusque vers l'heure du déjeuner de 13h.
J'ai besoin de penser, j'ai besoin de rêver. Souvent je m'évade de mon lieu de travail pour aller avec mon ordi portable m'installer dans un café ou dans un jardin.
J'ai trop besoin de vivre aussi. C'est ma revendication : écrire et vivre !
Bien sûr je pense toujours que je ne travaille pas assez...

29 mai 2011

UNE VÉRITABLE RÉVOLUTION des connaissances sur le cerveau s'est opérée depuis une quinzaine d'années, voire ces toutes dernières années. A savoir qu'on savait à peu près rien avant, par rapport à ce qu'on sait maintenant. Même si on est loin de comprendre ce qu'on risque de comprendre dans x années.
Parmi les « nouveautés », il y a la plasticité du cerveau. Non seulement celui-ci peut se régénérer mais de nouvelles connections neuronales s'opèrent sans cesse dans nos têtes.

Ça veut dire que, contrairement à ce qu'on dit, on peut changer. On peut intégrer la novation et surtout on peut se « désinscrire » de principes rigides. Ce qui entrainerait une plasticité de la pensée !
C'est étonnant cependant comme elle se voit peu, cette plasticité là, dans les couloirs du monde.
Si, oui, cela arrive !

30 mai 2011
IL Y A MOINS D'UN MOIS ENCORE, la moitié des français et plus s'apprêtaient à voter pour un homme désormais inculpé par la justice américaine suite à la plainte d'une femme de ménage d'un hôtel new-yorkais.
Au regard de nombreuses informations portant sur ses comportements depuis des années, il semblerait qu'il n'était pas homme capable de calmer ses pulsions sexuelles.
Aurait-il été davantage en mesure de les contrôler étant installé à l'Élysée ? Rien n'est moins sûr, rien avec le recul ne peut le garantir.
Quel aurait été le comportement de ce président de la République à l'égard de ses conseillères femmes, et aussi de ses employées féminines de rang le plus ordinaire. Comment aurait-il choisi par exemple ces ministres femmes ? Aurait-il tenu compte des faveurs obtenues ou pas ? Aurait-il retenu comme critère leur apparence sexy ou bien seulement leurs compétences ?
Et se serait-il mis à draguer, comme il paraissait le faire partout où il passait, dans les diners officiels. N'aurait-il pas déclenché de graves difficultés diplomatiques en faisant des avances aux épouses de chef d'État en visite en France ?
Certes pas la peine de tirer sur l'ambulance, disons qu'on l'a sans doute échappé belle !

15 juin 2011
SUITE À DES TROMBES D'EAU chues massivement sur le circuit automobile de Montréal, un commentateur parle

des dangers de l'aquaplanage. Parce qu'au Québec, dit-il, on est respectueux de la langue française, sous-entendu, on ne dit pas « aquaplaning » comme en France.
Pourtant aquaplanage ça marche bien, la forme en age étant d'un usage facile.
Sauf que le respect de la langue dans la mère patrie, si j'ose dire, consiste au contraire à ne pas inventer spontanément de mots nouveaux. Le néologisme y est mal vu par principe (dans notre époque cependant de nouveautés). Donc on utilise l'anglais d'un mot nouveau tant qu'une commission ad hoc (ce sont les adhociens) n'a pas décrété le mot français à utiliser. Évidemment c'est souvent trop tard, résultat, on garde le mot anglais.
Le grand danger qu'encourt la langue française, c'est l'inertie conservatrice des défenseurs de la langue !

21 juin 2011
LE PROFESSEUR DÉBATTEUR DU SAMEDI MATIN, sur la radio France Culture, qui arbitrait entre catastrophisme et non-catastrophisme, n'en pouvant plus à un moment, trouve de quoi enfoncer le coin : « Et si le mal était déjà fait ? »
D'ailleurs en faisant semblant de poser une question, car c'est quant à lui une certitude pour l'école et la langue.
Une évidence que notre éducation en général a sombré, elle qui a réussi peu ou prou à amener l'entièreté de la population à l'écriture, à la lecture et à la connaissance...
Ce qui n'est pas rien, au-delà des revers inévitables. Une école qui, de la maternelle à l'université, a changé forcément, massivement changé, et dont les échecs sont plus dus à une insuffisance d'adaptation à l'époque qu'à trop de changement (voir le tout petit nombre de tableau numérique dans les classes).
Une toute aussi évidence pour la langue française, qui serait dégradée, quasi foutue, à travers l'exemple de l'utilisation de la forme « sur comment » qui met hors de lui le professeur.

Cet homme ne saurait pas qu'une grande partie de la langue s'est construite à partir d'incorrections qu'on trouve des décades ensuite parfaitement correctes quand l'usage les retient ?
La bonne santé d'une langue se mesure à sa capacité d'intégration des formes nouvelles en usage, qu'elles soient correctes ou incorrectes.
Oui, mais si ce chef débatteur tenait (avait tenu) des propos de ce type, il n'aurait pas gardé son émission depuis qu'il la garde, ni ne la garderait autant qu'il la gardera.
Pourtant, si la grande majorité des clercs d'une autre époque pointait le ciel pour prier Dieu, désormais c'est pour voir l'univers, par exemple à travers le télescope spatial Herschel !

-/-

16 juillet 2011
PAS UN MOT SUR CE BLOGUE DEPUIS DES JOURS, sans savoir si c'est à cause de « l'affaire » dite du Sofitel de New York qui m'aurait distrait, au point de me détourner du commentaire de la réalité. Ou bien si c'est le départ de de la belle F dans son pays du milieu, -pour longtemps, voire pour toujours-, qui m'a tellement attristé et m'aurait conduit à une forme de muetitude.
Plus sûrement, -il y a toujours plusieurs causes agissantes, cette autre que je suis dans l'écriture d'un roman.
Et que je me trouve dans le travail de formuler une sorte d'informulé, s'agissant d'écrire ce dont on parle peu ou pas vraiment, ou sous influence de clichés.
Cette écriture m'occupe la plupart du temps, même si je ne travaille que quelques demi-heures par jour. Pourtant,

je m'impose de la poursuivre, s'il le faut, jusqu'à me déplacer d'un lieu à un autre, intérieur/extérieur et retour...
Du coup, les événements des jours défilent lointainement, m'apparaissent informes, fluides, un peu équivalents. Je les regarde depuis ce lieu de l'écrit qui m'accroche car, au détour d'un moment, une phrase peut surgir, inattendue, sans doute provoquée par les précédentes, à son tour produisant peut-être la survenue de suivantes...

19 juillet 2011
BONNE NOUVELLE, LA DÉSACTIVATION DE L'HONNEUR comme circonstances atténuantes des crimes de sang décidée par l'Autorité palestinienne. Il faut espérer que l'exemple soit suivi dans tous les pays où cela se pratique. Et surtout que cette « pratique » disparaisse de la liste des nombreuses barbaries qui nous viennent du passé lointain.
Un père, un frère, un oncle pouvaient (peut) en quasi impunité tuer une soeur, une fille, une nièce qui avait pris la liberté d'aimer qui elle voulait. Et ce, pour soit-disant laver l'honneur d'une famille !

22 juillet 2011
UN CLICHÉ qu'aiment curieusement développer les médias eux-mêmes, est que l'on serait de plus en plus informés certes, mais qu'en fait on ne l'est pas du tout, informés, voire de moins en moins.
Sous-entendu, parce qu'on nous donne à entendre ce qu'on veut bien. Qui ? le pouvoir, semble-t-il.
Un ami l'autre soir me fait le coup : « De toute façon, on ne sait rien, on nous dit que ce qu'on veut bien nous dire »...
Bon, tu vas pas t'y mettre toi aussi, je lui réponds ! Tu sais bien que tu peux désormais recouper n'importe quelle information à travers tous les médias de la Terre, locaux ou internationaux, aussi bien officiels que marginaux. Et te faire ton opinion sur tous sujets, y compris sur ceux

dont on parlait beaucoup les semaines précédentes et dont on ne parle plus dans le flux dominant des infos.
Car le problème c'est le flux dominant, souvent déterminé par ce que les médias croient que les gens veulent. Et en effet les médias insistent généralement sur ce que les gens majoritairement souhaitent entendre.
Sinon, la limite à l'information, c'est l'imprécision humaine, et la mauvaise foi qui en est souvent à l'origine...

2 aout 2011
LES PETITES LIBRAIRIES SONT EN DANGER, une campagne publicitaire dans la presse est organisée pour les soutenir dont je doute de l'efficacité.
Personne n'a envie qu'elles disparaissent les unes après les autres, comme c'est arrivé pour les disquaires. Un de leurs problèmes est qu'une commande de livres effectuée chez elles réclame généralement un délai de 8 jours.
On souhaiterait que le président du Syndicat national de l'édition (SNE), qui est à l'initiative de la campagne de soutien, trouve une solution pour qu'elles puissent répondre aux commandes dans un délai comparable aux librairies du net.

6 aout 2011
JE ME SENS À PARIS, tout en ayant l'impression d'avoir quitté Paris.
Tous les gens de mon bloc sont partis en vacances. Donc je suis seul. Sauf que je rencontre trois fois par jours des amis de ces gens qui sont partis. Des sortes d'avatars, si on veut, qui viennent prendre le courrier, arroser les plantes ou tout simplement faire figures de qui habite là d'ordinaire.
Maintenant je m'y suis habitué et je salue tous ses avatars comme s'ils étaient les vrais habitants du lieu !
Moi-même, je ne sais plus si je suis parti ou non en vacances et, comme je le crois un peu, je me sens désormais un avatar de ma propre personne, si c'est

possible...
Alors je vis comme en retrait du monde, dans une sorte de bonheur d'être moi-même, sans l'être tout à fait, entouré de ces gens qui ne le sont pas non plus.
Depuis, je ne fais que me réveiller et dormir, et le reste du temps, je le passe à marcher, écouter, regarder.
Je ne fais plus de courses et ne mange que quand c'est nécessaire.
L'autre matin la banque m'a appelé pour me dire que je n'avais plus d'argent. J'ai dit, pas possible, il faut donc que je parte récupérer mes placements offshore.
Faites vite, m'a dit la personne de la banque, le temps presse...
Ce n'est pas le bon moment, j'ai répondu, la bourse va mal, je risque de perdre beaucoup.
Pas grave, elle m'a dit en riant, l'important c'est d'aller en vacances !

20 aout 2011
LU EN PASSANT: « Untelle est maîtresse de conférences à l'Université de »...
Ce féminin en "esse" est sans doute choisi parce que le « e » final de maitre ne peut pas indiquer le genre de façon significative, comme dans auteure, professeure ou ingénieure.
Bien sûr, on peut prononcer "maitreeeu" au lieu de « maitr' », mais cela est clairement moins féminin que maîtresse qui fait partie de la série prêtresse, doctoresse etc.
Cependant, on peut dire docteure, le mot doctoresse étant d'usage à une époque où les femmes médecins étaient rares.
Reste que maitresse a un sens équivoque, celui de l'amante, qui en plus n'a pas de masculin, maitre ne signifiant aucunement l'amant.
On peut dire aussi « une maitre de conf » ou alors carrément changer ce nom, trouver un autre grade à défaut d'un autre poste !

24 aout 2011
UN ŒIL SUR LE VOCABULAIRE DES INFOS concernant la crise financière et boursière. Le mot qui revient tout le temps, c'est marché. « Les marchés sont nerveux, ils hésitent, sont méfiants, craignent la récession »... Ou bien : « le marché, ce qu'il veut, c'est être rassuré... »
On peut clairement se poser la question de savoir qui est ce marché ? Qui sont-ils, ces marchés qui veulent et vibrent d'émotion ?
On voudrait savoir qui ils représentent, à part qu'il y a des gens qui ont fait fortune en spéculant sur les monnaies ou bien sur les matières premières, le blé, le cuivre, le café... Ou sur des chutes boursières justement.

29 aout 2011
MARCEL GAUCHET, DONT JE RETROUVE LE DISCOURS DANS UN JOURNAL ITALIEN, fait partie de ces intellectuels experts que les médias consultent sur la question dont ils sont spécialistes. Lui, c'est la démocratie, et, plus précisément, la crise de la démocratie. Deux causes à cette crise, selon ce « philosophe » : la démagogie et l'individualisme.
C'est drôle parce qu'on pourrait dire tout au contraire que la démocratie n'a jamais été aussi développée, jamais autant mise en application, et ce, de par le monde.
Le cri des jeunes révolutionnaires à Tunis et au Caire pendant leur mouvement de libération, c'était : nous, ce qu'on veut, c'est être en démocratie comme à Paris, New York et Tokyo... Sous entendu : être normal quoi !
On notera que la démagogie est un mot grec contemporain de celui de la démocratie. Et on ajoutera que l'individualisme « croissant », qui me semble à moi être une « individuation » croissante, serait plutôt un facteur favorable à la consolidation de la démocratie !
Donc la démocratie n'est pas en crise, elle est en développement.
Ça n'empêche que vous continuerez d'entendre dire que

la démocratie est en crise. D'ailleurs le mot crise est certainement le mot le plus contemporain qui soit !

15 septembre 2011
LA LANGUE DES TEXTOS au secours des professeurs de français qui s'échinent à apprendre à leurs élèves cette langue rendue difficile par ses irrégularités, son manque de logique et ses multiples formes monstrueuses qui ne se prononcent pas.
Non, ce ne sont pas des professeurs de français en France enseignant à des étudiants français, dont il s'agit. Non, ce sont des professeurs étrangers donnant des cours de français à des non francophones qui travaillent sur des textos, pour détendre l'atmosphère d'une certaine façon.
En effet ce langage texto, quand il garde toute sa logique, constitue un jeu pour les apprentis francophones. Il leur fait découvrir en profondeur la langue française en leur permettant de leur dévoiler les difficultés sus-décrites.

16 septembre 2011
UNE VIDÉO TOUCHANTE D'ALBERT CAMUS interviewé sur son adaptation des *Possédés*.
Plutôt lui qui est touchant, de le voir comme s'il n'était pas mort.
Et drôle, quand par exemple il dit que « Dostoïevski indique qu'un personnage se lève alors qu'il n'a jamais indiqué qu'il s'était assis » !
Étonnant aussi, de l'entendre parler du début à la fin au passé simple alors qu'il a écrit *L'Étranger* à l'imparfait et au passé composé. Là toutes ses phrases sont à ce temps qui a totalement disparu de nos jours de la langue parlée.
Surprenant encore, que pour étayer sa parole il laisse passer différents tics ou mimiques qui paraissent vieu ou bien même un peu beauf...
Pourquoi surprenant ? Parce que ses textes ne donnent pas le moins du monde cette impression.

19 septembre 2011
DÉCOUVERTE D'UNE EXOPLANÈTE s'ajoutant aux cent cinquante à ce jour découvertes, 3,6 fois plus massive que la nôtre, située à plus de trente années lumière, une super Terre car « dans la zone d'habitabilité d'étoiles similaires au Soleil ».
C'est la deuxième à être considérée comme ayant potentiellement de l'eau présente à sa surface sous forme liquide. Les astronomes ont bon espoir de découvrir d'autres planètes rocheuses qui réuniraient les conditions pour être habitables (CNRS).
Fait partie de ces nouvelles vraiment intéressantes, à la manière dont certains astro-physiciens aiment à dire que l'espace est l'avenir des humains.
Pas parce que la Terre serait devenue pourrie, mais parce que les humains ne prendront jamais leur retraite d'humains.
Cela veut dire qu'ils ne peuvent s'empêcher de courir de l'avant, en conséquence qu'ils fileront toujours vers d'autres espaces dans l'espace.

-/-

6 octobre 2011
« TOTAL ACCESS », « LA BLUE CAR », DEUX APPELLATIONS EN ANGLAIS qui viennent d'apparaitre, bon, why not ? A quoi on pourrait en ajouter bien d'autres, par exemple ce « on the run » sur les autoroutes de France. C'est joli ou efficace ou bien global, mais cela va figurer désormais sur nos murs et nos écrans et aussi dans nos têtes.
Et pourtant, à voir le succès du mot concept des *Indignés* de Stéphane Hessel, traduit ou pas, on voit que des

marques ou des slogans en français peuvent aussi séduire à l'international. Il y a même un goût mondial pour les citations en français.
Le regrettable est que passer systématiquement à l'anglais, c'est en fait habituer le français à la paresse.
Et non le porter à l'innovation, marqueur premier de la vitalité d'une langue.

7 octobre 2011
A L'ÉCOLE, LES MAITRES font apprendre des listes de mots.
Le mot « gaieté » par exemple, qui pourtant s'écrit « gaîté » depuis longtemps. Et qui, depuis les rectifications de l'orthographe de 1990, s'écrit tout simplement «gaité».
Et «piqûre», pourquoi faut-il un accent circonflexe sur le « u », demande un élève éveillé ? Difficile à expliquer. On l'écrit désormais sans circonflexe : « piqure », pour le rappel !
Oui mais les bon(ne)s maitres, tout comme d'ailleurs les gentil(le)s correcteur(e)s d'édition ont toujours le dernier mot !

12 octobre 2011
ANNONCE DANS LA PRESSE d'une nouvelle action de l'Académie française pour lutter contre « l'appauvrissement généralisé du vocabulaire »...
Bon, il suffit pourtant d'observer combien les dictionnaires se sont enrichis en quelques décades pour cesser de répéter ce cliché.
Qu'a donc pensé faire l'Académie ? Eh bien dénoncer ce qu'elle appelle les « emplois fautifs ».
Ne pas dire travailler « sur » Paris, très courant. Ni « au niveau » du salaire mais « quant au » salaire.
Surtout ne pas dire « Pas de souci » qui pourtant se dit plus de fois par jour qu'il y a de lumières à l'Académie. Il faudrait dire « Ne vous inquiétez pas » ou « Rassurez-vous » !

Et quoi encore ? Ne pas se servir de « impacter » qui à tort ou à raison se développe, dire la crise « affecte » l'activité économique et non pas l'impacte.
Ne pas utiliser le verbe gérer, lui préférer affronter. Ou alors, dire « vivre ses doutes » plutôt que gérer ses doutes.
Ce dernier exemple montre bien que ces gens sont d'un autre monde, car ce n'est pas du tout pareil. Gérer implique une préoccupation contemporaine, en fait une position plus active et moins fataliste.

23 octobre 2011
DEUX VILLAGES DE NOUVELLE GUINÉE sont sur le point de se faire la guerre, le chef d'un des villages ayant été tué au cours d'une dispute. Ils entrent alors en négociation, l'autre village doit compenser par des coquillages, ou des femmes, ou bien des cochons. Ce sera des coquillages et aussi de l'argent. Les femmes, ça se fait plus...
Deux tribus modernes négocient un échange de prisonniers, ce sera un soldat enlevé contre un millier de condamnés en prison (parfois à plus de 400 années). Étant entendu qu'un certain nombre seront bannis, pratique très ancienne, revoir l'Antiquité. Ce n'est pas qu'un homme de telle tribu équivaille à 1000 de l'autre, c'est la donnée de la négociation sur la base d'un rapport de forces...
Dans des pays de démocratie apaisée, les chefs de partis se préparent à la conquête du pouvoir. A part coups fourrés et tromperies souterraines, les armes fatales étant absolument interdites, ils régleront leur bagarre en organisant des élections auxquelles sont conviés tous les habitants de plus de 18 ans, dès lors qu'ils sont inscrits sur des listes préétablies...

26 octobre 2011
« LES DROITS LINGUISTIQUES et administratifs spéciaux dont bénéficient les milliers de Francophones vivant dans la périphérie flamande de Bruxelles vont être supprimés

pour la plupart d'entre eux, ainsi que le demandaient les Néerlandophones depuis des décennies. » (Presse)
Je ne prendrai surement pas partie dans cette affaire très compliquée, sachant en outre que les Flamands ont connu dans l'histoire leur part d'oppression. Mais je prétends que les droits linguistiques et administratifs des minorités devraient être respectés partout, y compris dans la périphérie flamande de Bruxelles.
Je dois avouer que je trouve très ethnocentré de vouloir supprimer ces droits-là !

3 novembre 2011
J'ÉTAIS TRAVERSÉ PAR CETTE CONVICTION qu'il fallait toujours se débrouiller pour échapper à quelque chose. Pour échapper au pire, au moche, au tordu.
Le positif de ceci étant que pour accéder au beau, au bon, au sublime, il fallait se tenir en attention maximale.

4 novembre 2011
PARADOXE DE LA CRISE, les populations des pays dits émergents sont majoritairement optimistes tandis que celles des pays riches sont très pessimistes sur leur avenir. Seule la population du Pakistan est divisée à 50% sur l'issue des années à venir. Au Nigeria ce sont 70% des gens qui s'attendent à des jours meilleurs.
Les populations les plus pessimistes sont celles du Japon, de la France et du Royaume Uni. Moins de 10% d'entre elles voit l'avenir en rose, tandis qu'une forte majorité s'attend au pire.
Paradoxe ou non, ce qu'on appelle la crise est donc une crise de pays riches, qui survient dans la zone la plus riche du monde, même si elle a ses pauvres qui vont avoir la vie encore plus difficile.
Pourtant, comme dit le Président russe, l'Europe peut très bien régler ses problèmes toute seule, ce que pensent également la Chine ou le Brésil qui ont d'autres problèmes à traiter.
Car il n'y a pas de crise, il y a des problèmes. Et pas plus

graves que beaucoup qu'a pu connaitre l'Europe : l'inflation des années 1930, les grandes guerres, les épidémies, la décolonisation, l'exode rural, la crise de régime, du logement, de l'agriculture, les crises pétrolière, monétaire, politique etc.
Paradoxe encore, dans cette crise, tous les analystes et autres experts « savent » ce qu'il aurait fallu faire, et disent haut et fort ce qu'il faudrait faire, de ce qui ne se fait pas néanmoins.
On finirait par comprendre que le point déclencheur est toujours « comment à un moment un pays membre trop endetté peut financer sa dette à un taux de crédit raisonnable » ?
Question finalement très technique qui semble buter sur les traités existants, si la Banque centrale européenne peut financer les banques à presque rien, elle n'est pas autorisée à financer les États. Qu'elle s'y autorise donc, comme disait Lacan. Et qu'on cesse de nous rabâcher cette fable de la crise !

8 novembre 2011
IL Y A DES EXPRESSIONS qui surviennent de façon régulière et répétitive dans le discours médiatique, certaines sont très anciennes et très éloignées de notre présent. Elles sont pourtant reprises avec une grande facilité, sans la moindre occurrence au sens premier. Les exemples sont nombreux : « lâcher la bride sur le cou », « c'est là où le bât blesse », « chercher un bouc émissaire », « ne pas jeter le bébé avec l'eau du bain » et, surtout, ces temps derniers, « ouvrir la boîte de Pandore ».
Pandore qui donc était une femme, envoyée par Jupiter pour punir Promothée, dotée d'une boite contenant tous les maux de l'humanité.
Je prétends que ces expressions métaphoriques embrouillent les choses par leur raccourci au lieu d'expliquer quoi que ce soit.

Elles sont pourtant utilisées par des experts, analystes ou spécialistes qui masquent ainsi leur incapacité à formuler.

10 novembre 2011
LE 5 OCTOBRE À 11 HEURES, comme beaucoup de ses amis, je suis allé assister au dévoilement de la plaque 5 *rue Saint-Benoît* Paris 6e, en hommage à Marguerite Duras. Entre autres raisons, parce qu'une fois, sortant de chez elle, elle m'avait dit : « Tu vois, un jour il y aura une plaque sur cette façade »...
Elle en avait rigolé, elle avait ri, elle avait plaisanté de cette manie parisienne qu'elle appelait la « plaquite ».
Il n'y a donc pas à se demander ce qu'elle en aurait pensé. Toutes raisons au contraire de se réjouir de cet hommage, encore qu'une autre plaque fixée au bord opposé de l'immeuble indique: « ici, a vécu le poète untel » que personne ne connait plus.
Notons que les autorités parisiennes auront attendu plus de quinze ans pour s'y mettre, tandis que ses livres et son théâtre n'ont pas cessé de se diffuser.

14 novembre 2011
IL PARAIT QUE DANS LES RÉGIMES NON DÉMOCRATIQUES, comme la Chine, on sent un élan vers la démocratie. Contrairement à ici, en France, où on est censé être en démocratie mais où on ne sent rien de ce mouvement démocratique.
On pourrait appliquer le raisonnement à d'autres critères. Par exemple, l'Iran est un pays qui ne connait pas la liberté sexuelle. Pourtant, on y sent une grande aspiration à cette liberté, ce qui peut se comprendre. Alors que chez nous, ici, on a la liberté sexuelle mais on ne vit pas ce vent de liberté !

22 novembre 2011
AU THÉÂTRE, UN PERSONNAGE S'EXCLAME : « Donnez-nous notre meurtre quotidien ! ». Et cette phrase-slogan parle aux spectateurs, à majorité des abonnés à une

saison de spectacles.

Il est évidemment rébarbatif d'expliquer que si on est abreuvé par les médias d'un fait diver par jour, donc dans les 365 par an (et plus, pour compter les moins spectaculaires qui sont passés sous silence), c'est en réalité une indication selon quoi notre période actuelle est moins meurtrière qu'il y a un siècle par exemple.

Il est encore plus contre-intuitif de souligner qu'à partir des années 1990 le nombre des homicides a diminué en France de façon significative, tout comme dans différents pays d'Europe occidentale et au Canada.

Conclusion : depuis au moins trente ans, il y a moins de meurtres dans ces sociétés, on s'y tue moins.

Autre conclusion : au théâtre, et ailleurs bien sûr, on balance parfois des phrases qui font plaisir parce qu'elles ont une apparence de dire des choses vraies et fortes, alors qu'elles disent en réalité des faussetés.

30 novembre 2011

L'OBSERVATEUR AUX NERFS D'ACIER, le penseur libéré, l'humain numérique de ce 21e siècle reste coi, tend le dos, garde son sang froid même s'il l'aime chaud.

Il attend que le temp passe sans que se produisent les catastrophes tous les jours annoncées à grand renfort de clichés, repris sans aucune lassitude.

Voici le scénario noir prédit pour dans les jours qui viennent. La semaine de la dernière chance avant le chaos. La déclinaison hebdomadaire de ce qui pourrait arriver si on ne change pas tout de suite. La catastrophe inévitable vers laquelle on fonce, droit dans le mur, comme des somnambules dont il ne se sent pas être.

Il résiste à la rumeur et recoupe les infos. Il dépiste les titres ravageurs qui sensationnalisent les contenus jusqu'à en déformer parfois entièrement le propos.

Il relativise les événements qui surviennent en effet et qui ne s'étaient « jamais » produits, en tout cas pas depuis quelques années, deux décades, en fait pas depuis les premières statistiques.

Il garde secret comme un trésor cette phrase surgie d'une nuit : « ligne d'horizon à trente ans de préférence »...

22 décembre 2011
DANS MON MILIEU, confie l'écrivain, voulant signifier « dans mes livres ». Parlant de ce milieu que forment les personnages de ses romans, de ses récits, de ses textes, de ses fictions...
Certains d'entre eux, de ce milieu-là, comme des comédiens de la vie, réagissent vivement, quand on leur sort : « Pas le moins du monde, je vous assure, pas le moins du monde ! »
Ils ont en effet la vivacité de répliquer : « Et le plus alors, le plus du monde, qu'en faites-vous, s'il vous plait ? »
Dans ce milieu, dit-il, les gens sont comme ça.

23 décembre 2011
UNE SOIRÉE DE LECTURE À MONTPARNASSE, chez Monique Stalens. Les lectures de textes en soirée privée, en appartement, sont toujours précieuses et an-ordinaires. On s'y sent autrement qu'un spectateur de salles, plutôt invité privilégié. Du coup porté à une écoute particulière.
C'était un peu plus qu'une lecture en l'occurrence, oui une soirée de théâtre. De jeunes comédiens -dont Aurélie H qui m'avait invité- livrent avec passion un texte de Gombrowicz. En VO, langue polonaise que hélas je ne comprends pas.
Je suis réduit à l'écoute de la langue comme il a pu m'arriver étant adolescent d'écouter celle de Shakespeare, à Londres, Regent's park. Je ne comprends pas le mot à mot. J'en entends certains qui reviennent et se répètent...
Je suis sous la pression du jeu des comédiens dont le rapport au texte m'échappe. Je « suis » les expressions des corps, des mains et des visages.
Parfois on touche au tragique, par instants je me sens transporté dans Dostoïevski ou dans Eisenstein.

Parfois on est manifestement dans le comique, je me sens figurant dans un salon de Tolstoï.
J'ai cru à un moment retrouver mes impressions de lecture de *Michel Strogoff*, dans la collection verte...
Je crois aussi capter la voix de Gombrowicz telle qu'elle m'était apparue dans son *Journal*, lu durant mon séjour en Argentine, la dernière année du 20e siècle.
C'est un accès difficile à Gombrowicz, le seul autre étant de lire ses traducteurs, ce qui n'est pas non plus un accès direct.

28 décembre 2011
AVANT, DIEU S'OCCUPAIT DE TOUT. Du monde, des hommes, des oiseaux et du ciel. Désormais les humains s'en préoccupent, et de bien d'autres choses, de l'éducation de chaque enfant de la Terre ou presque, jusqu'à s'affairer pour maintenir la biodiversité.
Il se réunissent pour décider de limiter l'accroissement de la température à 2 degrés à horizon 2020/2050.
Ils se demandent ce qui va se passer si la banquise fond, et surtout si le permafrost vient à fondre en dégageant des quantités de carbone dont il y a déjà trop...
Ils s'échinent à trouver des solutions pour sauver la planète quand auparavant ils ne faisaient que prier Dieu de faire tomber de la pluie ou au contraire d'arrêter les trombes. Certains persistent à préférer prier, personne ne fait plus vraiment appel au diable.
Mais que les humains se préoccupent de contrôler la température de la Terre, il faut le savoir, était proprement inimaginable il y a encore quelques années...

4 janvier 2012
« L'EUROPE EST EN TRAIN de sacrifier ses jeunes », déclare George Steiner, selon un titre de *Télérama* du 12 décembre dernier.
Voilà une annonce fracassante que je ne peux guère comprendre. En effet cette affirmation aurait dû être écrite en 1914 ou en 1939, à propos de ces périodes où l'Europe a effectivement sacrifié ses jeunes. Ou bien durant la guerre d'Algérie, dans les années 1960, pour la France, quand les jeunes gens faisaient 27 mois de service militaire, ou pendant la guerre du Vietnam pour les USA...
« Grand érudit, poursuit *Télérama*, George Steiner incarne l'humanisme européen. Il regrette que littérature, philosophie et sciences ne communiquent plus entre elles. Comment comprendre notre monde, s'interroge-t-il, si la culture se rétrécit. »
Faut-il rappeler que jamais autant de livres n'ont été écrits et vendus qu'en ce début de 21e siècle, qu'il n'y a jamais eu autant de fréquentation de cinémas, d'entrées au musée, de places de chercheurs ? Ni jamais autant de colloques réunissant spécialistes de différentes disciplines. Que le savoir en consultation quasi immédiate ne cesse de s'accroître en termes de connaissances autant que d'informations. A quoi il faudrait ajouter par exemple les programmes d'échanges *Erasmus*...
En fait, une assertion raisonnable serait : on revient de loin, si on considère tout ce qu'on n'avait pas.

19 janvier 2012
UNE PÉTITION POUR CHANGER UNE RÈGLE DU FRANÇAIS, ça fait plaisir.
Des femmes (et quelques hommes surement) proposent de mettre en cause le principe selon quoi « en grammaire » le masculin l'emporte et/ou joue le rôle du neutre. C'était d'ailleurs l'argument avancé par l'ancien secrétaire perpétuel (!) pour combattre la féminisation des noms de métier.
Les pétitionnaires demandent que soit appliquée une règle de proximité lorsque les noms sont de genres différents, l'adjectif s'accordant alors avec le mot le plus proche.
Donc on écrirait « des hommes et des femmes actives » et « des femmes et des hommes actifs ». Ou encore : « les garçons et les filles sont belles », et non « beaux »...
Pas si simple à faire passer auprès du grand public, et encore moins auprès des enseignants et des correcteurs d'édition. Ce pourquoi cette nouvelle règle devrait pouvoir s'appliquer au choix, aucune des deux, l'ancienne ni la nouvelle ne serait incorrecte, s'il vous plait !
C'est essentiel, parce que l'un des freins à l'application de toute nouvelle règle, de ce que les opposants appellent « la nouvelle orthographe », est la peur qu'elle soit perçue comme une faute.

21 janvier 2012
RÉAFFIRMER QUE J'ÉCRIS DE LA FICTION, même si je ne suis manifestement pas dans la veine romanesque la plus répandue.
Pas la peine de se demander si je fais partie du courant de l'autofiction, je ne fais pas d'autofiction. Ni de se demander ce qu'il y a de vécu dans ce que j'écris. Ce que j'écris est de la fiction.
Je commence une histoire et la raconte en utilisant tous les matériaux à ma disposition, tout autant avec des éléments vécus que par ceux observés dans le vécu ou non etc.

Je commence une histoire à partir d'une phrase, ou d'une scène, vraie ou imaginée, quelle différence parfois ?
J'écris surtout dans l'écrit qui fabrique la fiction. Car ce qui fait la fiction, c'est l'écriture.
Ensuite j'écris de préférence comme si cela avait été vécu, était vécu, se vivait, pourrait se vivre, était possible de vivre. Bien sûr, je glisse parfois, sans gêne, des choses énormes qui renvoient à la dimension romanesque.
Sinon, le roman (à l'origine, langue en voie de différenciation du latin), c'est ce qui s'écrit en langue d'aujourdhui, celle qui est en train de s'écrire...

2 février 2012
TANDIS QUE JE TRAVAILLE À LA DURE sur la relecture d'un roman en cours depuis un peu plus d'un an, je n'arrive pas toujours à écrire de nouveaux textes, pas même de petites phrases sur mon blogue régulier. Ce qui pourtant me plait beaucoup et m'amuse, glissant ici ou là, dans ces écrits, écarts de langage, discrètes observations ou bien assertions contre-intuitives, voire petites modifications orthographiques.
En pensant à Diderot qui « pour se jouer de la censure et de la répression -sans y parvenir toujours- insérait des ajouts discrets dans tel ou tel article orthodoxe, c'est à dire dans « ceux qui s'accordaient aux croyances officielles »

17 février 2012
DANS UNE ÉCOLE PRIMAIRE de la banlieue de Bruxelles, les enfants sont punis s'ils parlent français en cour de récréation. Certes, cela s'est produit dans une situation inversée en Flandres à une autre époque, et également dans des régions françaises pour des langues locales, et ailleurs, néanmoins cette pratique n'a pas de bon sens.
Je me demande ce qui peut animer au fond ces gens qui punissent des enfants parce qu'ils parlent leur langue...
Un communiqué alambiqué annonçant qu'enfin toutes les universités françaises ont désormais un site Web dédié à

l'enseignement est repris de façon tout aussi alambiquée par la presse : « La plupart des universités ont décidé de faire en sorte que leurs ressources pédagogiques soient de plus en plus souvent rendues publiques » !
Cette pratique de la mise à disposition des contenus pour tous s'inspire de la célèbre université américaine *Massachusetts Institute of Technology* (MIT), pionnière, il y a plus de vingt ans....

11 mars 2012
C'EST MARCEL MAZÉ qui m'a présenté à Marguerite Duras au Festival du jeune cinéma de Hyères-les-palmiers, à la sortie d'une projection où avait été montré mon court-métrage *Narcisso-métal*... Elle m'a dit que c'était un film d'écrivain, je lui ai répondu qu'en effet j'écrivais, elle m'a alors proposé de lui faire parvenir un manuscrit chez elle, à Paris, rue Saint-Benoît.
Ensuite nous sommes devenus amis, et comme tous les amis de grande amitié nous avons beaucoup parlé, ri et beaucoup ri.
Comme tout le monde, on se voyait, on se téléphonait, on allait au restaurant et à des soirées où elle était invitée.
Sauf qu'avec elle, c'était comme si la lecture du monde, qu'elle faisait partout où elle se trouvait, était toujours en écriture.

12 mars 2012
CHIC BY ACCIDENT, le dernier spectacle de Yves-Noël Génod est tout aussi radical que les précédents.
Nus ou peu habillés, ou habillés à contretemps, des gens errent, déambulent, gymnisent, s'activent. Y exprimant un délire mental par des cris ou des gloussements incompréhensibles ou presque, car à faible volume. Dans un monde désolé, asile ou maison de retraite pour jeunes gens ? Ou bien, il s'agit de ce monde présent qui imposerait des instruments inadaptés à ces êtres singuliers.
Mais alors on s'approcherait du sens. Qu'il y a de toute

façon, forcément, même s'il n'y a pas de texte, à part celui qu'expriment les corps.
Yves-Noël n'aime pas le théâtre à texte. Bien sûr le texte au théâtre c'est très difficile car il faut au moins qu'il soit « possible ». Acceptable, pas impossible à proférer. C'est très difficile d'entendre proférer du texte s'il n'est pas possible. Il faut déjà qu'il ne frise pas le cliché ou l'ostentatoire ou le grandiloquent. Il faut qu'il en soit passé par l'écriture...
D'un côté, j'ai pensé que ce spectacle était orphelin de textes, de l'autre je l'ai trouvé particulièrement lumineux.

15 mars 2012
L'HORREUR EN SYRIE, répression barbare, dirigeants arrogants. On peut toujours consoler son sentiment d'impuissance en pensant qu'un jour les responsables des massacres et autres abominations seront traduits en justice. Tout comme un chef de milice congolais vient d'être reconnu coupable devant la Cour pénale internationale.
Tout comme les dirigeants de l'ex-Yougoslavie l'ont été devant le Tribunal de La Haye.
Qui se souvient -pour qui était né- des pires moments de la guerre en ex-Yougoslavie ? Qui peut se souvenir d'avoir enragé de honte en voyant se pavaner d'arrogance des chefs militaires qui ordonnaient de pilonner Sarajevo, de séparer hommes et femmes pour mieux assassiner les premiers etc. Qui parvient à se souvenir avoir espéré qu'un jour justice serait faite?
Eh bien, tous ses dirigeants-là ont été condamnés, et sont en prison, s'ils sont encore vivants.

22 mars 2012
POURQUOI CETTE BIO/BIBLIOGRAPHIE que j'ai glissée à la fin des *Entretiens* sans indication des éditeurs ?
Outre que je ne voulais pas décliner dans les détails mes livres après la liste impressionnante des œuvres de Marguerite Duras, c'est une bio que je donne souvent, tel

quel, alors que ça se fait en général de préciser les éditeurs.
Ça ne se fait pas pour les films, un cinéaste n'indique pas le nom des producteurs de ses films.
En l'occurrence, les éditeurs de fait de mes livres ont été Marguerite Duras pour mes deux premiers livres et le poète Mathieu Bénézet pour les quatre derniers. Avec changement de maison d'édition chaque fois. Duras en avait confié son désarroi à *Libération* : « Que l'écrivain le plus important de sa maison d'édition lui demande de publier un livre (*Rapt d'amour*) et qu'il ne le fasse pas ».
Un éditeur de fait choisit l'éditeur qu'il arrive à convaincre, tandis que l'écrivain chevalier doit inventer un éditeur pour son nouveau livre.
Il se trouve que les éditeurs publient ce qu'il veulent publier, et pas forcément ce que les écrivains écrivent.
Penser aux refus de *Rauque la ville* par trois grands éditeurs en place, se rappeler le choix d'une publication hors collection faite par l'éditeur (*Minuit*) qui m'avouait, il est vrai : « Je ne vois vraiment pas ce que vous pourrez écrire après ça ! »

29 mars 2012
UNE FERVENTE DE LA LANGUE, FIÈRE DE L'ÊTRE, assène qu'il ne « faut » pas dire une auteureuh ni une écrivaineuh (elle insiste sur le « euh »). Mais qu'on « doit » dire une auteur, une écrivain. Tout comme selon elle il « faut » dire poétesse, mot qu'elle trouve joli, ce qui est vrai... et bien sûr doctoresse, maîtresse etc.
D'abord, être tolérant. Les deux formes sont possibles, comme par exemple directeure ou directrice. Pour auteur, le féminin en train de s'imposer, c'est auteure qui est d'ailleurs un mot joli (tout comme la défenseure des enfants) si on veut bien le considérer. Et surtout si on sort de sa torpeur d'habitude.
Cependant pourquoi cette dame ne supporte pas la généralisation du « e » féminin ? Je crois bien qu'elle est de celles qui s'arrange bien avec la culture macho-

patriarcale. Au fond, elle devait préférer ça !
Pourquoi ? Eh bien la raison ne peut pas tout expliquer.
Il reste que c'est un combat d'arrière-garde, le précédent secrétaire perpétuel de l'Académie française, Maurice Druon, s'est sans doute fait virer pour s'être opposé dans les années 2000/2002 à la féminisation des noms de fonctions. Lui, il déniait au gouvernement le droit de la promouvoir : « Depuis quand des ministres s'occupent-ils/elles de la langue ? » (le « elles » étant ici ajouté par l'auteur de ces lignes).
Le comique de la comédie humaine c'est qu'il a été remplacé par une femme qui persiste à se faire appeler « Madame le secrétaire perpétuel » !

10 mai 2012
POUVAIT-ON IMAGINER DÉMOCRATIE plus démocratique que celle révélée par l'élection présidentielle de 2012 en France ? Il y a eu une forte participation, il n'y a pas eu de violence, le combat a été globalement fairplay. Même les extrêmes se sont parlé, ou bien les gens en place ont parlé aux extrêmes, ce, qui est toujours mieux que de les marginaliser par exclusion.
Surtout, cette élection a abouti à l'alternance, point central de la démocratie, en ce qu'elle garantit en principe une moindre corruption. Grâce à un changement d'équipe et de responsables, d'autres hommes et femmes vont ainsi revisiter les allées et les comptes du pouvoir. Et l'exercer forcément différemment, ce pouvoir.
En définitive, on va assister à une alternance apaisée, sans doute le plus important de ce qui vient de se passer, la démocratie n'est pas la guerre !

15 mai 2012
« UNE PASSATION DES POUVOIRS TOUT EN "SOBRIÉTÉ" » (*Le Monde.fr* 15/05/2012). Ce titre démontre que les gardiens de la grammaire l'ont emporté. Ils ont brimé ce qui serait allé dans le sens de la spontanéité de l'usage qui aurait écrit « toute », l'adjectif se rapportant à

passation. Et non « tout » ayant valeur d'adverbe.
L'usage ne doit pas être seulement ce qui s'est fait, ou ce qui se faisait. L'usage est aussi ce qui se fait maintenant, ce qui se pratique. Quel est l'usage actuel ?
La tendance est à rendre logique formellement. Elle est aussi à ne pas opter pour les torderies qui amusent tellement les intégristes de la langue mais rendent les élèves mauvais en dictée.

28 mai 2012
« UN PREMIER TEXTE DEVRAIT TOUJOURS ÊTRE ILLISIBLE » disait Duras dans les *Entretiens*.
Avant une lecture en librairie, quelqu'un m'apostrophe : « Est-ce que ce ne serait pas un peu dépassé de dire qu'un texte doit d'abord être illisible ? »
J'explique que ce stade d'illisiblité détermine le fait qu'il y ait ensuite écriture ou qu'il n'y en ait pas. En effet beaucoup de livres paraissent, se vendent, sont lus ou pas, et n'ont pas d'écriture cependant.
A la radio, ces hiers derniers, j'entends rabâché que Jack Kerouac a écrit son *On the road* en trois semaines. Certes oui, ce qu'ils ne disent pas, c'est qu'il l'a retravaillé pendant six ans ensuite.
Six ans, c'est aussi le temp qu'il lui a fallu pour convaincre un éditeur.
Ou, comme je dis, l'inventer après qu'on a fini l'écrit.

-/-

8 juin 2012
QUELQU'UN QUI ÉCRIT LIVRE APRÈS LIVRE DEPUIS DEUX DÉCENNIES sur les *Technologies de l'information et de communication* (TIC) et qui en arrive à faire l'apologie du bistrot, comme mode supérieur de communication (donc

du discours de comptoir qui va avec), est-il carrément « secoué », ou bien banalement populiste ?
Populiste, parce que c'est exactement le point de vue majoritaire et réactionnaire selon quoi c'est mieux d'aller parler au bistrot plutôt que de communiquer par le net.
Mais plus « secoué » que populiste, pour avoir traité en savant d'une nouvelle pratique/technique et puis en être à émettre un jugement de béotien qui aboutit à valoriser ce qui se passait avant celle-ci.

10 juin 2012
UNE JEUNE FEMME PARMI D'AUTRES, condamnée à la lapidation pour adultère, est emprisonnée avec son bébé. Ça se passe au Soudan du Nord, un des 7 pays au monde qui conservent la peine de mort par lapidation, cependant non exécutée ces dernières années.
Donc, une jeune femme est condamnée à mort pour avoir fait l'amour. Il se trouve que c'est souvent que des gens ont été condamnés pour avoir fait l'amour. Le faire ou l'avoir fait, quand c'était interdit par les traditions, des lois ancestrales, des pouvoirs en réalité. Des pouvoirs mâles.
Noter que c'est rarement le contraire. Oui, il est extrêmement rare que des gens soient condamnés pour n'avoir pas fait l'amour, ou pour avoir oublié de le faire. Ou pour n'avoir pas voulu, je ne sais.

13 juin 2012
EN IRAN, LES FEMMES N'ONT PAS LE DROIT d'assister aux rencontres sportives (auxquelles assistent les hommes). Un hyper cinéma qui diffusait un match de l'euro de foot a été fermé pour avoir délivré des places à des femmes. Pas parce que ce régime d'un autre âge veut éloigner les femmes du foot. Non, pour qu'elles ne se mélangent pas aux hommes.
Dans ce pays, les relations amoureuses trouvent difficilement un espace public puisqu'un homme et une femme ne peuvent pas se retrouver dans la rue ou dans

un parc s'ils ne sont accompagnés d'une autre homme de la famille de la femme.
Donc ils s'inventent des espaces, par exemple les taxis collectifs qui prennent autant de monde qu'il est possible le long de leur course dans Tehran. Ainsi des couples se forment au cours des trajets de taxis d'un bout à l'autre de la ville, qui alors espèrent deux choses a priori contradictoires.
Ou qu'il y aura beaucoup de monde pour se coller l'un à l'autre jusqu'à capter leurs battements de cœur.
Et aussi qu'il y aura peu de monde dans le taxi pour pouvoir se parler en relative intimité...

16 juin 2012
UN JOUR, À FRANCE CULTURE, on a annoncé qu'on pourrait réécouter l'émission qui venait d'être diffusée pendant quelques jours, sur le site internet de la radio. Puis, pendant une semaine, dix jours et puis 30 jours. Pareil sur différents médias, y compris des télévisions.
Hier, j'entends de la voix du présentateur que c'est désormais possible pendant 1000 jours !
Et 1000 jours, ça se rapproche de la permanence. Car si on peut mille jours, on peut dix mille etc.
Au fond, le numérique apporte là, en plus d'une possible libération des contraintes du local, une libération de celles de l'instant. Pas de raison en effet qu'un programme n'ait une existence qu'en un point ponctuel du temps.

20 juin 2012
DANS L'IMMEUBLE D'À-CÔTÉ il y a un appartement que je ne connais pas qui appartient à une femme que je ne connais pas davantage.
Je sais, parce qu'on me l'a dit, que quand elle l'a acheté, elle a décidé d'y faire de gros travaux. On a parlé de mezzanines à construire, de sol flottant pour absorber les bruits, d'ouverture de baies, et aussi de permutation de la salle de bains vers la cuisine et vice et versa. Elle a aussi

décidé que les chambres qui donnaient sur rue seraient sur cour, ce qui impliquait de déplacer le salon-salle à manger sur rue alors qu'il donnait sur cour.
Il y a donc eu des travaux très bruyants qui ont duré un certain temps, longtemps. A force, des gens se sont plaints et j'ai été heureux qu'ils le fassent sans histoires. Un jour, on a pu constater qu'il n'y avait plus de bruits de travaux qui provenaient de cet appartement. On a pensé que les travaux étaient finis.
Oui, mais trois mois plus tard, ça a recommencé. On a eu une explication du chef de chantier, la propriétaire n'était pas contente de l'emplacement des mezzanines qu'il fallait donc refaire entièrement... Et puis, à nouveau, des travaux, quelques mois après, le chef de chantier a expliqué que la propriétaire en fait n'était jamais satisfaite.
Tout récemment encore, des travaux ont repris. Je crois bien qu'on s'est habitué au bruit, néanmoins cela nous énerve de temps à autre. Le chef de chantier quant à lui prend des airs un peu las, tout de même ça lui fait du travail !

24 juin 2012
LA GÉNÉRATION DITE Y, des 18/28 ans c'est, clamait à la télé une personne de l'institution, celle qui est née avec le sida, le chômage et autres maux contemporains. Omettant d'en décrire la particularité première, celle d'être native digitale, de n'avoir connu que ça le numérique, internet, le portable, la communication mobile. Et de connaître ça, ces outils des TIC, et de s'en servir mieux que leurs parents, enseignants, directeurs et chefs de tous genres.
Elle a selon moi une autre particularité, c'est de ne pas se considérer sacrifiée contrairement à ce que disent d'elle les médias généraux. D'ailleurs, elle s'étonne d'entendre dire qu'elle a moins de chances que la génération de ses parents, quand elle les voit eux si limités dans leur mentalité !

Si elle se plaint de la société, la génération Y, c'est de tout ce qui la bloque cette société, et sa génération en conséquence.

29 juin 2012
SUIS MONTÉ DANS UN BUS PLEIN, pas à craquer, mais où aucune place assise n'était libre. D'autres gens sont montés aux arrêts suivants sans que personne n'en sorte. Après un bon moment d'angoisse, j'ai dû envisager sérieusement l'hypothèse selon quoi c'était un type de bus dont les voyageurs ne descendaient jamais.

30 juin 2012
« NE DIS PAS que tu ne comprends pas grand chose, toi non plus, ou alors c'est que tu ne regardes pas ou n'y vas pas voir.
Ne suis pas les toquards qui voudraient te garder prisonnière des vieilles illusions. Ne les écoute pas les gourous et autre pseudo-chamans qui ressassent à se ressourcer.
Ne te laisse pas emporter par ton orgueil primaire, méfie-toi de ton ego et de sa propension à te mener sans que tu le saches.
Surtout, détends ton mental en même temps que ton corp... »

5 juillet 2012
HIER DANS LA RUE COMMERÇANTE de mon quartier je suis tombé sur une *peau-rouge*. Dans l'enfance de mon grand-père on apprenait qu'il y avait sur la Terre quatre races humaines: blanche, noire, jaune et rouge. Cette femme peau-rouge était bien la première jamais rencontrée par moi, manifestement sortie d'une cabine de bronzage, le teint encore accentué par mes propres lunettes de soleil qui ont cette particularité de me faire voir la vie en rose...

6 juillet 2012
ON NE PEUT PAS VRAIMENT DIRE qu'il y a une justice dans le monde mais il arrive qu'il y en ait une. Ainsi la justice argentine a condamné jeudi à de lourdes peines de prison d'anciens responsables de la dictature (1976-1983), coupables d'avoir mis en place « un plan systématique » de vols et d'appropriation par des proches du régime d'enfants d'opposants nés en détention. 500 auraient été « volés » ainsi, une centaine auraient été identifiés

10 juillet 2012
IL Y A UNE CONVICTION RÉPANDUE chez les élites de gauche, comme celles de droite d'ailleurs, selon quoi un livre aux allures culturelles qui « cartonne » est un bon livre, en l'occurrence trop vite qualifié de best-seller historique.
Le maire de Paris pourrait bien regretter d'avoir soutenu, manifestement sans l'avoir lu, ce *Métronome* d'un acteur connu, aux convictions droitières et monarchistes, d'après le *Nouvel Obs* qui relève qu'il cite comme seule manifestation populaire pour le vingtième siècle celle d'extrême droite du 6 février 1934.

14 juillet 2012
AVEC SON SPECTACLE *NOUVEAU ROMAN*, monté (au festival d'Avignon) à partir d'une photo d'auteurs réunis devant *Les Éditions de Minuit* en 1959, Christophe Honoré veut redonner voix à ceux qui ont osé, il y a cinquante-trois ans, affirmer haut et fort le désir de « produire quelque chose qui n'existe pas encore » (*Le Monde*).
Il faut certainement redonner voix et, encore mieux, donner voix à ceux dont l'entreprise a cela comme objectif. Et plus précisément à ceux qui, envers et contre tout, s'aventurent sur ces champs de ce qui n'existe pas encore.
Sur cette photo ne figurent ni Duras, non invitée, considérée comme trop sentimentale, ni Butor, arrivé en

retard... Trouvé ce commentaire d'un certain Pivot dans *Le Figaro littéraire* du 9 juin 1962 : « On dirait des chômeurs attendant patiemment à l'entrée du bureau d'embauche ».

18 juillet 2012
DIMANCHE 15 JUILLET VERS 21H, SUR MA TERRASSE INTÉRIEURE, j'ai fait une 1ère lecture publique du roman que je viens de terminer pour des amis attentifs de Montréal, Sydney, Séoul, Marseille et d'ici Paris... C'était une soirée réunissant des universitaires chercheurs en prélude au colloque Duras qui aura lieu début septembre à Montréal. La veille ou le matin, j'avais eu cette idée de proposer de lire des extraits en attendant la livraison des *sushis*.
J'ai laissé passer 21 heures, le temp qu'une amie qui devait venir arrive, et puis comme elle n'arrivait pas, j'ai passé commande et j'ai commencé la lecture.
C'était impressionnant parce que la douzaine d'amis là étaient très attentifs, très en écoute. C'était étonnant parce que le livre pour moi était tout chaud, dans tous les sens du mot.
Parce qu'il venait juste d'être écrit. Et parce que, autant dans la forme que dans le propos, j'avais essayé d'être au plus près de ce que je pouvais écrire dans la fenêtre de ces années 2010.
Tout chaud aussi par ce qu'il dit de la vie privée, sexuelle, que l'on ne dit généralement pas.
J'avais d'abord pensé que je « passerais » les passages les plus sexuels et puis non, finalement je les ai lus quand ils se sont présentés, puisque c'était une lecture d'extraits au hasard bien que dans l'ordre du livre.
Bon, bien sûr je n'ai eu que des avis positifs.
Quand j'ai cherché à savoir davantage, on m'a dit que ça paraissait vrai ce personnage féminin. On m'a dit aussi que ça donnait envie de lire le livre.

23 juillet 2012
JOËL DE ROSNAY, BIOLOGISTE, FUTUROLOGUE ET TECHNOLOGUE, qui parle et écrit en français (sur tous médias) illustre constamment son propos (« comment sur-vivre dans la société fluide ») de multiples concepts, inventifs et créatifs, hélas formulés en anglais, et pourquoi ?
Parce que l'anglais est devenue la langue internationale ?
Parce que c'est en anglais que l'on crée des concepts ?
Et sûrement parce que l'habitude en français est au refus du néologisme. Du coup il n'a pas cette propension qu'à l'anglais d'inventer des mots, ce qui est complètement aberrant dans notre époque hyper changeante !

25 juillet 2012
HIER, DANS UNE CONVERSATION, j'en viens à citer une phrase de Mai 68 : « Je ne suis pas contre les vieux mais contre ce qui les a fait vieillir ».
J'étais en train d'expliquer que le plus souvent j'avais du mal à m'entendre avec les gens de ma génération, les après 1950, qui, n'étant évidemment pas des *natifs digitaux*, ont le pli d'être plus ou moins en refus des nouvelles technologies et sont dans la rage de résister aux réseaux sociaux ou au web en général.
Ils ont en outre la manie de tisser une nostalgie un peu ridicule du temps passé, quand ce n'est pas ajouter et surajouter du « c'était tellement mieux avant », occultant avec mauvaise foi tout ce qui les a emmerdés.
Ils peuvent même avoir le culot de dire que finalement ils auront été plus heureux qu'eux la jeune génération qui vient !

-/-

6 aout 2012
UN ARTICLE TRÈS PESSIMISTE sur le réchauffement climatique de James E. Hansen (qui dirige the NASA Goddard Institute for Space Studies) publié dans le Washington Post, ce 4 aout 2012.
Très pessimiste parce que la situation lui parait plus grave que ce qu'il avait prévu il y a quelques années. Il dit qu'il était trop optimiste, en particulier quant à la survenue des phénomènes extrêmes.
Les chances, écrit-il, que la variation naturelle du climat soit à l'origine des phénomènes extrêmes (canicule en Europe en 2003, aux USA cet été etc.) sont minuscules, de l'ordre de celles qu'aurait celui qui quitterait son travail pour jouer à la loterie chaque matin afin de payer ses factures.
Il se réfère par ailleurs à un « climat normal », sans réchauffement climatique, ce qui supposerait qu'il y aurait eu le long de l'histoire un climat normal.
En fin de compte, l'article est curieusement optimiste : « Il est encore temps d'agir et d'éviter une plus grave détérioration du climat par un délaissement progressif des énergies fossiles, la stimulation de l'innovation et la création d'une économie forte basée sur les énergies propres ».

8 aout 2012
RIEN NE BOUGEAIT AUX ALENTOURS. On était installé à la terrasse du *Circulo des amigos* (Tabernas, Almeria, Espagne), comme si on allait y rester des jours :
Tu vives aqui ? / Si... / Magnifico ! / Te gusta ? / Mucho ! / Es muy tranquilo...
Je me sentais dans une ambiance cinéma. Je pensais à *Profession reporter* de Antonioni.
Le cercle des amis était un café qui faisait hôtel pour les voyageurs d'exception.
Il y régnait un silence digne du désert tout proche. Sauf le bruit de quelques rares voitures qui passaient, parfois en klaxonnant pour casser ce silence.

Sauf le bruit d'une télévision qu'on entendait à deux rues. Mais ça n'empêchait pas la perception du silence.
Adios ! / Adios !

19 aout 2012
UN PSYCHANALYSTE ÉCRIVANT, grande figure de l'édition officielle, traite de la douleur à la radio *France Inter*. Il va chercher ses exemples chez Alphonse Daudet pour en parler, également pour répondre à ce qu'il pense être une mauvaiseté contemporaine : utiliser le mot gérer.
Selon lui, on ne peut pas « gérer » la douleur, parce qu'il y voit apparemment le sens de gestion financière.
Pourtant, on peut davantage la gérer que jamais (psychanalyse justement, médicaments, plus de connaissances etc..)
Il ne semble pas voir ce qu'il y a d'ouvert dans le fait de gérer.

21 aout 2012
VRAIMENT, JE N'ARRIVERAI JAMAIS à aimer la rentrée. C'est trop bizarre la rentrée, ça commence d'abord par le foot. Hop ! c'est reparti, Olympic lyonnais contre Paris Saint-Germain, les Girondins face aux Phocéens, ou bien ce sont les Bretons contre les Nordistes...
Et puis il y a l'horreur de la rentrée politique, le retour des caciques, et de leur langue de bois ou de mauvaise foi, appuyés par de petits jeunes qui les remplaceront un jour, c'est l'ordre des choses. Eux, les politiques ils aiment tellement la rentrée qu'ils ont inventé la pré-rentrée !
Bien sûr, il y a la rentrée scolaire qu'à ma connaissance aucun enfant n'aime, même s'ils s'y font tous ou presque.
En fait la pire, c'est la rentrée littéraire, la pire parce qu'elle n'est en rien littéraire. C'est la rentrée des éditeurs, des marchands, des manageurs qui décident, vendent, ou plutôt cherchent à vendre un maximum.
Pas vraiment la rentrée des critiques qui n'ont guère de visibilité dans la masse des « sorties » de la rentrée.

Pas la rentrée des libraires non plus qui préféreraient ne pas avoir à avancer aux éditeurs l'argent, pour ces livres qu'on leur envoie d'office, qui ne le sera restitué que des mois après en cas d' invendus...
C'est trop bizarre la rentrée, en tout cas pour un écrivain qui écrit quand il écrit, pas plus avant ni après la rentrée. Pas moins.
Un journaliste écrivain devenue académicien, il le méritait bien, avait écrit à propos de mon premier livre que j'avais inventé « l'écriture jetable », je crains que la rentrée dite littéraire soit en réalité une partie de livres jetables.

28 aout 2012
CAROLINE PROULX ÉCRIT : « Un événement s'est ajouté le mercredi soir, 5 septembre 19 h, la veille donc du colloque (*Le cinéma de Marguerite Duras, l'autre scène du littéraire*, à l'UQAM). Nous avons pu organiser à notre grand bonheur un lancement pour les *Entretiens avec Duras* de Jean Pierre Ceton qui viennent de sortir cette année (François Bourin éditeur) à la Librairie Le Port de tête, 262 Mont-Royal Est, Montréal.
Ce sera l'occasion de nous rencontrer de manière conviviale [...] de prendre un verre et manger quelques bouchées.
Pour ceux qui n'auraient pas le décalage dans les jambes, la librairie se marche à partir de l'Auberge Le Pomerol ou de tout hôtel dans le coin. Il faut prendre la rue St-Denis (trois rues vers la gauche en sortant de l'Auberge) vers le nord, jusqu'à la rue Mont-Royal où il faut tourner à gauche et faire quelques rues. Pour ceux qui veulent éviter la demie-heure de marche, vous n'avez qu'à prendre le métro Berri jusqu'à la station Mont-Royal (ligne orange, direction Montmorency) et prendre à gauche à la sortie... »

13 septembre 2012
ENCORE UN LIVRE AU SUJET INTÉRESSANT auquel je ne pourrais pas m'attacher parce qu'il reprend au moins deux stéréotypes de bandes dessinées.

D'abord, « il évoque le destin d'une planète devenue un jouet entre les mains d'un milliardaire fou », comme l'annonce son éditeur.
Ensuite, comme toute la presse le souligne, il met en avant les dangers des outils informatiques, jusqu'à pronostiquer que les robots prendront le pouvoir sur les humains.
Je ne cherche pas à discuter ces options. Je dis juste que s'il ne les avait pas développées, et si au contraire il avait émis l'idée non que les robots domineront les humains mais qu'ils leur permettront d'être plus performants, peut-être plus libres et sans doute plus intelligents, ce livre n'aurait pas eu le succès de presse qu'il a.
Que dis-je ? il n'aurait pas été retenu par le comité de lecture qui l'a adoubé.

14 septembre 2012
JE T'AVAIS DIT que ça m'avait fait plaisir de te rencontrer. C'était *choute* que tu me demandes pourquoi ?
Parce que j'avais du plaisir à te parler, à marcher avec toi, à être avec toi !... Nous avons du plaisir à nous parler, n'est-ce pas ?
J'avais au dernier moment écarté ce qui m'était d'abord venu à la pensée que nous avions du plaisir à être ensemble.
C'était vrai, nous avions du plaisir à nous regarder, à nous parler, tout comme à décider de ce que nous allions faire ensuite.
J'avais du plaisir au point d'être dans un état amoureux. Sans implication immédiate. Juste à être dans cet état qui fait qu'on ressent une joie d'exister.
Et, surtout, qu'on peut voir du monde ce qu'on n'en verrait pas sinon.
D'ailleurs on devrait toujours être amoureux.

15 septembre 2012
L'ÉDITEUR DÉMISSIONNÉ DU COMITÉ DE LECTURE de chez Gallimard, « n'abandonne pas son travail d'éditeur, il

continuera de suivre ses auteurs ».
Oh là là ! Qu'est-ce que ça veut dire ?
En fait ça parait normal à tout le monde (de l'édition) que dans une grande « maison », il y ait un certain nombre d'éditeurs qui se partagent la tâche de s'occuper de « l'écurie » toute entière.
D'après ce qui se dit, ça signifie corriger, inciter à changer, modifier, caviarder. Il semble que la plupart des auteurs s'en moquent ou le supportent. Certains à un moment se révoltent. D'autres parviennent au prix de quelques compromis à y échapper.
En vérité, ça veut dire quoi ? Formater ? Uniformiser ? Rendre plus facilement commercialisable ?
En l'occurrence, passer au contrôle du « point de vue » de cet homme dont on ne sait s'il revendique la langue pure parce qu'il est plus ou moins raciste. Ou s'il l'est, raciste, parce qu'il est obnubilé par la langue pure.
Du point de vue de cet homme, dont on contestera ce qu'il dit être : « celui d'un écrivain et non, comme on voudrait que je le fusse, celui d'un activiste d'extrême-droite ».
Pour rire, parce qu'il vaut mieux en rire, testons son expression : « comme on voudrait que je le fusse », testons-la dans la rue, le métro, au lycée, dans les couloirs d'université, où on voudra, ça devrait faire rire !

20 septembre 2012
NE RATEZ PAS LES SOURIRES ! Que dis-je ? Observez les sourires de plaisir qui illuminent le visage des gens, souvent jeunes, lorsqu'ils découvrent leurs textos en marchant dans la rue ! Ça se fait, c'est même très répandu, des sourires s'épanouissant à mesure de la lecture. Il est vrai que ces textos apportent en général de meilleures nouvelles que les lettres postales...
Ne ratez pas ! C'est un conseil adressé à l'éditeur « en affaire » de Gallimard qui se déclare « effrayé par le monde qui s'annonce ». Et à la bande de « oufs » (Finkielkraut, Bergougnioux, Michon, Camus -pas Albert) qui, selon *La République des livres*, le rejoignent sur bien

des terrains (défense de la langue ou d'une certaine idée de l'éducation et de l'enseignement, dénonciation de ce qu'ils nomment la doxa politiquement correcte).
Conseil bien inutile, car je sais qu'ils n'en démordront pas de leur obsession à rejeter leur époque au lieu d'essayer de la comprendre. En l'occurrence de la regarder.

27 septembre 2012
J'AI ÉTÉ PARTICULIÈREMENT HEUREUX de faire une lecture à Montréal. Précisément au Québec, ce pays dont j'envie souvent la pratique du français, à savoir celle d'un usage inventif et créatif.
Outre que la féminisation des noms s'est faite dès 1979, *Les rectifications de l'orthographe de 1990* y sont admises au même titre que l'orthographe préexistante. Tandis qu'ici, en France, elles sont globalement ignorées dans l'enseignement primaire autant que secondaire, rejetées dans le monde de l'édition et très peu pratiquées par la presse.
Ici, la règle c'est le rejet du néologisme quand au Québec on semble en prendre l'option. Ici, on est coincé dans une alternative « ça se dit ou ça ne se dit pas en français ? », que je voudrais bien transgresser par un « est-ce que ça pourrait se dire ? », étant donné que la réponse serait oui dans la plupart des cas.
C'est une tristesse pour moi de « voir » l'énergie rageuse dépensée par les dits « défenseurs de la langue » dans le but d'entraver cette vitalité, au lieu de la favoriser.

9 octobre 2012
« TRISTE ÉPOQUE, où la société littéraire préfère lire sans danger Amélie Nothomb, plutôt que de se risquer à lire X ou Y... » écrit le chroniqueur de *L'Observateur*.
D'abord la société littéraire (?), à ma connaissance, ne lit pas Nothomb. Elle, elle a son public particulier de lecteurs, et surtout de lectrices, du genre pas très éduqué(e)s ni littéraires, de psychologie psychologisante, super analogiques, assurément pas du tout numériques,

ni dans la pratique ni dans l'esprit. Tout comme elle est, à son image, du pareil analogue.

D'autre part, commencer son article par un « Triste époque », à la manière dont s'exclamait le brave paysan du début du 20e, sortant de sa porte pour constater qu'il faisait un temps de chien, n'est pas très digne de quelqu'un qui a le pouvoir d'écrire ce qu'il veut dans un journal bien diffusé du 21e.

C'est ignorer, entre autres, qu'au début du siècle dernier le Marcel écrivain qui était connu n'était pas Proust, c'était un certain académicien du nom de Prévost. Marcel Proust a lui-même raconté la scène, tandis qu'il arrive dans une soirée mondaine, il entend à son passage une femme qui chuchote à ses amies : « Ah, c'est lui le grand écrivain Marcel Prévost ! »

Donc, l'autre époque était tout aussi triste à ce titre.

Je regrette moi aussi que la société littéraire ne prenne pas de risque pour découvrir des auteurs novateurs mais, contrairement à ce critique, je trouve que la lecture de celle précitée n'est pas sans danger pour la bonne santé intellectuelle.

19 octobre 2012

CE QU'ON NE SE REPRÉSENTE PAS FACILEMENT à propos des événements du 17 Octobre 1961 à Paris, c'est le couvre-feu. Certes, le plus marquant reste la répression d'une manifestation pacifique, des gens ont été maltraités, battus, campés dans un stade, certains jetés dans la Seine, morts ou vifs, on ne sait pas combien 100 ou 400 ?

Ils avaient « bravé » l'interdiction de sortir dans les rues, après 20h30, ce qui s'appelle le couvre-feu. Cette interdiction, en l'occurrence spécifique à la population algérienne, est difficile à se représenter aujourd'hui pour nous qui nous déplaçons où et à l'heure que nous voulons.

23 octobre 2012
DÉJÀ 300 EXÉCUTIONS À MORT en Iran pour les huit premiers mois de l'année 2012, selon les chiffres officiels. Certainement plus, indiquent des sources non gouvernementales, il y en aurait eu 670 durant l'année 2011, y compris des mineurs de moins de 16 ans.
L'Iran est le pays qui pratique le plus la peine de mort -suivi de la Chine et des USA-, alors que plus des deux tiers des nations l'ont abolie et que seule une dizaine d'États continue de l'appliquer.
Récemment, un certain nombre d'intellectuels musulmans se sont réunis au Maroc pour promouvoir l'abolition de la peine de mort dans leurs pays qui, même s'ils ne l'appliquent plus effectivement, prévoient tous la peine de mort comme châtiment « suprême » légal.
Ce qui n'est guère surprenant puisque la loi islamique date du courant du premier millénaire où la peine de mort était naturellement pratiquée, si l'on peut dire, sur toute la Terre.

27 octobre 2012
« OÙ ÇA VA NOUS MENER TOUT ÇA », elle m'avait soudain demandé en souriant ?
J'avais parlé des bienfaits pour l'humain de la technologie de notre époque, et elle avait bifurqué sur la perte des repères.
J'avais rétorqué que, contrairement à ce qu'on disait, cette époque avait plus de valeurs qu'il n'y paraissait.
« Et à quoi ça va nous mener tout ça, hein ? », elle avait redemandé.
« Mais, à toujours plus d'intelligence, j'avais répondu spontanément, au développement toujours plus grand de l'intelligence ».
En réfléchissant, j'avais rempilé : « Oui, ça nous mène inévitablement au développement de l'intelligence, on se dirige de fait vers de plus en plus d'intelligence »...
Bien sûr, Il ne s'agit pas d'intelligence cervicale seulement. Il s'agit de celle du corp tout entier, et du corp

social et mondial aussi.
Bien sûr, je reconnais que ce n'est pas forcément ce qu'on croit percevoir du monde présentement. Pourtant oui, c'est ce qui se passe, et c'est ce qui est le plus probable.

-/-

2 novembre 2012
VISION DE LA MÉDECINE DE PRISE EN CHARGE qui a certainement ses mérites et certainement ses limites. Ici, il est question du traitement de gens qui ont mal au dos. Un mal décrété mal du siècle, ce qui toujours me fait penser à Alfred de Musset dont le mal s'il était du siècle n'était pas du dos !
On fait subir à des patients sanglés d'instruments, ayant tout l'apparence d'être de tortures, des séries de mouvements mécaniques. Et en effet ces patients ont l'air de souffrir avec patience.
Une femme médecin explique ce qu'elle leur fait faire, devant eux, comme si c'était des gens sans pensée ni volonté.
Personne ne semble se décider à leur dire que ces mouvements de gymnastique, ils pourraient les faire sans instrument de torture, tranquilles, chez eux, en écoutant de la musique...

7 novembre 2012
TOUTE LA NUIT les journalistes politiques ont ressorti leurs mots fétiches des soirs d'élections, parlant du fief d'Obama, en l'occurrence Chicago, et se gargarisant du « tombé dans son escarcelle » chaque fois qu'un des États

lui revenait.
« Escarcelle », bon c'est vrai, ça ne se dit pas beaucoup dans la vie courante. Parfois un peu à tort et à travers dans les commentaires sportifs. Un vieux mot français, plutôt provençal, venant de l'italien qui signifiait « avare », retenu désormais comme « grande bourse autrefois portée à la ceinture » !
« Fief », c'est vieu aussi, le mot date de l'époque médiévale pour désigner une terre concédée à un vassal en charge de divers devoirs envers son seigneur... Des mots totalement inadaptés, convenons-en.
Anyway : « Four more years et bon matin Mister Obama !

8 novembre 2012
LE PRÉSIDENT FRANÇAIS a cru bien faire d'ajouter à sa lettre de félicitations envoyée au Président américain la mention manuscrite « friendly » qui semble-t-il n'est pas en usage en Anglo-américain. Et qui pour le coup a un petit côté ridicule. Voilà bien une marque d'inculture autant que d'une manie de ne pas rester dans sa langue quand c'est possible.
Pourquoi ne pas avoir écrit « avec amitié » en français?
Ou, tout simplement, ce beau mot « amitié » que Barack Obama aurait compris. Et qui certainement l'aurait touché sans y percevoir la moindre arrogance.

17 novembre 2012
DANS UN DE SES ENTRETIENS AVEC JEAN AMROUCHE de 1949, rediffusé sur France Culture dans *ma nuit rêvée*, André Gide raconte qu'un soir à Léningrad, lors de son voyage en URSS (1936), un officier vient le prévenir à son hôtel de ne pas prendre l'avion qui devait le lendemain le reconduire à Moscou.
C'est Gide qui avait fait part de son souhait de prendre un avion soviétique, d'autant qu'à l'aller il avait dû voyager dans un avion allemand pour se rendre à Moscou.
Dans mes souvenirs d'une première écoute de cet

entretien, Gide précisait s'il avait pris cet avion ou s'il était rentré en wagon spécial par le train.
Avec le temps j'avais en outre l'impression qu'il avait dit que l'avion s'était effectivement écrasé.
Or dans l'enregistrement diffusé ce 14/10/12 (soit le 25ème ou le 26ème entretien), il y a une coupure, Gide s'arrête après avoir relaté son trouble provoqué par l'insistance de cet officier qui ne lui avait parlé qu'après s'être assuré qu'il n'y avait pas de micros dans la chambre...
Je ne m'explique pas pourquoi il y a cette coupure dans l'enregistrement.

22 novembre 2012
UNE THÈSE RÉCENTE SUR L'ÉVOLUTION affirme que si un Athénien de 1000 ans avant J-C revenait à la vie, il serait plus intelligent que les humains d'aujourdhui.
Voici une info qui stupéfierait raide sur place l'Athénien en question : « Les négociateurs se retrouvent le 26 novembre à Doha au Qatar pour tenter de s'accorder sur des stratégies visant à limiter la hausse moyenne des températures sur Terre à +2°C d'ici à 2050 » (Presse).
Et encore, il ne pourrait pas du tout en parler avec nos ancêtres de la première moitié du siècle précédent (s'il en croisait), qui n'auraient pas pu imaginer non plus que les humains se mettraient dans la tête d'avoir une quelconque action sur le climat...
L'occasion (« de Doha ») était trop belle pour divers organismes de pouvoir surenchérir de prévisions les plus alarmantes possibles qui ont l'inconvénient de tout brouiller.
Si bien que même sans se sentir moins intelligent que l'Athénien revenu, on ne peut guère penser grand chose d'autre que la période est au réchauffement.
À part que si on pouvait se passer du charbon ce serait déjà une bonne chose, après, le pétrole, il faudrait bien aussi...

24 novembre 2012
TABLE est sans doute le mot le plus utilisé ces dernières années (en français, en anglais et sans doute dans plein d'autres langues) : se mettre autour d'une table, mettre tout sur la table...
Significatif d'une époque qui tente heureusement d'en passer par la négociation plutôt que par l'affrontement pour résoudre les conflits en tous genres, car il y en a !

1er décembre 2012
PAS DE VISITE VIRTUELLE de l'exposition Salvador Dali sur le site du Centre Pompidou, et ce contrairement à ce qui avait semblé être présentée comme une démarche de service public lors du lancement de sa plateforme numérique.
En effet, cela en serait du *service public* pour quiconque ne peut pas matériellement se rendre à l'exposition, ou ne supporte pas de faire des queues interminables. Ou encore n'a pas une envie folle de voir ou revoir les oeuvres de Dali, mais seulement d'y jeter un oeil !
Pourtant une vraie visite en ligne n'empêcherait pas des publics nombreux de se rendre sur place, ça en drainerait même peut-être davantage.

3 décembre 2012
PLAISIR D'ENTENDRE UN QUÉBECOIS SUR FRANCE CULTURE ce matin, Charles-Philippe David, qui s'exprime en français.
Il parle de « pouvoir souple » (soft power) ou de « pouvoir brutal » (hard power). Et surtout de « pouvoir intelligent » (le smart power, revendiqué par Obama). Et ça parait tout naturel !
D'autant que ça semble aussi donner plus de sens !

10 décembre 2012
LA CRÉATION DE POSTES dans l'éducation nationale, même plusieurs milliers, ne va guère transformer

l'éducation, à part résoudre quelques problèmes locaux et réconcilier un peu les enseignants et leur gouvernement.
Ça ne va pas résoudre la séparation croissante entre les enfants de plus en plus immergés dans le monde numérique et les professeurs toujours majoritairement accrochés au monde analogique.

13 décembre 2012
CE QU'IL Y A DANS LA TÊTE DES GENS est mystérieux. On ne sait jamais ce qu'ils y ont. Ni ce qu'il pourrait y avoir. Et on peut toujours s'essayer à en faire bouger les lignes, généralement, c'est impossible, ça ne change pas.

18 décembre 2012
UN AMI SCULPTEUR D'UN AMI PEINTRE habitant chez moi, avait entreposé dans sa pièce une sculpture de retour d'exposition, sous prétexte qu'il ne pouvait la transporter dans son atelier lointain.
Rapidement cette sculpture avait pris trop place, aussi bien l'ami peintre l'avait subrepticement descendu dans la cave de la maison où elle avait de nombreuses fois été déplacée, pour qu'elle prenne le moins de place, or elle en prenait toujours trop.
Chaque fois qu'on le lui demandait, le sculpteur affirmait qu'il viendrait la chercher mais n'en faisait rien. Et puis, à l'occasion d'un rangement, ce qu'il faut faire car les caves urbaines s'emplissent à mesure qu'on les vide, à l'occasion donc, la sculpture avait été repoussée dans le soubassement menant aux égouts. Un endroit humide dans lequel elle s'est affaissée comme par vieillissement.
Un jour, il y a peu, -l'ami peintre avait déménagé, une autre personne avait pris sa place avec d'autres objets-, une équipe de la ville de Paris est venue faire des travaux dans ce soubassement, avant d'évacuer tout ce qui s'y trouvait. La sculpture de l'artiste, ami de mon ami, est du coup repartie, aplatie, dans le camion des égoutiers.
Une carapace de carton sur structure métallique, peinte

en rouge, portant les mots d'un poème de Desnos. Partis eux aussi.

19 décembre 2012
« IL FAUT ARRÊTER ! » est une expression qui ponctue les conversations de bars et les soliloques de discussions « autour d'un verre ». C'est étrange qu'elle soit couramment utilisée par quelqu'un comme Daniel Cohn-Bendit (il n'est pas le seul) si habitué des think-tanks autant que des discours publics.
C'est une injonction, voire une intimation à cesser de dire ceci, à ne plus penser ou faire cela.
C'est aussi une expression autonome qui tient toute sa force, accompagnée de mimiques adéquates, dans une envolée concluante : « Il faut arrêter » !
De préférence, grassement répétée : « Non, il faut arrêter, arrêter ! »

23 décembre 2012
STUPÉFIANTE, CETTE CONVICTION de beaucoup de scientifiques que, si l'on ne « sait » pas encore, on est sur le point de savoir, de connaitre, de comprendre tout.
On ne sait pas encore s'il y a de la vie ailleurs dans les cieux, on ne sait pas encore quelle est l'évolution probable de l'univers, on ne sait pas du tout ce que veut dire cette planète récemment découverte qui n'aurait pas de soleil etc.
On le saura prochainement, bientôt, on n'est pas loin d'avoir tous les outils pour savoir. Comme en témoigne ce sous-titre du journal *Le Monde* affirmant que « la découverte de cette particule élémentaire, le *boson de Higgs*, permet de percer les derniers secrets de la matière. Et livre peut-être la clé de la compréhension de l'univers ». Génial !

29 décembre 2012
UNE CHEFFE DE PETIT PARTI ÉCOLOGISTE interviewée par une télé depuis sa résidence de campagne, regarde le ciel, elle dit : « Voyez, nous sommes dans le Gard (France), il fait 14˚ à 10h du matin ! » Et elle embraye sur le réchauffement climatique.
Loin de moi de contester ce réchauffement, encore qu'il faudrait mieux parler de changement climatique. Ainsi *Météo France* indique que dans ce même Gard, à Nîmes, il faisait + 21˚ le 18 décembre 1987 et aussi (moins) -9˚ le 27 décembre 1962.
Aujourd'hui il fait 43˚ à Rio de Janeiro, température la plus élevée jamais connue, en réalité pas depuis 1915. Par ailleurs, il a neigé de plus de 40 cm hier à Montréal, presque autant qu'en 1971, tel dernier ouragan n'avait jamais été aussi violent depuis 1993...
Les ringards disent parfois que le monde marche sur la tête, il arrive souvent en tout cas que les médias regardent les choses à l'envers. Par exemple, ce matin, on entend ceci : « En Inde, les violences faites au femmes explosent ».
En vérité, ce sont les manifestations contre ces violences qui explosent. Et surtout les dénonciations des viols qui jusqu'alors ne l'étaient pas, dénoncés. Et aussi les dénonciations du fait que la police refuse de prendre les plaintes des victimes de viols, ce qui était la règle depuis toujours. Tout comme ici, il y quelques décennies, en France, à l'époque où il n'y avait pas de policières femmes.

1er janvier 2013
31/12/12, 23H31, PLACE SAINT-GERMAIN-DES-PRÉS, un couple m'aborde, la femme sourit, l'homme demande : « Excusez-moi, vous êtes d'ici ? On m'a dit de venir dans ce quartier, qu'il y avait une ambiance sympa, et y a rien, personne / Oui, mais il pleut... enfin, c'est très curieux oui, depuis une demi-heure je me promène dans les rues, elles sont vides en effet, il n'y a personne, les gens sont dans des fêtes intérieures... / C'est la vérité ce que vous dites, ou vous faites de la poésie ? / Les deux ! » (rires)

9 janvier 2013
« 2012 N'AURA PAS ÉTÉ UNE ANNÉE NÉGATIVE pour l'industrie du livre », déclare le président du Syndicat national de l'Édition, à peu près comme le président précédent l'avait fait l'année passée selon *Actualitte.com*.
Si l'on sait lire à travers les lignes, ce n'est pas une mauvaise nouvelle !
Coté vraie bonne nouvelle, un groupement de libraires parisiens annoncent s'organiser pas tous moyens pour satisfaire les commandes de livres (et leurs clients) si possible dans l'après-midi, au pire le lendemain. Autrement dit, faire mieux que les librairies du net !

13 janvier 2013
« L'ÉPOQUE ÉTAIT TRISTE (en 1984), moins qu'aujourdhui »...
Je découvre cette phrase de Michel Butel, écrite en 2012 lui qui, comme il le dit, a « inventé un journal en créant

L'*Autre Journal* » et puis l'an dernier *L'Impossible*.
Je me méfie de ce genre d'affirmations, j'aurais plutôt tendance à penser le contraire, que les années 1980 étaient plus tristes que maintenant. Par exemple, avec le soutien du Président Mitterrand, venaient d'êtres installées en Allemagne de l'Ouest des fusées Pershing dirigées vers l'URSS, puisque c'était encore la guerre froide. On pourrait ajouter qu'il n'y avait pas le *PACS*. Et surtout ni téléphone portable, ni internet personnel !
J'avancerai seulement une impression confortée à force d'observation ici ou là, dans la rue, les cafés, celle de croire que la génération Y est beaucoup plus joyeuse que les précédentes.

15 janvier 2013
LA DERNIÈRE AMIE QUE J'AVAIS EUE l'an dernier ne supportait pas de répondre au téléphone.
Pour la joindre, je laissais un message sur son répondeur, puisqu'elle ne répondait jamais en direct. Elle rappelait le soir, en général, me disant qu'elle préférait m'appeler sur un fixe. Fallait-il que je reste sédentaire, je lui demandais ?
Sinon j'aurais pu lui envoyer des textos, non, cela ne lui convenait pas. Elle préférait que je lui écrive des mails. Pour moi cela n'y changeait rien, je lui envoyais de toute façon depuis mon téléphone.
Afin de se voir au café, j'envoyais un premier courriel auquel elle répondait en donnant son accord, ensuite on discutaillait un peu sur l'heure et le lieu, des mails toujours très brefs, au bout de 5 ou 6, on tombait d'accord, on se retrouvait deux heures après.
De toute façon, c'était une communication plus facile que ça l'était pour mes ancêtres qui vivaient au début du 20e siècle.
Restait que cette amie ne voulait pas entendre parler des réseaux sociaux. T'as raison, je lui concédais, c'est parfois n'importe quoi, mais ce n'est pas pire que les conversations de cafés, ce serait plutôt de meilleur

niveau.

16 janvier 2013
TARANTINO EN BAGARRE avec un journaliste de la *BBC, channel 4* qui lui demande pourquoi la violence est une part prépondérante de ses films et manifestement un élément de plaisir pour beaucoup de ses spectateurs ? Et aussi pourquoi cela semble admis d'aller au cinéma et d'apprécier la violence qui y est montrée ? Et encore, s'il est si sûr qu'il n'y a pas de lien entre prendre du plaisir à la violence dans ses films et pareillement à la violence de la vie réelle ?
Le cinéaste insulte le journaliste, il dit qu'il est là pour vendre son film et pas pour parler de la violence. Il ajoute qu'il a déjà répondu à cette question et que si l'on veut en savoir plus, on peut le « googler ». « They can google me ! » (*The Independent* 10/1/2013)

19 janvier 2013
RAPPELER AUX AMNÉSIQUES écrivains qui ne savent plus répondre à la question de savoir à quoi sert la littérature, qu'elle invente le monde. La littérature sert à inventer le monde.
Bon, je sais que pour beaucoup elle sert à amuser les gens. Ou même à les conforter dans ce qu'ils croient et savent déjà.
Néanmoins, la littérature invente le monde, constamment. De façon le plus souvent souterraine, rarement à grands coups de pubs sur les médias ou d'analyses pédagogiques dans les livres scolaires.

24 janvier 2013
UNE PENSÉE À NOUVEAU POUR MICHEL SERVET, en passant près du square parisien où se trouve une statue, qui lui est une sorte d'avatar. Refaite et blanchie il y a quelques années, elle est de nouveau couverte de

mousses au point de rendre difficilement lisible l'inscription « brûlé vif » datant sa mort de 1553.
Et pourquoi donc cet homme, découvreur de la circulation sanguine, fut-il brûlé vif ? Chaque fois je l'oublie tant la qualification d'hérétique me parait futile, si ce n'est incompréhensible !

25 janvier 2013
J'AIME LA LIBERTÉ dans laquelle j'écris en ce moment. Celle que j'ai quand j'oublie ce que recherchent et veulent les éditeurs. Lorsque je peux écrire sans la moindre pression de devoir faire ceci ou cela, ou correspondre à, m'aligner sur. Et sans avoir à ânonner les bons clichés...
Sans avoir non plus à me censurer, ce qui est très difficile, car on peut facilement s'autocensurer.
C'est un bonheur d'écrire avec ce sentiment là, d'être libre. Positivement, de pouvoir développer ce que j'aperçois de l'écriture. De pousser le courant de l'élan, de laisser la voile se lever, et d'aller y voir vers où, jusqu'où.
Et plus encore d'avancer dans la prospection de ces territoires sur lesquels je tente de m'aventurer depuis que j'ai commencé d'écrire.
Bien sûr on n'est jamais complètement libre, pas même de ses démons !
Encore que ça aussi on parvient à s'en libérer. Un peu, toujours, peu à peu, chaque fois.

27 janvier 2013
IL PLEUT SUR PARIS. Il y fait moins froid que les jours derniers (6˚ à 12h) mais il pleut. Et il va sans doute pleuvoir, même si la météo annonce des éclaircies en seconde partie d'après-midi. Ce temps maussade risque de ne pas faciliter une participation massive à la manifestation prévue à 14h pour soutenir le mariage pour tous. Encore qu'on peut penser que la pluie ne va pas arrêter les participants de participer.
Juste le risque est accru qu'il y ait moins de monde qu'à la manifestation précédente de dimanche qui y était

hostile.
De toute façon, le mariage pour tous a été voté par les Français dès lors qu'ils ont élu Hollande *président* !
(Finalement il n'a pas plu avant 18h, il faisait 10˚ à 16h et la manif aurait rassemblé 130 000 personnes).

1er février 2013
LA HONTE (2) : réédition d'un livre d'un nommé Patrick Rambaud, certainement habile imitateur au point d'être capable de traiter des centaines de pages censées parodier l'écriture de Marguerite Duras. Sauf que sa parodie m'apparait être d'une vulgarité absolue, faisant preuve selon moi d'une mécompréhension totale des écrits de Duras et montrant surtout, à mon avis, une absence de parenté avec la littérature en général.
C'est curieusement possible de ne pas accéder à ce qu'est la littérature, de ne jamais y parvenir. Mais de connaitre seulement ce qui s'appelait à une époque la littérature de gare, parce qu'elle se vendait dans les kiosques des gares, prétendument facile à lire, en réalité le bas de gamme.
Néanmoins, cet homme est membre de l'académie Goncourt, société littéraire de nom, qui a bien été obligée d'offrir à Duras son prix pour *L'Amant* !

8 février 2013
JE NE VOUDRAIS PAS JOUER LES CAFTEURS, mais l'autre soir vers les 21h, carrefour Bavin à Lutèce ville, les feux de circulation ne fonctionnaient pas. Du coup les voitures jouaient avec les bus pour franchir le carrefour tandis que les passants essayaient de les éviter pour le traverser.
À la bonne heure, un homme de service équipé de vêtements fluos est arrivé pour apposer un panneau provisoire, muni de lumières clignotantes, signalant que les feux étaient hors d'état. Hélas, à peine l'homme reparti, les lumières clignotantes du panneau provisoire, censées attirer l'attention des conducteurs pressés, ont cessé d'émettre le moindre signal. Il fallait accepter le fait

que la zone était en extinction momentanée.
Pourquoi, en parallèle, l'horloge du croisement indiquait-elle une heure capricieuse ? Un garçon de café révélait en habitué de la chose qu'il fallait compter deux heures de moins pour l'avoir à l'heure...

12 février 2013
J'AI HIBERNÉ QUELQUES JOURS, suite à une contrariété... Une contrariété ? Tu sais, il y en a dans la carrière d'un écrivain qui ne fait pas carrière... Pas carrière ? C'est ce que j'avais écrit dans mon premier roman : « pas de métier, pas de carrière, que de la vie »...

19 février 2013
IL EST COURANT D'ENTENDRE déclinée l'idée selon quoi la société démocratique, sous ses allures « libérales », ne serait qu'une vaste entreprise de calibrage généralisé des faits et gestes de ses citoyens. Jusqu'à sa traduction dans l'expression populaire : « maintenant on ne peut plus rien faire » !
Sans doute à l'image du code de la route dont les règles se sont beaucoup durcies au long des années, avec cependant comme résultat en 2012 une mortalité routière plus faible qu'en 1948, première année de statistique des morts sur la route.
Courant aussi de décrire les médias comme des instruments de propagande, alors qu'ils sont souvent en réalité un peu bêtes et suivistes, répercutant en général des dépêches d'agences, le plus souvent rédigées par des journalistes honnêtes.
Pour retrouver le nord, il faut selon moi considérer le mouvement de protestation d'étudiantes à Gaza ces jours-ci, à qui on veut imposer l'obligation du port du vêtement islamique à l'université pourtant publique...

21 février 2013
DANS LA SÉRIE : « ON NE PEUT PLUS RIEN FAIRE MAINTENANT », la ville de Paris, qui met en place des

éteignoirs à cigarettes dans les rues, rend désormais passible d'une amende de 35€ le fait de jeter des mégots de cigarette sur la voie publique. C'est un geste courant, une dernière aspiration de fumée et puis, hop ! s'en suit le jet nerveux du mégot fumant qui atterrit plus ou moins aléatoirement au sol.
En fin de 20e siècle, on pouvait encore voir dans les vieux wagons des panneaux interdisant de cracher sous peine d'amende...

22 février 2013
ON EST PARTI POUR le « low cost » qui pourrait se dire « bas prix » ou « bon marché » avec un nouveau *Train à grande vitesse* qui se nommera « Ouigo » et qui aurait pu s'appeler « Onyva ».
Que fait donc l'Académie française face à l'envahissement des anglicismes ? Que fait-elle à part diffuser des chroniques régulières à la limite du ridicule, sur les « emplois fautifs », présentées en deux colonnes : Dire/Ne pas dire.
À la limite du ridicule, ou alors ce sont des humoristes ces gens-là qui ont envie de nous faire rire.
Voyons en exemple cet homme qui dit « le poste » pour parler de la radio, propose d'utiliser « tourner casaque » au lieu de revirement.
Et plus précisément décrète : « Si l'on veut faire allusion à un changement d'orientation sexuelle, on dira pudiquement mais clairement qu'il (ou elle) a viré sa cuti ou, pour un homme, qu'il est passé du côté de la jaquette flottante ».
Un homme d'un autre temp ou un passéiste ?

24 février 2013
LE NIVEAU DES ÉLÈVES en France baisse. « Avant, tout le monde le disait mais c'était faux, cette fois c'est vrai », écrit l'historien de l'éducation Antoine Prost dans *Le Monde* du 20/2/13.
« Le recul n'épargne que les enfants des cadres

supérieurs et des professions intellectuelles, dont les enseignants ». Ce qui n'est guère étonnant pour ces derniers, puisque les profs peuvent leur transmettre exactement ce qu'ils demandent aux élèves.
Les enquêtes apportant la preuve de cette baisse du niveau datent de plus de cinq ans, elle n'a donc rien à voir avec l'instauration à l'école primaire de la semaine de 4 jours en 2008. On serait d'ailleurs curieux de savoir quel impact elle a eu, pas nécessairement négatif, contrairement à ce que dit cet homme (« Qui peut soutenir qu'elle ait amélioré les choses ? »).
Rien d'étonnant non plus que les enfants des classes favorisées ne perdent pas le niveau, considérant que ces classes-là protègent leurs enfants de la culture dominante contemporaine : télévision, jeux vidéos, écrans en tout genre, qui est rejetée à/par l'école...

26 février 2013
L'ÉCRIVAIN AMÉRICAIN, Philip Roth, ne veut plus écrire de fiction, il en a bien le droit. Il se plaint qu'écrire est une vie continuelle d'astreintes. Certainement vrai, l'étonnant est qu'il ne parle pas du plaisir durant l'écriture, seulement éprouvé le temps d'une semaine et demie après avoir terminé un livre, avoue-t-il.
D'ailleurs ce n'est pas du plaisir, car la dureté de l'écriture l'occulte. Écrire occupe l'écrivain pendant des mois, dans toute sa personne, l'exaltant à traverser plaines et montagnes en chevalier obscur et solitaire, parfois au péril du découragement et/ou d'une maladie professionnelle, comme la très grande gueule de bois.
Le plus étonnant étant que Roth ne fasse pas état de la liberté que l'écriture donne. La liberté mentale. La liberté d'être. Ni de l'intelligence du monde, selon moi, qui se découvre à mesure de l'écrit.

28 février 2013
FAUT-IL PARLER DE TOUT, écrire sur tout, donner un avis sur tout ce dont il est question?

Non, il y a des choses de l'actualité dont je ne veux pas parler, dont je ne lis plus le feuilleton. Sur lesquelles je ne me prononce ni ne veux le faire. Il y a même de plus en plus d'informations qui me lassent de par leur nullité. Donc je ne les lis plus et n'en parle pas.
Sauf qu'elles existent néanmoins !
Oui, elles occupent me semble-t-il grandement ce qu'on appelle l'actualité, mais il y en a tant d'autres dont on ne parle pas ou peu.
Les médias font leur choix, l'écrivain peut aussi faire le sien.

-/-

1er mars 2013
IL Y A ENCORE UNE DIZAINE D'ANNÉES on estimait que le cerveau possédait plusieurs millions de neurones. Désormais on fait état de 85 milliards de cellules nerveuses, connectées entre elles par 1000 à 10 000 synapses chacune. Est-ce que cela fait du cerveau humain un des objets les plus complexes connus dans l'Univers que l'on connait si mal ?
Rien n'est moins sûr, puisqu'on est dans l'ignorance des connaissances qui seront celles des humains dans un siècle par exemple.
On voit en tout cas combien il était réducteur de croire à une époque lointaine que le coeur était le centre de la vie humaine !

5 mars 2013
QU'EST-CE QUE C'EST L'IMAGINAIRE ?... Dis-moi, pour un devoir de français...

Ce qui n'est pas du réel, en tout cas pas du réel des clichés. Ou alors ce sont des mots inventés ?
Un assemblage de syllabes pour exprimer le mot qu'on ne trouve pas ou bien qui n'existe pas !
Quelques mots idéaux ? Tu peux toujours te raccrocher à la beauté, le merveilleux, la surprise... La courbure toujours de l'horizon... La limite fractale de toute fusion...
Un jour, tu m'as demandé si je croyais que l'Univers était un ami ? Je ne t'avais pas répondu. Sans doute la question m'avait paru trop « bateau ». Mais je devais aussi penser que non, sans oser l'écrire. A l'instant je penche encore pour le non. L'univers n'est pas un ami. Pas un ennemi non plus. Il est indifférent à l'humain... Je n'arrive pas à en dire plus.
Je viens juste de regarder le film de Ernst Ingmar Bergman, *Vers la joie* (un des premiers). Je suis encore dedans. Maintenant, je vais sortir au soleil.

8 mars 2013
QUEL DOMMAGE ! LES SOLDATES *FEMEN* ont comme règle de ne pas rire durant leurs interventions publiques seinnus (topless en français). C'est pour elle une garantie de réussite, le rire apportant une connotation de manque de sérieux.
J'avoue regretter au moins le sourire, parce que celui-ci peut être déstabilisateur par la force qu'il dégage.
Certes, il risquerait de déclencher comme le rire une rage supplémentaire et par suite une montée de violence chez les sbires des régimes dictatoriaux ou chez les activistes intolérants qu'on peut imaginer (poliment) se dire : « Et en plus elles se marrent, elles se foutent de nous ! ».
Un sourire, outre qu'il ne ferme pas l'échange, au mieux l'entrouvre, démontrerait surtout que si elles font ces actions spectaculaires, en se dénudant du haut, c'est à cause d'une situation objective. Par exemple, leur action à *la Cathédrale de Paris* (ou se trouvaient fort opportunément exposées les nouvelles cloches), visait justement à sonner les cloches d'une institution où les

femmes sont par statut au second plan.
Autre exemple, quand elles interviendront dans les pays arabes, bientôt en Tunisie parait-il, en raison de la recrudescence de la pression exercée sur les femmes, un sourire contenu serait une bonne réponse aux mines patibulaires des salafistes et autres extrémistes de la religion.

20 mars 2013
LE PREMIER TRAITÉ INTERNATIONAL sur le commerce des armes conventionnelles (*TCA*) sera-t-il adopté à l'ONU cette semaine par les 193 pays membres en train de négocier ferme ? Ce serait une grande victoire sur l'adversité, puisqu'il s'agit de limiter ce commerce de façon significative. Ce serait un grand pas de civilisation aussi.
Le paradoxe dans cette affaire est que si ce traité est soutenu par les opinions publiques occidentales, les pays occidentaux sont justement les plus grands vendeurs d'armes, avec la Chine désormais.
Donc ce sont les pays qui possèdent les plus fortes industries d'armement et en conséquence qui ont le plus grand nombre d'emplois à défendre !

23 mars 2013
IL FALLAIT S'Y ATTENDRE, des concepteurs ont matérialisé le dispositif ad hoc pour les signatures de livres, en place désormais au Salon du livre de Paris, à l'avant des stands de certaines grandes maisons d'édition.
L'un d'eux, en particulier, est constitué d'une table longitudinale, plutôt étroite, devant lesquelles sont fixées une série de chaises, un peu à la manière de ces tables de restaurants rapides en Asie, faites pour accueillir un maximum de personnes. Ici, des auteurs qui sont donc serrés de près les uns des autres, et qui pourraient alors tout aussi bien manger que signer.

Du coté des lecteurs, qu'on imagine avides, se trouve un renforcement en métal légèrement surélevé, non pour y déposer au fur et à mesure bols et plats de quoi nourrir les gens ci-devant assis, mais pour poser le livre à signer et peut-être y reposer mains ou bras en attente.
Ça s'appelle la table à signer, comme on dit table à langer !

24 mars 2013
LA SONDE VOYAGER I, lancée en 1977, a-t-elle déjà ou est-elle sur le point de sortir du système solaire ? Certains chercheurs le croient, la NASA le prédit dans quelques mois ou quelques années, avançant que la frontière n'est pas fixe et serait plutôt une zone incertaine aux dimensions gigantesques !
Seule certitude pour moi, la sortie de notre système solaire apporterait la preuve qu'il y a bien un « dehors » à notre monde...

26 mars 2013
LE BOUT DU TUNNEL est une expression qui revient chaque fois pour décrire l'évolution de l'enlisement économique qui est, en l'occurrence, comparé à un tunnel dans lequel on serait plongé. Avec comme variantes : « on commence à voir le bout du tunnel » ou « on ne voit toujours pas le bout du tunnel ».
Utilisée lors des différentes périodes de crises du 20e siècle, elle l'était en particulier, rabâchée, par les hommes politiques des années 1990 quand sévissaient chômage (+ 10%) et récession. Ou dans les années 1980/82 avec un taux d'inflation à plus de 13% (id en 1974).
Aujourd'hui, sans doute à cause du poids de la dette, et aussi de la conviction profonde de la crise, on aurait tendance à dire qu'on est loin d'être au bout du tunnel !

28 mars 2013
C'EST UN JOUR DE NEIGE, Yv-No est venu me visiter par surprise. Tandis que nous nous promenons dans un

paysage de rues ordinaires, pour une fois différent, car blanchi à la neige, je lui parle de Diderot qui tentait toujours de glisser dans son *Encyclopédie* des corrections à la doxa officielle, en fait opérait des transgressions.
Je lui dis que j'insère à sa manière dans mes textes des petites phrases qui généralement ne se disent pas. En somme des « corrections » aux clichés et autres croyances.
Et aussi que je m'amuse à injecter de petites rectifications d'anomalie de la langue et de sa graphie : « Par exemple, j'écris corp et temp sans s au singulier » (puisqu'on dit corporel, temporel, corporation, temporiser etc). Ce qui donne : Le temp, les temps, le corp, les corps...
Yv-No parait convaincu de ne plus mettre ce « s », mais il entrevoit vite une difficulté pour « de temps à autre » qui sans le « s » serait privé de sa liaison.
Il avait dit qu'il était pressé d'écrire le mot corp sans s au singulier. Cela avait dû lui paraitre également difficile, je n'en vois pas de *corp* dans son blogue. Ou alors il ne se sert pas du mot en ce moment, ce qui m'étonnerait...

4 avril 2013
« UNE AFFAIRE PROFONDÉMENT TRISTE pour la démocratie », il ne faut pas exagérer ! Qu'un politique ait menti jouant les pompiers pyromanes est sans doute détestable. Qu'il se révèle un corrompu forcené tant il a été loin dans le mensonge est assez stupéfiant. Mais les hommes politiques sont probablement à l'image des Français, pas plus corrompus que la moyenne. Et sans doute pas plus menteur non plus, la moyenne prenant en compte nécessairement les extrêmes.
A ce titre, le slogan « tous pourris », s'il n'est pas nouveau, est toujours aussi imbécile, puisque celui qui l'utilise s'inclut dedans par définition.
Ce qui grandit la démocratie, c'est que cet homme soit poursuivi par une justice indépendante, ce qui est rare, comme d'ailleurs l'a noté le journal *Mediapart* à l'origine des accusations contre le dit ex-ministre.

6 avril 2013
ALBERT EINSTEIN mis en cause par les ultra-conservateurs américains, rien d'étonnant. D'ailleurs il faut s'attendre à tout avec les fondamentalistes et autres intégristes de toutes croyances, sans qu'ils puissent nous surprendre pour autant.
Je pense souvent avec bonheur à Einstein. Par exemple quand je me remémore ma lecture enthousiaste de son petit précis intitulé *La Relativité*.
Je pense aussi à lui qui détestait les chaussettes, me disant que dès le printemp arrivé, je reprendrai mon rituel consistant à ne pas en porter de tout l'été.

12 avril 2013
SAUF ERREUR DES ARPENTEURS, l'astéroïde qui, le même jour que celui de l'explosion au-dessus de la Russie d'un autre astéroïde de 10 000 tonnes, est passé donc le 15 février 2013 à tout juste 27 800 km de la Terre.
Il était donc plus proche de nous que les satellites de télévision et de communication envoyés par les agences spatiales en orbite haute, soit à 30 000 km !
Cela me laisse silencieux...
A propos de silence, on se plaint qu'il n'y en a plus sur Terre, en particulier dans les villes. Or voici qu'un dispositif sonore a été ajouté à un véhicule électrique désormais en vente par la firme Renault. Sans doute dans une bonne intention, puisque, à la manière du fameux klaxon, il s'agit d'alerter les piétons de l'arrivée d'un engin automobile. Il est possible de le désactiver mais il se réactive au démarrage.
A croire que les humains ne sont pas faits pour le silence. Tout de même, il faudrait mieux s'habituer au voiture silencieuse.

17 avril 2013
UNE MÉSANGE CHERCHE À GRIMPER LE LONG D'UN MIROIR, inhabituellement posé, comme elle s'en est bien

rendu compte, contre un mur de jardin. Elle ne cesse de monter descendre. Elle cherche quoi ? À entrer dans le miroir, le traverser, passer de l'autre côté ? Ou comme Narcisse, elle joue simplement de cette figure non identifiée qui se meut en même temps qu'elle, à l'identique.
La mésange s'attaque au miroir méthodiquement, au son du cliquetis de ses griffes qui ne peuvent s'accrocher sur la surface lisse. De temps à autre, elle s'envole se percher sur une branche de l'arbuste voisin dont elle redescend peu après. Si ce n'est une autre.
Car elle n'est pas seule, elles sont deux, c'est un couple. La question étant alors de savoir si l'une ou l'un seulement s'attaque au miroir, ou bien si elles se relaient dans l'action ?
Petit oiseau de plusieurs millions d'années, dans le miroir millénaire, avec mon regard d'humain presque autant millionnaires d'années. Cependant doté d'une connection numérique me permettant dans l'instant de vérifier qu'il s'agissait bien d'une mésange bleue et jaune, famille des *paridés*.

22 avril 2013
EMMANUEL TODD, DÉMOGRAPHE, ANTHROPOLOGUE, et un peu gourou de la classe politique, vient d'écrire un bouquin (comme il dit) dont le contenu scientifique fait découvrir une France qui n'est généralement pas décrite ainsi, celle d'une population de haut niveau d'éducation, avec un taux de suicide faible, une occurrence d'homicide en diminution...
En revanche, sur les télés, cet homme parle comme un consommateur au comptoir de bar : « Je vais vous dire la réalité de ce qui se passe ». Il met alors en cause l'euro à l'origine selon lui du déficit commercial -que la France a connu aussi sous le franc, explique la dette par le fait que des riches ont eu le tort de prêter à l'État etc.
Il est l'illustration d'un type d'humain moderne à forte capacité d'analyse et de raisonnement logiques, qu'une

démarche d'affectivité conduit par ailleurs à démontrer ce qu'il veut démontrer.

-/-

3 mai 2013
DES PERSONNELS DE PÔLE EMPLOI Paris ont dénoncé récemment l'envoi de lettres écrites en un langage administratif incompréhensible ayant eu pour résultat que des gens demandaient un rendez-vous pour comprendre ce qu'il leur avait été envoyé.
Voici un autre exemple de lettre, émanant d'un établissement scolaire, dans laquelle ne figure pas le mot cantine ou restaurant scolaire alors qu'il s'agit d'une invitation à en payer les frais :
Date d'émission, le... Avis aux familles, trimestre scolaire 3... Le présent titre est exécutoire en application de l'article L252A du livre des procédures fiscales pris, émis et rendu exécutoire conformément aux dispositions des articles R XXX... Votre relevé de comptes... La somme est à verser avant le (sans date)... Information des débiteurs : pour tout renseignement s'adresser au service gestionnaire ou à l'agent comptable... Le recouvrement des titres exécutoires est poursuivi jusqu'à opposition devant la juridiction compétente... Toute contestation sur le bien fondé d'une créance de nature administrative doit être portée, dans le délai de deux mois suivant sa notification, devant la juridiction compétente.... Talon à joindre...

8 mai 2013
ILLÉGITIME LA DETTE, celle de la France, accumulée depuis les années 1975 ? Et fortement accrue à la suite de

la crise de 2008 ?
Ce qu'il faudrait, c'est qu'elle cesse de continuer de s'accroitre, par suite elle pourrait se rembourser plus ou moins sur de longues années, par exemple en ré-empruntant à des taux faibles comme maintenant.
Mais alors on va laisser payer cette dette par nos enfants ?
« Léguer de la dette à nos enfants » est la phrase fétiche qui fait mouche.
Nos enfants continueront néanmoins à profiter des universités, musées, piscines, lycées et autres trains à grande vitesse, construits par de la dette. En outre ils auront pu vivre dans leurs familles, plus ou moins soutenues depuis 2008 par l'État pour qu'elles ne tombent pas dans la misère complète.
Ce qu'il faudrait c'est que la dette n'augmente plus. Or les dépenses de l'État français augmentent mécaniquement chaque année de 6 à 7 milliards d'euros.

9 /10 mai 2013
TOUTES CES CHOSES MERVEILLEUSES appréhendées, ressenties, aperçues, presque pensées, que je ne sais pas encore nommer.
Quoi ? Des pistes, des idées, des compréhensions, des intuitions, des explicitations, des accumulations d'items, des combinaisons en cours...

12 mai 2013
«AUX PHILIPPINES, DES CHERCHEURS de l'Institut de recherche international sur le riz ont réussi à en croiser une variété avec une autre, sauvage, capable de résister au sel. De nombreuses terres actuellement stériles pourraient alors devenir cultivables. »
Cette information captée sur la radio *RFI* me fait aussitôt penser à Duras et à son *Barrage contre le Pacifique*. Et à la mère de Duras qui aurait pu récolter sa plantation si elle avait pu cultiver cette variété de riz (même pas transgénique) et ainsi ne pas connaître la misère d'argent.

Et du coup, pour aller vite, la petite Marguerite n'aurait pas fréquenté l'amant chinois, devenu le personnage de *L'Amant*.
Alors, qu'en aurait-il été de la vie de cette grande dame de la littérature ?
Il est bien connu que si on peut toujours tenter de refaire le monde, il ne faut jamais se retourner vers le passé avec des sis (sic).

15 mai 2013
DEUX SALLES D'EXPOSITION situées de part et d'autre d'un patio ouvert où se tient une réception, tel est le décor du vernissage des travaux du peintre.
Ses toiles représentent des personnages qui pourraient être ceux qui participent à la réception. Et pour certains, c'est vrai. Oui, différents personnages présents à ce vernissage sont également présents sur les toiles exposées de part et d'autre de la réception.
D'ailleurs, ils sont assez identiques de part et d'autre, parfois représentés sur les toiles avec beaucoup de cruauté, parfois on ne saurait dire duquel côté la cruauté est la plus forte.
Ceux des toiles sont fixes, tandis que ceux de la réception, ayant complimenté l'artiste après une visite assez rapide de l'exposition, ont repris leurs habitudes de participants à une réception qui en ont oublié la raison, savoir l'exposition.
Pourtant un œil extérieur leur rappellerait que c'est impossible tant leur double agit en lieu et place d'eux-mêmes.

17 mai 2013
PARMI LES PERSONNES JUGÉES les lendemains de manifestations violentes, se trouvent souvent beaucoup de paumés ayant eu le tort principal de se trouver là. Et qui n'étaient pas les casseurs recherchés.
Néanmoins, ils sont accusés par les forces de l'ordre d'actions précises qu'ils nient en général.

Il faudrait en venir à ce que tous les policiers soient équipés d'une caméra enregistreuse sur leur casque, de sorte qu'il « suffirait » de visualiser les images pour savoir si effectivement tel accusé a détruit un abribus ou lancé des bouteilles incendiaires sur la police. Et, par extension, s'il s'est fait traiter de petite pute par les agents au moment de son arrestation.
A l'ère de la transparence, comme disent les éditorialistes, on devrait appliquer complètement la transparence !

18 mai 2013
APRÈS L'E-ETAT, l'Estonie va créer l'e-citoyen. Par la généralisation d'une carte d'identité numérique utilisée comme pièce d'identité et/ou pour donner une signature numérique.
Plus des trois quarts de sa population utilisent internet. Il y a une e-police, une e-santé, des ordonnances numériques, des e-magasins, un e-paiement, un e-registre du commerce... Au moins un quart d'entre eux ont pratiqué le e-vote aux dernières élections de 2012, et ce depuis leur ordinateur ou leur téléphone mobile !

20 mai 2013
UN PRINTEMPS POURRI, un mois de mai gris et pluvieux. Selon *Meteo-Paris*, il faut remonter à mai 1983 pour trouver une météo comparable, la dernière semaine de ce mai-là avait été quasi hivernale, il est vrai suivie d'une vague de chaleur début juin.
Météo France dit pour sa part que c'est l'un des printemps les plus gris de ces dernières vingt-cinq années... Il n'avait pas plu autant hier à Paris depuis le 15 aout 1910.
Pour Mulhouse, en grisaille, et pour Nice, en pluie, il n'y a pas de référence comparable depuis que les mesures existent.
Préciser quand même que ce temps froid et pluvieux concerne l'Europe occidentale et pas le reste du monde.

Par exemple il fait chaud en Europe du nord et de l'est, en Ukraine, en Russie...

23 mai 2013
ELLE DIT « TYPIQUEMENT », et hop ! la phrase est partie.
Voici comment un mot prend une valeur de sens supérieur à son sens ordinaire.
Dans ce « typiquement », il y a une force de conviction, une jouissance de lien entre deux affirmations, un effet d'annonce de ce qui va venir. C'est un agent de liaison à forte connotation. Un mode d'introduction à une proposition qui va se développer...
« Typiquement », reprend-elle, avant de poursuivre le raisonnement.

1er juin 2013
UNE PLAINTE RÉSUMÉE par un « On a plus le droit de rien » se répand telle une conviction profonde dans les raisonnements simplistes et les décors populistes.
Elle tourne essentiellement autour de « on peut plus fumer, on peut plus boire comme on veut (et comme avant) ».
Il est possible de voir les choses autrement, par exemple que l'interdiction de fumer dans les lieux publics correspond à un nouveau droit, celui de ne pas être enfumé partout, ni d'être obligatoirement des fumeurs passifs.
Tandis que ne plus boire avant de conduire crée un droit vital de ne pas être tué par des conducteurs alcooliques.
D'autre mises en cause d'obligations nouvelles, comme le port du casque, celui de la ceinture de sécurité ou les limitations de vitesse doivent être rapprochées de la diminution du nombre de morts sur les routes : 17000 morts annuels en 1973 contre moins de 4000 en 2012.
A noter le « moins » de 4000 qui reste un chiffre ahurissant. Et se rappeler aussi que jusqu'en 1973, la place du passager avant était appelée *la place du mort* !
Par ailleurs, c'est vrai qu'il est désormais interdit de

violer, de harceler, d'esclavagiser etc.
En revanche on a le droit de ne pas être violé(e), de ne pas être harcelé(e) et normalement de ne pas être tué(e) sur les routes par un ivrogne ou un conducteur roulant à tombeau ouvert.
Je n'arrive pas à partager ces critiques de bar contre des comportements plus intelligents de la société présente. Ma critique de fond sur l'époque contemporaine s'applique au contraire quand elle n'est pas assez intelligente.

3 juin 2013
« INTERDICTIONS » (suite), avec un autre son de cloche. A Istanbul, les manifestants se plaignent de ce qu'« il faut pas boire, il faut pas fumer ».
Cette double interdiction (pas seulement dans les lieux publics ni pour la conduite auto) est édictée par le régime islamiste en place.
Est-il d'ailleurs islamiste ou bien islamique, ce régime ?
En tout cas il veut imposer à la population des règles de vie qu'ici à l'Ouest (comme ils disent) relèvent de la vie privée tant qu'elles ne mettent pas en cause les droits et libertés des autres.

5 juin 2013
EN TURQUIE, DES MUSULMANS LIBÉRAUX revendiquent un mode de vie libéral. Assez rare ou étonnant pour être remarqué.
Tout comme il faut noter l'usage du mot libéral dans un sens positif.
Là le mot ne veut pas dire ultra-capitaliste, comme il a cours en France dans les milieux de gauche.
Il concerne la vie au quotidien. Il s'oppose à autoritaire, ou bien à carré, strict, obligatoire. À moralisant, encadrant, imposant.
En l'occurrence libéral, signifie essentiellement ne pas mettre les individus sous pression de règles ou de comportements harcelants.

En exemple, parmi d'autres, la mesure non libérale du gouvernement turc interdisant la vente de la pilule du lendemain.

11 juin 2013
LA SCÈNE INTERNATIONALE est de plus en plus marquée par un conflit d'opposition entre valeurs traditionnelles et valeurs occidentales.
Ces dernières ne sont d'ailleurs pas les valeurs traditionnelles de l'occident revendiquées par les extrêmes droites nationalistes ou chrétiennes.
Elles sont en fait la marque d'un libéralisme évolué défendu par la gauche libérale aux USA et par ceux qu'on appelle progressistes en Europe. Elles concernent les droits de l'individu, des femmes, des enfants, des minorités ethniques ou sexuelles. En fait la liberté des moeurs et, en général, celle d'inventer des manières de vivre qui donc s'exonèrent des règles historiques de la tradition, et s'écartent ainsi de la doxa des religions et du machisme de fond.
Ces valeurs libérales sont du coup diffusées par la mondialisation. Et celle-ci est accusée de le faire par les traditionalistes des pays non occidentaux qui la voient comme le canal d'entrée de ces valeurs dites de l'Ouest.
Ainsi n'est-il pas étonnant que des responsables politiques africains déclarent préférer à l'avenir le leadership de la Chine plutôt que celui des USA. Car la Chine maintient plus les valeurs dites traditionnelles.
D'un autre côté, un leader des castes inférieures en Inde, Kancha Ilaiah, déclarait récemment avoir plus d'affinités avec la culture mondiale qu'avec le brahmanisme et ses valeurs traditionnelles inégalitaires...

12 juin 2013
QUELQUES IDÉES D'ARCHITECTES soumises à l'Atelier international du grand Paris (AIGP) :
Surélever les toits des immeubles hausmanniens parisiens (Winy Maas). Promouvoir les gratte-ciels comme

antidote à l'étalement urbain (Elisabeth de Portzamparc). Réaliser le Grand Paris jusqu'au Havre (Antoine Grumbach). Investir les 2000 hectares de terrains somnolants le long des voies ferrées et des grands axes routiers (Richard Rogers). Lotir d'habitations les parkings des centres commerciaux (M. Gazeau)...
Des idées qualifiées d'iconoclastes par *Le Monde,* ce qui pourrait vouloir dire qu'elles ne seront jamais appliquées.
De l'audace encore, a-t-on envie de crier. Un peu de folie aussi, on souhaiterait, des tours magnifiques comme à Londres, des îlots artificiels comme à Dubaï etc.
Et aussi de la ville typiquement humaine, donc de la conurbation complexe, du fonctionnement numérique, avec bien sûr des oiseaux sauvages virevoltant au travers d'écrans virtuels, de la campagne vivrière sur les toits, de la végétation isolant les façades...
Et pas seulement de l'herbe folle poussant autour des arbres ou dans les stries des trottoirs, comme c'est le cas depuis que la Ville de Paris n'utilise plus de désherbant.

19 juin 2013
1984, LE ROMAN D'ORWELL, a vu ses ventes spectaculairement augmenter de par le monde depuis la révélation de l'existence d'un programme de surveillance des données téléphoniques et numériques (PRISM) par les services secrets américains.
Toute raison de s'en réjouir parce que c'est un grand livre. Même si on peut regretter qu'en général les gens ne savent pas que l'auteur, George Orwell (1903-1950), y faisait une critique du stalinisme.
On peut également regretter que les lecteurs se précipitent massivement sur ce livre parce qu'ils sont friands de tout ce qui peut prédire la catastrophe et la barbarie.
Témoin le succès planétaire d'un auteur contemporain dont la presse dit que « personne n'a tiré la sonnette d'alarme aussi bien que lui, dans un roman où il anticipe

les effets dévastateurs d'une société gouvernée par la technologie ».

-/-

1er juillet 2013
« JE NE SAIS PAS OÙ ON VA ! » est une phrase ponctuant de nos jours les discours quotidiens qui cependant aurait pu se dire à toute époque.
Par ailleurs, et cela va avec, il est courant d'affirmer que notre époque serait imprévisible comme jamais.
Peut-être bien pourtant que toutes les époques ont été imprévisibles.
Ainsi, il y a exactement un siècle, l'époque était à l'optimisme, avec la croyance répandue selon quoi le monde était parti pour une longue période de civilisation... Or un an plus tard se déclenchait la plus grande guerre de tous les temps qui allait engendrer 25 ans après une seconde guerre, la plus épouvantable jamais survenue.

2 juillet 2013
UN CHRONIQUEUR POLITIQUE qui a été de tous les débats depuis au moins 40 ans (au point d'avoir refilé ses tics à d'autres chroniqueur.e.s, jette l'éponge, comme on dit à la boxe.
« Quand on compare le niveau culturel et intellectuel d'un ministre moyen des années Giscard/Mitterrand à ceux des années Sarkozy/Hollande, lit-on sur le site du *Nouvel Obs* (25/6/13), on peut comprendre le dépit d'Alain Duhamel ».

C'est devenu un effet de récit de dévaloriser le présent au profit d'un passé mythifié.
Pas envie de défendre les ministres des ces dernières années. Toutefois, le souvenir d'avoir dû supporter, durant la période 1974/90, des ministres (de l'intérieur, de la culture etc), particulièrement arrogants ou incultes (Jack Lang n'a pas toujours été ministre !) me fait me révolter contre l'affirmation de ce journaliste panurgique, comme on dit en haute montagne.

3 juillet 2013
DANS LA RUBRIQUE LE DÉSARROI DES CLERCS : « Est-ce qu'il y a aujourd'hui des Mozart, des Freud, des Einstein ? », demande l'un deux qui soutient que « notre époque ne produit plus de grands penseurs ou de grands artistes ».
D'ailleurs, chaque fois que l'un meurt, ne dit-on pas que c'est le dernier ?
Il n'y a peut-être plus un seul Einstein par exemple, mais plusieurs, tant les découvertes des dernières années sont immenses.
Par ailleurs, même si Mozart était « connu » de ses contemporains, ceux-ci s'ils pouvaient le savoir, seraient bien étonnés de découvrir son aura actuelle, lui qui a été enterré dans la fosse commune !
Ça qui il faut vérifier, s'il n'y a pas de « grands » parmi ceux qui sont délaissés dans le silence et la désapprobation.

4 juillet 2013
BIEN SÛR je suis dans l'impatience de voir éditer mon roman. Mais j'aime beaucoup le travail que je fais sur ma page internet. C'est un travail de décryptage des choses du monde à travers l'écriture d'une langue qui corresponde à la langue que je parle, et que parlent beaucoup de mes concitoyens. Ce qui fait dire à Jean C que je pratique une syntaxe oralisante.
Je devrais lui rétorquer que personne ne parle plus la

syntaxe scripturale ancienne.
Si l'on écoute André Gide, on s'aperçoit qu'il parlait comme il écrivait, une langue qui était celle de son époque et de son milieu.
Beaucoup d'écrivains d'aujourd'hui (pas tous) parlent une langue d'aujourdhui avec leurs proches et leurs amis puis, quand ils se saisissent de leur plume ou s'installent devant leur clavier, se mettent à écrire une langue qui en fait n'existe plus.
Une langue au passé simple, plus-que-parfait ou imparfait du subjonctif qui ne se parle plus (je ne fais que le constater).
Et qui pilonnent le discours de formules anciennes chargées de significations d'une autre époque.
Et puis qui usent parfois d'une syntaxe d'avant Proust !

13 juillet 2013 8h
« NOTRE MONDE est privé de sens », déclame Dieudonné Niangouna, artiste invité du festival d'Avignon 2013.
Avant, dit-il, il y avait la religion et les bonnes traditions qui donnaient du sens.
Et même, j'ajoute, les traditions barbares comme les crimes d'honneur, les meurtres d'albinos etc.
Je me demande si dans le dépassement des religions et des traditions, qui donnaient un sens définitif et fermé à la vie sur Terre, il n'y a pas davantage de sens à explorer qu'il y en avait en elles.
Je suis convaincu que *le sens* alors s'ouvre sur plus de sens. Donc ce monde n'est pas privé de sens.
Oui, mais s'il le disait à Avignon, il ne serait pas invité.Tandis que hurler que ce monde est privé de sens, lui apporte du soutien.
Savoir aussi que plus nos connaissances avancent en précision, et plus le sens parait difficile à capter, alors même que son ampleur s'accroit.

13 juillet 2013 16h
JE REDÉCOUVRE NON SANS RIRE ce début d'article publié le 14.01.1998 (*Le Monde*) :
« Est-ce bien le moment d'en parler, en pleine période de crise ? Le moment ou pas, c'est le moment parce qu'il y a urgence. Un séjour sur un autre continent m'a révélé à quel point la langue française est en réel danger de régionalisation, voire de latinisation »..... (*Libérons la langue française* !)
Donc on l'était déjà, en crise, en 1998. Sinon, pourquoi je l'aurais écrit ? On l'est encore, sans doute c'en est une autre. Peut-être qu'on l'a toujours été. Peut-être que le monde est toujours en crise...
Sauf que, depuis, le français s'est considérablement converti à l'usage des expressions anglaises.

14 juillet 2013
« LECTRICE, LECTEUR,
Tu n'imagines pas le chemin tel que nous y sommes. »
In *Continuité d'Éclats* de Mathieu Bénézet qui vient de mourir. Pensées attristées.
« J'aime l'enfance de l'art, l'enfance de la littérature, l'enfance ou l'adolescence des écrivains ». (id)

17 juillet 2013
L'ENTERREMENT DE MATHIEU BÉNÉZET a eu lieu ce mercredi à 10h au cimetière parisien de Bagneux. Il y avait là tout un groupe d'amis qui ne se connaissaient pas tous. Plusieurs ont lu des extraits de ses poèmes. C'était triste et émouvant.
Au-delà de l'affection que nous avions l'un pour l'autre, ainsi qu'il le disait, Mathieu a été mon éditeur pour plusieurs de mes livres. Son soutien était vraiment précieux et touchant pour moi dont le travail était si différent du sien, déjà que nous étions des personnes très différentes...
Il revendiquait cependant d'avoir été mon éditeur. Il avait aussi soutenu *Le petit roman de juillet*, sans parvenir à

l'éditer.
Ce qui reste étrange, c'est combien nous l'étions différents. Au point d'en être séparés. Sans doute ce qu'il disait :
« Écrire est alors un travail de séparation, une technique de séparation, d'écartèlement, travail clinique, d'où qu'il y ait intimité et intimité du livre [...] C'est pourquoi nos livres ont une différence d'enfance [...] Alors on peut conter cela, et peut-être n'écrit-on que cela, l'histoire d'un livre, l'histoire de nos livres, leur enfance, leur biographie... » (*Continuités d'éclats*, Éditions Rehauts 2012)

20 juillet 2013
ENFIN UNE ILLUSTRATION CONVAINCANTE de ce qu'est une écriture de simple récit par rapport à celle d'une écriture écrite.
Dans l'autre sens : une illustration de ce qu'est une écriture d'invention par rapport à ce qui n'est que raconter sa vie, son drame ou ses vacances.
Illustration trouvée dans le court texte publié dans « La Pléiade Duras » juste après *Le Marin de Gibraltar*. C'est une sorte de narration de vacances de Marguerite Duras avec ses hommes...
On peut lire ce texte en imaginant qu'elle aurait pu à chaque moment de son voyage prendre des notes de ce genre, et en faire des romans pour la rentrée littéraire.
On peut aussi, relisant *Le Marin*, comprendre ce qu'est un roman d'écriture.

21 juillet 2013
UNE MÈRE, SON MARI ET LEURS DEUX FILLES petites (genre 4 et 6 ans) s'installent à une table d'une terrasse de café que vient de quitter un client. Sur la table, il reste un fond de bière et un petit pot de cacahuètes qu'il n'a pas touché.
L'ainée des filles se jette sur les cacahuètes et en avale aussitôt une poignée. « Non, non et non, éclate la mère,

pas les cacahuètes, d'abord ce n'est pas à nous, et puis c'est mauvais ! »
Le pot est éloigné en bout de table, ce qui provoque la fillette à opérer une stratégie d'approche pour piquer plusieurs cacahuètes.
La mère se fâche : « Tu veux nous gâcher le diner, ton père t'offre un cadeau, on vient ici tous les quatre pour passer un bon moment ensemble, tu comprends ça ?...
Le père décide de poser le pot de cacahuètes sur une chaise à ses côtés. Du coup la fillette, tout comme sa petite sœur l'y invite, se lève pour contourner la table.
La mère la rattrape et la fait se réassoir.
Un serveur venu prendre la commande a dit qu'il allait revenir avec la carte du menu. Mais il ne revient pas.
A un moment le père saisit le pot de cacahuètes et se sert. La mère explose : « Alors, si toi tu t'y mets ! ». Et elle se lance dans un laïus sur les cacahuètes qui sont mauvaises, grasses et en plus pas très hygiéniques.
Ce qui n'est pas forcément faux, la rumeur dit que les serveurs les servent à pleine main et que, quand il en reste dans les petits pots, ils les remettent sans état d'âme dans le grand pot.
L'enfant crise de voir son père se servir et se resservir. La mère demande au père d'en donner une à sa fille.
« Deux », dit la petite ! Deux ne suffisent pas, elle en demande encore. La mère crise à nouveau : « Tu veux que papa reprenne le cadeau qu'il t'a fait, c'est ça que tu veux ? »...

30 juillet 2013 12h
J'AI TROUVÉ EN TOUT ET POUR TOUT QUATRE informations concernant la France en une semaine dans un journal local aux confins sud de l'Europe.
S'agissait de la saisie de plusieurs tonnes de fausses tours *Eiffel* en région parisienne. Des dommages causés par les orages sur les vignobles de Bourgogne. De l'ouverture d'une enquête contre un magasin américain des Champs-Élysées soupçonnés de discrimination à

l'embauche. Et surtout de la suppression du délit particulier d'offense au Chef de l'État.
C'est donc, ce qui se sera passé pour moi en France pendant cette semaine-là.
Je privilégie la dernière, comme marque d'un Etat démocratique avancé.

30 juillet 2013 17h
LA DÉCLARATION DU PAPE François à propos des homosexuels : « Qui suis-je pour juger ? » est angoissante, même si on peut se réjouir qu'elle soit pour une fois libérale et non conservatrice (comme une précédente déclaration rejetant toute dépénalisation de la drogue).
Car si lui ne sait pas qui il est, le représentant de Dieu sur Terre, comment savoir qui nous sommes, à part que nous sommes nous ?
Cependant pourquoi ne pas appliquer ce « Qui suis-je pour juger ? » à tous les sujets de la vie : le mariage, la contraception etc.

1er aout 2013
VAGUE DE CHALEUR sans précédent en Chine, des températures caniculaires record, inédites depuis au moins 140 ans : 39,8 °C ces derniers jours à Shanghaï.
Dire qu'elles sont inédites depuis au moins 140 ans est source d'incertitude. Inédites, c'est jamais. Depuis 140 ans, c'est qu'elles auraient déjà existé.
Les 140 ans renvoient en effet au début des statistiques météo, soit aux premières données stockées sur lesquelles on bute.
Auparavant il n'y avait rien de sûr.
Donc on ne peut pas savoir s'il y a eu des températures pareilles en l'an mil de notre ère, ou dix mille ans avant J-C.
Ou bien plus tôt dans l'histoire de la Terre et de ses terriens. Ou bien plus tôt encore, sans eux les terriens.

3 aout 2013
UN COUPLE DE JAPONAIS, armés comme il se doit, a décidé de « prendre » le quartier. Ils se postent là où ils le peuvent, debout, accroupis, quasi allongés, et prennent en photos tout ce qui les intéressent, y compris les chats s'il y en a.
Tout ce qui peut être pris d'un point de vue de photographe, une inscription étrange, par exemple l'une d'elles qui ne me parait pas étrange à moi qui habite ce quartier.
Ça s'appelle une prise en règle de photographie.

6 aout 2013
PLUS ON EST DANS LA CONSCIENCE, et plus on est dans la ferveur de la vie.
Mais ce n'est pas sans frayeur, ni angoisse.

9 aout 2013
PARUTION AU *JOURNAL OFFICIEL* (n˚ 0174 du 28 juillet 2013 page 12 688 texte n˚ 33) de la traduction de « Binge drinking » qui donc se dira en français « Beuverie express ».
Car, dans la ligne de Richelieu, c'est l'État qui décrète comment on parle la langue. Ou qui le prétend à travers la Commission générale de terminologie et de néologie.
Car qui va utiliser cette expression ? Ceux qui pratiquent cette pratique ? Les journalistes ? Pas bien sûr.
Peut-être quelques écrivains, dont je suis, encore que « défonce à l'alcool », « soûlerie rapide », « alcool à grande vitesse » auraient ma préférence pour signifier l'ivresse atteinte en un minimum de temps.
Enfin, admettons que c'est plutôt bien vu. Sauf que c'est traduire au lieu d'insuffler des mots nouveaux. Car binge drinking est déjà installé dans le langage. Du coup beuverie express ne paraitra pas naturel aux français qui ont une tendance à trouver plus de sens dans les expressions anglaises.

17 aout 2013
UN HOMME EN DÉSARROI : « Nous sommes en période de délitement, de disparition des bases du vivre ensemble. Il fait réinventer du lien social ».
Il aurait disparu ? Oui un certain lien social, le hiérarchisé, le contraint, celui qui n'est pas choisi.
« Même dans la relation du maitre et de l'esclave, il y a avait du lien social », déclarait en toute innocence, la semaine passée, une psychanalyste également en désarroi.
De celui-là, de ce lien-là, contraint, hiérarchisé, on ne veut plus.
On est donc en effet en train, non de réinventer, mais d'inventer un nouveau lien social, celui des individus libres entre eux d'entrer en relation librement.
Sans compter qu'il n'y a jamais eu autant d'associations de toutes sortes, désormais s'installent les réseaux sociaux dont on pressent qu'ils sont encore à leurs tout premiers développements (parce que trop sous influence du modèle antérieur).

20 aout 2013
CE JOUR CORRESPOND au « Global Overshoot Day » ou « jour du dépassement planétaire » selon Global Footprint Network, qu'elle qualifie de « jour triste et solennel ».
Une ONG qui calcule chaque année le rapport -capacité de production biologique de la Terre/empreinte écologique-.
Vite dit, en anglais : « it compares how much nature we have and how much nature we use ».
Plus précoce chaque année, il marque en fait l'accroissement autant des rejets de CO_2 que de l'exploitation des ressources naturelles, ou plutôt historiques, notamment le charbon et le pétrole. Il n'intègre cependant pas l'énergie solaire qui bombarde la Terre en toute dispensiosité présentement.
Par ailleurs, cette évaluation de la capacité de production de la Terre est si difficile à comptabiliser -de plus fournie par une seule ONG, qu'il est surprenant qu'elle soit

reprise comme une information objective par tous les medias. Y compris avec des titres parlant de « dette écologique ».
Et ce sans en souligner l'incertitude d'interprétation.
Dire par exemple qu'il nous faudrait une Terre et demie pour finir l'année n'a guère de bon sens, parce qu'il n'y a qu'une Terre, et qu'on passera quand même l'année, et même les millénaires à venir.

24 aout 2013
JE N'AI PAS LE DÉGOUT DE MON ÉPOQUE, qui est une vieille tradition chez les clercs. Je l'aime tout en jugeant nombre d'événements et de comportements détestables, ou archaïques, ou imbéciles, et souvent évitables. Tandis que je me réjouis d'un certain nombre d'évolutions qui sont de vraies novations dans l'histoire de l'humanité.

-/-

1er septembre 2013
UN CINÉASTE CHERCHE UN SUJET pour faire un film, il hésite entre l'histoire d'un homme âgé qui aime une très jeune femme, celle d'un handicapé qui souffre du manque sexuel, ou d'un ouvrier immigré qui vit dans la solitude des cités...
Finalement il a l'idée de faire un film sur une jeune fille. Peut-être il en a une, fille, ou au contraire il n'a pas d'enfant.
Sur une adolescente d'aujourd'hui, oui c'est une bonne idée. Pic d'importance, c'est la première génération tout numérique, née avec le portable, ordi et phone, qui vit

avec le net, les réseaux sociaux. Et aussi avec des valeurs de logique et de rapports aux autres différentes de leur ancêtres et même de leurs parents.
C'est aussi une génération qui n'a connu que la liberté sexuelle, le sexe légalement libre et sans culpabilité. Pas de problème de contraceptif ou de préservatif, cours d'éducation sexuelle à l'éducation nationale, étant entendu que rien n'est simple, pas même la liberté sexuelle.
Le cinéaste en arrive à faire un film sur une ado qui va se prostituer. Pas par besoin d'argent, elle habite les beaux quartiers. Non, par choix, volontairement selon le projet. Disons qu'il a certainement vu plusieurs fois *Belle de jour* de Buñuel avec Catherine Deneuve dont le personnage se libère du carcan du mariage...
Une ado qui se prostitue, ça ne pouvait que plaire aux producteurs du film ainsi qu'aux futurs spectateurs mâles. Moi je trouve que c'est con comme sujet, j'aurais préféré une ado qui s'éclate ou cherche à s'éclater dans la liberté de la sexualité. Et hors de l'argent...
Point de vue fiction, toute ressemblance avec la réalité ne serait que pure fortuité !

4 septembre 2013
JE LIS ICI ET LÀ que c'est fini le bureau, comme lieu de travail, même s'il y a des retours arrière comme à la firme *Yahoo*. Fini donc le bureau plus ou moins personnel, individuel ou collectif, on peut désormais travailler partout où l'on est, dès lors qu'il y a une connection internet !
Et cela m'amuse bien de repenser à ces dialogues que j'écrivais dans les années 1990 : « Je déteste les bureaux... Je hais le travail des bureaux... J'exècre la société des bureaux... »
Ce qui faisait beaucoup rire mon éditeur de l'époque, lui qui justement passait sa vite dans un monde de bureaux et qui en sortait le soir curieusement infantilisé !

18 septembre 2013
PARMI LA MULTITUDE de bizarreries truffant ce monde qui par ailleurs produit au moins la même multitude de transformations magnifiques, il y a des choses aussi banales que l'utilisation de souffleuses pour ramasser les feuilles mortes.
C'est un engin peu efficace, et surtout bruyant comme une tronçonneuse, au point d'être plutôt ridicule. Loin de moi de vouloir revenir à la pelle de la chanson pour les ramasser, qui néanmoins peut paraitre plus poétique.
Loin de moi de mettre en cause le transfert vers la machine des tâches historiquement assurées par la force de travail de l'humain.
Au contraire je me réjouis que désormais à peu près tout transport ou portage d'objets lourds et volumineux soit effectué par des machines, dès lors qu'elles sont efficaces et silencieuses.
En l'occurrence, ces souffleuses de feuilles nous gâchent l'automne et ses belles couleurs de feuilles tombées.

22 septembre 2013
UNE TEMPÊTE TROPICALE (*Manuel*) et un ouragan (*Ingrid*) ont abordé les côtes mexicaines, le samedi 14 septembre, ce dernier par l'est, la première par les côtes du Pacifique. La concomitance de ces deux phénomènes est remarquable, selon *Meteo-Paris*.
« C'est une situation très rare, liée à une hausse de l'humidité des deux côtés du pays qui entre en collision avec l'air chaud des zones tropicales », précise le Service météorologique national.
De violentes tempêtes ont ainsi déclenché inondations et glissements de terrain dans la plus grande partie du pays qui a fait face à une situation météorologique sans précédent depuis 55 ans (*France Info*).

26 septembre 2013
J'AI BIEN VU QUE TU AVAIS CORRIGÉ mon orthographe de « existenciel » en existentiel. Sans doute par ton

correcteur automatique. Je l'avais écrit spontanément.
Comme je parlais de soleil, j'ai certainement pensé que ça allait bien ensemble le ciel et le soleil.
Et puis, écrire existenciel ou existentiel n'a pas beaucoup d'importance puisqu'il n'y a pas de règle de grammaire pour en différencier l'orthographe, si ce n'est l'usage selon quoi la graphie ciel s'applique après « an » et tiel plutôt après « en », mais il y a des exceptions.
C'est là un exemple de logique à l'ancienne. En effet une logique plus contemporaine impliquerait que ciel s'impose si le radical se termine par « ce » et tiel s'il termine par « t ». D'où part partiel, mais référence référenciel, et surtout essence essenciel !
Pourquoi vouloir ainsi s'opposer à des pratiques admises, quoique irrégulières ?
Et bien parce que notre langue est un bien précieux qu'il faut approcher de la perfection logique pour en faciliter la pratique aux enfants, aux étrangers et aussi aux Français adultes.

4 octobre 2013
LA PRODUCTION ARTISTIQUE EN GÉNÉRAL, celle des livres par exemple, est devenue si massive qu'il est de plus en plus difficile d'y trouver une hiérarchie intellectuelle fondée.
De plus en plus, le critère, c'est le « cartonnage » ? C'est-à-dire, quand ça cartonne. C'est un des mots les plus utilisés par les médias. Un vrai carton, cent mille exemplaires en un mois, un million de vues en trois jours, trente cinq millions d'exemplaires vendus dans 45 pays dans le monde etc.
Je ne dis pas que ce qui cartonne n'est pas bon, bien ou brillantissime. Mais le cartonnage n'est en rien une preuve de qualité.
Tout de même, pourrait-on dire, le fait que beaucoup de gens y adhèrent, valide d'une certaine façon ces productions.
En fait non, si l'on considère les tabloïds anglais qui se

vendent à 2 ou 3 millions chaque jour, alors qu'ils colportent des choses horribles, des faits divers surexploités, parfois des rumeurs atroces, souvent des faussetés.

Mon petit compagnon de chaque jour n'arrivait pas à le croire ça, que des millions de gens les lisent et que ce soit des choses mauvaises.

8 octobre 2013
LA BATAILLE DE SOLFÉRINO, qui est un film d'auteur -au meilleur sens du mot, de Justine Triet, a non pas une happy end, mais une fin pacifique.

Comme si la transformation d'un conflit en sa version pacifique par un avocat, qui n'en est pas un, donnait la solution du film.

Les interprètes emmenés par Laetitia Dosch n'ont pas l'air d'interpréter, mais font défiler (au rythme des circuits en scooter dans les rues de Paris) des séquences de vie d'aujourdhui (hors clichés) pas loin d'être exaspérantes jusqu'à la drôlerie.

Ou bien drôles jusqu'à l'exaspération : ainsi les pleurs des « nourrissons », l'entêtement du père, le calme du babysitteur, l'autorité du flic, le bouillonnement de la mère. Et aussi la présence farfelue des enfants rue de Solférino...

Que reste-il justement de la bataille de Solférino ? La fiction du film insérée dans les plans du soir de l'élection présidentielle de 2012, d'une certaine façon fictionalise le documentaire.

Avec le recul, les espoirs exprimés ce jour-là sont naïfs, même s'ils ont été réalisés (le mariage pour tous, la parité etc.), par contre la vindicte de l'enthousiasme apparait vaine.

Sauf à penser que l'intérêt des élections, c'est de nous apporter l'alternance démocratique qui bouge de l'inertie et évite la corruption.

9 octobre 2013 10h
TU AS RAISON Yv-No, la société d'hier est déjà morte !
Je veux dire que la société d'aujourdhui est modelée, dominée, générée par celle d'hier, alors que, indubitablement, cette société d'hier est déjà morte !

9 octobre 2013 15h
ELLE A RAISON ÉGALEMENT la fille d'Ormesson, l'éditrice, la fille du père. Elle s'inquiète pour la lecture, après avoir constaté, lors d'un retour en train vers Paris d'un groupe de participants à une manifestation littéraire, que presque tous occupaient leur temp sur téléphone intelligent, tablette ou ordinateur.
Et que seuls quelques-uns ouvraient des magazines, pour une ou deux personnes qui se lançaient dans la lecture d'un livre.
Dans le première moitié du siècle précédent, il y avait à peine la radio, peu de cinéma, ni de télé, ni d'appareil numérique. Donc les lecteurs lisaient davantage.
Pourtant il n'était pas toujours facile de lire, ne serait-ce que par la difficulté de se procurer des livres, et il y avait parfois la guerre. Surtout il y avait le travail qui occupait à temp plein et fatiguait les corps. Et puis souvent il n'y avait pas de lumière.
Mon père m'a raconté qu'il s'était fait vertement sermonné par son père, les quelques fois où il avait lu une partie de la nuit, parce qu'il avait laissé la lumière de sa chambre allumée tardivement !
Mais le livre avait aussi une mauvaise image, contrairement à aujourdhui, accusé de pervertir les esprits. Peut-être c'est son défaut à notre époque, il a une trop bonne image.
Car elle a raison la fille d'Ormesson, les élites désertent. Le livre qui s'ouvre à un public massif est en train de perdre ses lecteurs avisés.

9 octobre 2013 20h
LE SOUTIEN APPORTÉ À LA RÉFORME des rythmes scolaires par les anciens ministres de droite montre bien que le retour à la semaine de 4 jours et demi n'est pas spécialement une mesure de gauche, mais une mesure conservatrice.
Il y a sous cette réforme une volonté d'un retour à une école mythique. En réalité une école du passé, à l'époque où elle était seule à fournir du savoir et de l'éducation, ce qui n'est plus le cas.
Une école dont est gardée l'image qu'elle prenait en main les enfants, à la baguette s'il le fallait, et qu'elle savait leur serrer la vis !

10 octobre 2013
QUE SON SPECTACLE SOIT INTERROMPU avant-hier par une alerte incendie a mis très en colère Yv-No, ce qui peut se comprendre.
Du coup, il s'en prend comme beaucoup de gens à la société de protection.
En effet les normes de sécurité sont devenues folles, personne ne les domine plus. Ni le pouvoir ni les décideurs locaux. Elles s'élaborent par automaticité, et elles sont appliquées avec zèle par le petit personnel.
D'un autre côté, plein de mesures de protection protègent les gens contre leur propre bêtise et aussi contre celle d'autres fous ou inconscients. Par exemple, des incendies qui étaient dans le passé le véritable fléau des villes (il y en a encore, beaucoup moins).
Je lui rappellerai qu'un jour on a rendu obligatoire le rideau de théâtre, et ce bien avant le fameux rideau de fer des soviétiques.

14 octobre 2013
IL FAUDRAIT QUE LES FRANÇAIS SE METTENT À VIVRE LEUR LANGUE, donc qu'ils n'hésitent pas à créer des mots... Ils devraient pour cela cesser de se demander si

«ça se dit en français» et s'autoriser à le dire tout simplement.
Vivre le français, c'est lisser notre langue à la logique contemporaine, c'est pratiquer le néologisme.

19 octobre 2013
COMMENT PEUT-ON PRÉTENDRE parler de l'époque présente en restant accroché aux normes d'avant les années 1950 ?
Ainsi Alain Finkielkraut qui se déclare « handicapé informatique », avoue ne pas avoir d'ordinateur et ne pas aller sur internet, -qu'il met au rang de la toxicomanie, mais se prononce cependant sur tous les sujets du monde.
Il a bien le droit de ne pas entrer dans le siècle, dans la bonne tradition des clercs du passé, sauf qu'il dispose de nombreuses tribunes pour épandre sa haine de l'époque, son anti-modernisme primaire et ses convictions réactionnaires qui le classent parfois proches de l'extrême droite.
Plus grave est qu'il distille des quasi-slogans conservateurs auxquels sont sensibles une majorité de la population. Ainsi, selon lui, il n'y aurait « plus de culture », quand l'accès à celle-ci n'a jamais été aussi développé. Et il n'y aurait « plus d'éducation » (en effet il n'y a plus celle d'il y a un siècle) au moment où commencent de se développer massivement les cours en ligne gratuits (*MOOC*).
Se pose donc la question du monopole de son émission régulière à la radio culturelle. Car alors il faudrait que soit offerte dans les mêmes conditions une tribune à des intervenants non-passéistes.

21 octobre 2013
UNE VÉRITABLE INCOMPRÉHENSION de l'époque se découvre à travers des phrases anodines, glissées par habitude dans le discours, comme si elles étaient partagées par tout le monde, et vérifiées !

Par exemple : « Dans une société de plus en plus violente... », phrase qui sert en général d'exergue à un raisonnement pour dire autre chose.
Il est vraisemblable que certaines populations vivent cette situation d'accroissement de violences (pas les gens qui écrivent la phrase). Pourtant, le nombre de meurtres en France a été réduit par deux (800) depuis les années 1990, alors que, malgré une augmentation régulière de la population, il était resté stable dans ce pays pendant la plus grande partie du 20e siècle (environ 1600 par an).

27 octobre 2013
DANS LA RUBRIQUE « SI ON NE FAIT RIEN »... Le charbon pourrait devenir en 2020 la première source d'électricité dans le monde. En Allemagne, selon la presse, on déplace des villages pour exploiter la lignite et on recourt aux centrales au charbon pour suppléer à la fermeture des centrales nucléaires. En Chine, des centaines de centrales au charbon sont en construction !

30 octobre 2013
PARIS, MARDI SOIR DERNIER, AU CARREFOUR SAINT-GERMAIN, devant la brasserie Lipp, près de ce qui était l'ancien fameux *Drugstore*, un petit rassemblement d'une centaine de personnes portant pancarte : « Medhi Ben Barka, vérité et justice, droit à la vérité »...
Un enlèvement à cet endroit, en plein midi, le 29 octobre 1965, la police française impliquée et/ou les services secrets des deux bords de la Méditerranée. Un homme est piégé, enlevé, emmené dans une propriété de Seine-et-Oise, torturé, tué. L'homme a disparu, il n'a jamais été retrouvé. Ça se faisait.
Les passants passent, qu'est-ce que c'est ? Pourquoi ces gens manifestent-ils ? Sans doute qu'avec courage et obstination ils le font chaque 29 octobre.
Les policiers ne savent que répondre, la plupart des passants ignorent qui est était cet opposant au régime marocain des années 1960.

31 octobre 2013
QUAND ON SAIT LA FUTILITÉ, l'insipidité, la canularerie, au mieux l'in-importance de la plupart des messages, sympas ou pas, postés dans les courriels ou sur les réseaux sociaux, on se demande bien ce qui peut pousser les services secrets américains ou occidentaux à éplucher ces millions de communications qui s'échangent chaque jour de l'année.
On doit surtout se demander pourquoi on s'en inquiéterait le moins du monde.

-/-

4 novembre 2013
DANS LA SÉRIE DES INCOMPRÉHENSIONS sur notre époque à travers des phrases glissées dans le discours comme évidentes de vérité :
« La génération Y aurait assisté impuissante à l'abrasion des valeurs et à la chute des utopies ».
Pourquoi impuissante ?
S'agissant de la chute des utopies, en réalité de la fin des dictatures communistes en Europe, qui a été fêtée par toute l'Europe en liesse, elle n'a pas du tout été impuissante, bien au contraire active pour faire surgir un nouvelle utopie, celle du numérique, du savoir pour tous, de la venue de l'individualisation généralisée et de la communication interindividuelle...
A-t-elle assisté à l'abrasion des valeurs, dans le sens de usure ?
Oui, un certaine nombre de valeurs traditionnelles plus ou moins barbares ont été mises en cause, le patriotisme

guerrier, la peine de mort, le pouvoir machiste sur les femmes et les enfants (par exemple le droit de les battre), l'interdit sexuel etc. Mouvement à quoi elle a participé de façon positive en développant des valeurs de tolérance, d'ouverture aux autres.
En plus, cette phrase a l'air d'impliquer que cette génération n'aurait pas eu de chance.
Il est vrai qu'à force de s'entendre dire que le monde a tout perdu, alors que les jeunes de la génération Y (18/29 ans) vivent eux un monde plein de possibilités, ils pourraient avoir ce sentiment-là.

6 novembre 2013
VIVRE PLUTÔT BIEN SOUS LE RÉGIME DES LOGARITHMES.
Pas besoin de croire qu'un mystérieux cerveau électronique situé dans un « big data center » ferait fonctionner des algorithmes pour gérer notre « rapport au monde » à la manière d'un Big Brother.
S'en méfier pas plus pas moins que de la stratégie marketing du conseiller de banque ou de l'habileté du publicitaire. Et profiter de l'immense service qu'ils nous rendent dans des quantités de démarches de la vie courante, matérielle, culturelle, éducative, de loisir et de plaisir...

12 novembre 2013
EST-CE QUE CE TYPHON A QUELQUE CHOSE à voir avec le réchauffement climatique ?
Si certains experts avancent qu'il pourrait favoriser leur plus forte intensité, la plupart déclarent ne pas pouvoir émettre de lien entre le dit réchauffement et les phénomènes météo extrêmes.
Selon la presse, ce typhon serait le plus fort jamais enregistré depuis les années 1960 (ce qui voudrait dire qu'il y en a déjà eu d'intensités comparables).
Ou l'un des plus violents de l'année dans le monde. Ou encore le plus puissant mesuré à ce jour parmi les cyclones ayant touché terre depuis qu'on fait des relevés

météorologiques (ce qui voudrait dire qu'il y en a eu d'autres qui n'avaient pas touché terre)...
Réchauffement ou pas, quand les éléments se déchainent, la nature est l'ennemie des humains.

14 novembre 2013
JE M'INQUIÉTAIS D'AVOIR ÉCRIT vers 1985 (*Pathétique Sun*) : « Un tremblement de terre a ravagé toute la vallée des Zéons. A cause du froid sans doute, les secours tardent et s'empêtrent, mais les populations se révoltent. Elles demeurent hélas quoi ?... elles demeurent hélas impuissantes. »
Je regrettais le pessimisme de l'assertion, croyant qu'avec le développement mondial de tous les services d'urgence et de secours, elles ne seraient plus, au 21e siècle, impuissantes, isolées, sans secours, à chaque catastrophe naturelle...
Or voici qu'à nouveau aux Philippines les populations attendent désespérément les secours. Comme le titre la presse : « La colère monte chez les survivants face à la lenteur de l'aide ».
D'autant plus étonnant que le typhon était attendu ainsi que ses conséquences largement annoncées dans les médias !

16 novembre 2013
IL Y A UN BUGUE DANS LA PROPOSITION DE LOI sur la prostitution examinée par les députés français ce mois-ci. Elle prévoit en effet à la fois l'abrogation du délit de racolage (instauré sous le précédent gouvernement) et la pénalisation de l'achat d'acte sexuel (voulu par l'actuel sur le modèle suédois).
Ce qui d'un côté autorise la prostitution et de l'autre la proscrit ! Car logiquement réprimer le client aboutit à interdire la prostitution tandis que la dépénalisation du racolage la légalise.
Autrement dit, une prostituée pourrait proposer ses services dans l'espace public mais le client ne devrait pas

y répondre sous peine de 1500 euros d'amende (doublée en cas de récidive), ce qui renchérirait de beaucoup les dits services !

19 novembre 2013
EN PENSANT À MARX, redressons un peu les choses, comme il l'avait fait de la philosophie de Hegel : il ne faut pas avoir comme objectif la stabilisation de la température de la Terre mais la limitation des émissions de CO_2.
En effet s'il est constaté un fort accroissement de l'acidité de l'eau des océans, qui absorbent une part (90% ?) du CO_2 émis sur Terre, c'est là une des conséquences, non pas du changement climatique comme le dit la presse, mais de l'accroissement des émissions de CO_2.
Or celles-ci ont encore augmenté en 2012, essentiellement en raison de l'augmentation de l'utilisation du charbon.
Il ne faut donc pas avoir comme objectif de limiter la température de la Terre (à + 2˚ ?), qui est un objectif inhumain, mais avoir entre autres celui de réduire progressivement la part du charbon dans la production d'énergie.
Hélas la Chine et la Pologne, par exemple, ne peuvent apparemment pas se passer du charbon.
Et l'Allemagne qui a entrepris de mettre en arrêt ses centrales nucléaires n'est pas prête de cesser l'exploitation de son charbon (lignite) dont les réserves se trouvent sans limite prévisible à échelle humaine.

24 novembre 2013
« NOTRE SOCIÉTÉ EST MALADE », cette déclaration souvent entendue, en l'occurrence de Nicolas Bouchaud qui est, selon *Le Monde*, « l'un des acteurs les plus flamboyants du théâtre français », me semble redoutable.
Car, elle peut être revendiquée tout autant par des activistes de droite que de gauche, ces derniers citant par exemple la financiarisation du capitalisme, et les premiers

le mariage pour tous.
En outre, celui qui balance cette affirmation récurrente devrait immédiatement pouvoir indiquer à quelle époque notre société ne l'était pas, malade.
Or la réponse à cette question n'est pas facile, à défaut d'être impossible !

28 novembre 2013
K ME DEMANDE si je fais toujours des trucs comme ça, dans mon coin, si je ne fais que travailler sur internet ?
Mon coin, c'est là où j'habite et où je vois les amis et croise des voisins au passage. Sur internet, c'est le monde global et, en particulier, ses millions de locuteurs francophones.
Avec K on avait bien parlé, toute une fin d'après-midi.
Quelques jours avant, je lui avait écrit un texto pour lui proposer ce rendez-vous. J'avais écrit « See you » en formule de politesse, si l'on peut dire.
Un quart d'heure après, l'idée m'était venue de vérifier le texto, s'il avait bien été envoyé. En fait le correcteur automatique m'avait joué un tour, j'avais envoyé « Sexe you » au lieu de See you.
J'avais subito renvoyé un texto d'excuses : « Sorry, le correcteur a corrigé See you, je suis désolé, bien lire See you ! »
Elle avait répondu qu'elle aussi ça lui arrivait parfois de draguer en envoyant des textos.
J'ai eu beau m'excuser à nouveau et lui assurer que ce n'était pas intentionnel, même si je trouvais ça drôle ce « Sexe you »...
Je crois qu'elle a continué de penser que je l'avais fait exprès.

11 décembre 2013
« COURAGEUSE CETTE FEMME », dit une journaliste à propos de la ministre atteinte d'un cancer au moment du pic de la loi sur le mariage pour tous, c'est-à-dire au plus fort de la contestation, manifs de rues et chauds débats

au parlement, entre la première lecture à l'Assemblée et au Sénat. Courageuse, selon cette même journaliste, d'avoir subi sa maladie tout en assurant son job de ministre de la famille.
Certes, mais non pas.
Son courage a été celui de défendre cette loi envers et contre des forces redoutables. Au point d'en avoir une maladie. D'ailleurs elle a l'a bien dit, qu'elle était « une ministre malade mais pas une malade ministre ».
Bien sûr ce genre d'allégations posant en rapport effet et cause est quasi impossible à mettre en lumière. « Chacun a sa façon d'entrer en maladie », précise la ministre.
Souvenir de cet homme, commissaire au plan (le dernier, en 2005), qui apprend par un communiqué de l'*AFP* que le commissariat au plan est supprimé par le gouvernement de Villepin.
L'homme qui était philosophe mourra d'un cancer fulgurant au cerveau en moins de trois mois ! J'ai toujours de l'amitié pour lui.

13 décembre 2013
TU ME DIS QUE JE M'EN PRENDS à l'acteur Nicolas Bouchaud ? Non, du tout, je ne m'en prends pas à lui.
J'entends sa phrase affirmée, « notre société est malade », citée dans *Le Monde*. D'autres avant lui l'ont dite, ça se dit même couramment dans les cafés.
Je m'en prends oui à cette phrase, d'une part parce que selon moi elle est inappropriée, d'autant que cette société, française, européenne, est peut-être bien moins malade que celles du passé, ou que certaines autres de diverses régions de la Terre.
Mais surtout, parce qu'une part importante de la population pense vraiment que la société contemporaine est malade et que ce peut être une justification à voter pour l'extrême droite.
Ce n'est donc pas la peine de conforter cette ineptie, à travers une déclaration, de plus reprise en titre racoleur par le dit grand journal du soir !

16 décembre 2013
IL Y A PEU DE TEMPS ENCORE l'intelligence n'était pas si bien vu que ça. « Encore un qui veut faire l'intelligent » était, on ne sait pourquoi, une remarque de choix.
De même qu'il est courant d'entendre des gens préférer les tripes à la raison, l'affect à l'intelligence. Il reste une mauvaise image de l'intelligence.
Et voilà que, autour de nous, tout va devenir intelligent, les objets ne seront plus inertes mais capables d'actions intelligentes. Certains parlent d'injecter de l'intelligence dans l'espace de vie des humains.
Bien sûr, qu'est-ce donc l'intelligence d'un aspirateur autonome par rapport à l'intelligence humaine ?
C'est de l'intelligence quand elle intervient dans les meilleures circonstances !
Par exemple pour alerter d'un danger, du tsunami aux épidémies, pour empêcher une bousculade dans une foule en délire de pèlerinage ou de match de foot. Ou pour nous faire passer par le meilleur chemin de sorte d'aller là où on veut aller.
Hélas, le tout venant c'est notre innocence de chaque jour, car nous sommes ignorants de ce que notre vie se trouve déterminée par des niveaux sous-jacents actifs.

20 décembre 2013
A LA TERRASSE DE LA ROTONDE, il restait une table, une seule à l'abri de la pluie. Ça que j'avais repéré tout de suite après avoir vu qu'à la table voisine se trouvait la « belle philosophe », en compagnie d'une amie.
Je me suis assis à côté de cette dernière dont je ne pouvais voir le visage tandis que, sans avoir à me pencher, je visualisais facilement celui de la belle philosophe qui s'animait fébrilement dans la conversation...
Quand elle se sont levées pour partir, j'ai tourné la tête pour les regarder. Très précisément, j'ai adressé un sourire à son amie, passée devant moi en premier, puis

j'ai souri à la belle philosophe quand elle est passée à son tour devant ma table.
Elle a eu l'air un peu surprise, m'envoyant cependant une esquisse de sourire.
Les deux filles se sont quittées devant la terrasse, s'enlaçant d'un chaleureux « au revoir ». La belle philosophe qui se dressait sur les jambes pour atteindre le cou de l'autre, beaucoup plus grande, s'est retournée un instant pour me regarder tout en restant contre son amie.
Ainsi avons-nous échangé un regard qui était un « eye contact », avant qu'elle s'éloigne, disparaissant sur un rythme de marche souple, presque dansée.

21 décembre 2013
CERTAINS DISENT : c'est important pour un écrivain de garder le sens du réel.
Et pour cela, ils donnent des cours en prison et/ou entreprennent des ateliers d'écriture dans les collèges. Ce qui est respectable assurément.
Que disait sur le réel, l'auteur de *Impressions d'Afrique*, Raymond Roussel ? « Ne pas laisser entrer le réel », il aurait écrit ?
Ce qui voudrait dire, selon moi, ne pas laisser passer ce qu'on appelle le réel, le plus souvent réduit à la tapisserie des clichés !
Car le réel pour beaucoup est fait de croyances qui, à l'analyse, sont fausses, ou bien se trouvent être les données d'un réel antérieur.
Curieusement, alors que je prônerais plutôt de s'éloigner du réel, afin de produire d'autres réalités, on me reproche parfois une forme de réalisme que je mêlerais à une écriture un peu « déjantée ».
Pourquoi pas, déjantée, l'écriture, si c'est un moyen de sortir du réalisme, même si je ne suis guère passionné par les métaphores automobiles ?

24 décembre 2013
SUR LA RADIO FRANCE INTER, veille de Noël, Pascal Picq, auteur de *L'homme et la diversité en danger*, parle en citoyen plus qu'en scientifique ainsi qu'il l'indique.
Une jeune femme pose une question qui la taraude : « Est-il vrai que l'homme aurait connu un pic d'intelligence il y a 2 ou 3 mille ans et que depuis son intelligence s'amenuiserait ? »
Eh bien cet homme ne se décide pas à lui répondre que ce n'est qu'une théorie pour le moins contestée. Que sans doute l'homme d'il y a 5000 ans savait mieux lancer sa lance sur le sanglier mais que le cerveau d'aujourd'hui comporte par définition beaucoup plus de connections.
Car pour lui répondre cela, cet homme aurait dû titrer son livre, non pas sur le « danger », mais sur le « possible ».
Je suis de ceux qui pensent que le pic d'intelligence est à venir. Sinon comment ferions-nous pour poursuivre l'aventure mentale, intellectuelle, l'aventure spatiale etc.

25 décembre 2013
GEORGIA TROUVAIT qu'il y avait beaucoup de « eye contacts » à *Paris*. Elle en était toute étonnée, quoi ? elle aimait bien que les gens se regardent dans la rue, sans gêne et pas plus que ça.
Georgia était géorgienne, ce qui pouvait expliquer qu'elle en ait été frappée, son pays restant marqué par des traditions excluant de se regarder dans les yeux. En tout cas pour les femmes et les inférieurs, et même pour les hommes entre eux au risque de provoquer des bagarres.
Et puis c'était aussi la première fois qu'elle venait à Paris. Elle avait dit « eye contacts » parce qu'elle ne parlait pas français, langue dans laquelle on aurait dit « échanges de regard » ?
Est-ce que le « eye contact » est également développé dans les grandes métropoles internationales, je me demandais ? Oui, à New York ou à Londres, certainement. Encore que Georgia qui se rendait assez souvent à Londres pour son travail de banquière, l'aurait remarqué.

Peut-être qu'une certaine mode s'était développée à Paris, progressivement devenue typique à cette ville ?
Tout comme s'était imposée le fait de se regarder dans les yeux en levant les verres pour « trinquer » avant de boire.
« Qu'était-ce cette nouvelle manie de se regarder en trinquant, avant on ne faisait pas cela », avait martelé un conservateur de « ce qui était », de fait opposant acharné à la nouveauté.
Moi j'y vois un sursaut dans les mœurs. Des individus en tant qu'individus se regardent facilement lorsqu'ils se croisent dans la rue ou ailleurs, au contraire des sociétés autoritaires et pénitentiaires où l'on se mate de côté en baissant les yeux.

27 décembre 2013
LA VIE PRIVÉE dont on entend dire partout qu'elle serait menacée de disparition, voire selon les ultras des réseaux qu'elle serait une anomalie, s'est considérablement développée avec le mouvement d'individualisation en raison, ici en Europe par exemple, de la moindre pression des institutions religieuses ou politiques.
D'un autre côté se développe une *forme partagée* de cette vie privée bien plus ample que celle partagée avec des confidents ou des voisins amis.
Ainsi sur les réseaux sociaux fait-on part à un cercle plus ou moins large d'« amis » des choses de sa vie, ses humeurs, ses amours etc. Qu'on illustre d'auto-portraits, de vidéos de voyages, de photos de ses enfants...
Si bien que contrairement à ce que radotent les médias, le champ de la vie privée s'étend grâce à cette nouvelle vie privée partagée !

29 décembre 2013
DE PLUS EN PLUS SOUVENT ON PEUT VOIR, dans les librairies à grande surface, des installations de piles de certains livres, par exemple une dizaine de piles de 20 exemplaires au moins du même livre du même auteur...

L'autre matin, ne parvenant pas à trouver deux livres que je cherchais, je propose à une conseillère de ne pas mettre tant de piles d'un même livre afin de laisser de la place aux autres livres que sinon on ne voit pas.
« C'est le système, me dit-elle, qui fait qu'on doit mettre en valeur tel livre plutôt que tel autre, sans que j'en connaisse le critère ».
D'autant plus révoltant que parfois les auteurs de ces livres mis en avant sont des dénonciateurs acharnés des pratiques capitalistiques et autres trucs de corruption.

30 décembre 2013
AU CAFÉ, UNE VOISINE ME PARLE. Je lui parle. Il se trouve qu'elle n'aime pas la foule, ni la ville ni les téléphones mobiles, et pas le numérique.
Elle pense qu'il n'y a pas de « eye contacts » à Paris. Non, elle ne croit pas que les gens se regardent en se croisant dans les rues des grandes villes.
Tout ce dont je lui parle, elle le conteste, elle le refuse.
Je sais que ce que je dis est souvent contre-intuitif. J'admets que mes écrits mettent en cause des convictions répandues.

4 janvier 2014
IL A FALLU QUE J'AILLE À LISBONNE pour découvrir que Pessoa signifie une personne !
Et aussitôt j'ai pensé oui que, à part pour quelques éclairés ou proches qui voyaient bien qu'il était une personne, Fernando Pessoa a été personne toute sa vie ou presque, en tout cas pour la société de son époque,
Ecrivain pratiquement sans livre de son vivant, n'ayant publié qu'un livre l'année d'avant sa mort (1935), excepté des textes ou poèmes dans des revues anglaises et portugaises, dont la sienne.
Donc un écrivain pas écrivain pour ses contemporains, cependant une vraie personne, sans doute parmi les plus porteurs d'individualité de son temp.
Désormais si reconnu en particulier pour *Livro do desassossego* (L'intranquillité) publié seulement en 1982 :
« Levo comigo a consciencia da derrota como um pendao de vitoria » !

7 janvier 2014
CROISÉ LA WEINE, fâchée avec moi pour une mauvaise raison depuis deux décades au moins. Lui ai fait un signe de main répété, comme si je l'avais fait à l'un des personnages de mes romans que j'aurais rencontré par pure absurdité dans la rue.
A quoi elle a répondu par un sourire complice, du fait que je devais avoir l'air effectivement d'être en voyage dans mes livres, alors que je remontais à pas rapide la rue, non pas des Martyrs, mais de la Gaité Montparnasse...

9 janvier 2014
ON L'A PASSÉ, le cap de l'année nouvelle, dit-il fièrement à son voisin. Il répète : Oui, une fois de plus on l'a passé, alors que l'autre répond : « Un de moins ! »
-Ah vous dites ça, vous ?
-Oui, un de moins !
-Vous savez, on croit qu'il y a une césure, pas du tout, rien a changé...
-En tout cas, c'est fait !
-Sauf peut-être l'inversion des pôles magnétiques du soleil qui vient de s'achever à mi-temps du cycle solaire de 22 ans, en conséquence les aurores boréales et australes devraient être plus fréquentes cette année...

16 janvier 2014
DANS UN JOURNAL GRATUIT datant des vacances dernières, je lis que des gens viennent d'être libérés de prison après y avoir passé 17 années.
Du coup je me demande : Et moi qu'est-ce que j'ai fait durant ces années-là ?

18 janvier 2014
« L'ÉPÉE DE DAMOCLÈS ». « Ici que le bât blesse ». « Ne pas ouvrir la boite de Pandore ». « Et puis c'est la croix et la bannière »...
-Vous avez connu ça vous, la croix et la bannière ?
-Non la bannière, je connais pas !

28 janvier 2014
JE RECHERCHE CETTE PHRASE qui m'est venue tandis que je passais devant l'une des boucheries du bout de ma rue dont j'observe souvent sur les étals l'installation de morceaux parfois entiers d'animaux les plus divers. Et qui a disparu de ma pensée avant que je m'installe au café avoisinant où je pensais l'écrire.
Peut-être je l'ai rêvée, me suis-je dit une fois commandée

la consommation. Tout comme il m'arrive la nuit d'écrire mais hélas de ne rien retrouver en mémoire le lendemain.
C'est une curieuse impression de perte dont je sais cependant qu'elle ne saurait être définitive. A un moment la phrase me revient au détour de l'écriture d'une autre phrase. Le plus souvent à un croisement de rues, où à l'occasion je l'intègre dans mon téléphone intelligent.
Alors, ainsi piégée, la phrase avec d'autres ne sera plus perdue. Si toutefois je n'oublie pas de revenir la chercher dans ces notes du téléphone.

29 janvier 2014
« BOMBE À RETARDEMENT » est une expression de plus en plus répandue. Il est possible en effet qu'il y ait pleins de décisions ou de situations qui en soient des bombes à retardement. Tout de même, il ne faut pas exagérer.
L'usage de l'expression vise surtout à en « rajouter », quand les arguments rationnels manquent, de sorte de donner à une affirmation une force qu'elle n'a pas nécessairement.
L'expression semble alors pallier un manque de développement conceptuel, ce qui est dommage si c'est un philosophe qui en use !

31 janvier 2014
UN TYPE QUI ÉCRIT DANS LES CANARDS depuis des décennies et tricote de papier en papier sur le thème « toutes les valeurs auraient quitté ce monde », vient à la télé asséner sans aucun problème « qu'il nous faut reconnaitre que la société prend une forme de plus en plus désastreuse, oui que nous devons admettre que l'on va au désastre » !
Je me mets souvent à la place d'un.e jeune de 20 ans qui écoute ça.
Soit il/elle pense que c'est un vieux con parmi tant d'autres. Soit ça lui fout les boules à la manière de ce que ressentent à la guerre les résistants qui voient passer leurs poursuivants à deux pas de leur planque.

1er février 2014
A VOIR CE QU'ON PEUT SAVOIR DE L'EXTÉRIEUR quand on est parent d'élèves, l'école ni les collèges ou lycées n'ont quasiment pas changé depuis des décades. Et ce contrairement à ce qu'affirment les dénonciateurs conservateurs de l'éducation actuelle.
En tout cas, rien dans les méthodes d'enseignement toujours basées sur le papier et le magistère. Ainsi le prof fait son cours, les élèves en prennent note sur cahier, même si ce cours n'est qu'une variante pas forcément meilleure que celui des livres fournis.
Rien non plus ou presque dans l'apprentissage des langues, à commencer par le français (recopier dix fois « il aperçût » parce qu'écrit sans circonflexe)...
Sans parler des rapports profs/administration/élèves qui sont hélas si familiers (appréciations, sanctions, devoirs...) pour les anciens élèves que sont donc les parents devenus !

11 février 2014
« ON NE LÂCHERA PAS » est un cri vraiment inquiétant quand il est déclamé par tous les bords de la sphère politique. Ce n'est pas loin du « on se battra jusqu'au bout ».
En sport, cela se termine en général par la victoire des uns sur les autres, normalement en tout bon jeu. Dans la tragédie classique, dont on n'est jamais complètement sorti, la règle est celle du jusqu'au dernier guerrier.
Tandis qu'en géopolitique moderne (étant entendu que l'époque moderne à commencé il y a au moins trois siècles), ça se termine par la destruction d'un pays, et de sa population...

27 février 2014
DANS LES LIVRES DE FRANÇAIS, par exemple des collèges en cette année 2014, ce sont souvent de vieux mots qui illustrent les règles de grammaire.

Ainsi pour les mots polysémiques, l'exemple proposé est « fléau », dont le premier sens est un outil agricole depuis bien longtemps supplanté par des machines batteuses qui ne peuvent plus être qualifiées de fléau, sauf par le touriste qui les croise sur les routes de campagne.
Du coup le mot fléau, synonyme de calamité, n'est plus guère polysémique !
On peut supposer que les nouveaux et futurs manuels en édition électronique permettront, par des mises à jour régulières, de proposer des mots plus actuels pour illustrer la science grammairienne.

7 mars 2014
UNE PETITE ERREUR TECHNIQUE de ma part a rendu mon site invisible, deux jours durant, ma fenêtre sur le monde fermée à double persienne !
Ce qui a accru ma déprime provoquée par la politique russe de la force, les envois d'hommes armés cagoulés, la pratique des pressions physiques, la manipulation de l'info etc.
A quoi s'est ajoutée la lecture d'enquêtes sur les viols (plus actes de tortures) de femmes de la rébellion par le régime syrien. Et aussi sur la technique du même régime, dite du siège, visant à affamer des populations tout en les bombardant par avion de matériaux explosifs. Des pratiques remontant à des périodes d'épouvante, normalement éradiquées de tous les textes en vigueur.
Heureusement il y a *l'Europe*, ce sont des moments pour le dire, en rempart contre les guerres et les atteintes aux droits des personnes. Certes elle ne parvient pas toujours à les contenir brillamment mais elle continue cependant de tracer son rôle de prémonition d'un autre monde à venir !

8 mars 2014
À NOTER, en ce jour de la fête internationale des femmes, que pour la première fois cette année, en France, les listes aux élections municipales des 23 et 30 mars seront

paritaires dans toutes les communes de plus de 1000 habitants. Donc, les conseillers municipaux et intercommunaux seront composés d'autant de femmes que d'hommes.
Ainsi la politique locale ne sera plus tout à fait une affaire d'hommes, si toutefois les femmes ne se comportent pas comme les hommes !

18 mars 2014
UNE ILLUSTRATION DÉFAVORABLE à l'image du numérique. La scène se passe après un diner en famille, les grands enfants et leur amis se lancent dans la consultation de leur téléphone, les voilà tous tête baissée chacun sur leur engin, le silence gagne le lieu.
La mère qui est grand-mère âgée, soudain, avec une certaine panique, s'exclame : « Mais qu'est-ce que vous faites » ?
Je crois devoir me justifier en indiquant que je répondais à un message que je venais de recevoir.
Je saisis aussi la vision de la mère qui s'est sentie dans la solitude extérieure d'être parfaitement exclue de la partie qu'elle croit commune, alors que chacun faisait sa recherche seul...
Bon, cela peut arriver également quand les gens lisent ou dorment.
Ou bien parlent une langue que l'on ne comprend pas.

20 mars 2014
LA FÊTE À LA LANGUE FRANÇAISE ! Eh bien, qu'on parle et écrive un français vivant, une langue inventive, enjouée, et pas nostalgique comme c'est trop souvent le cas !
Qu'on ne recourt pas aux vieilles formules par facilité, qu'on crée de nouvelles expressions, qu'on invente des formes !
Qu'on trouve de solutions pour ce qui gêne dans la communication internationale, comme les « c » cédilles ou les accents la plupart du temps intempestifs !
Qu'on se libère de règles vraiment trop anachroniques et

inadaptées ! Qu'on privilégie la logique contemporaine plus que la logique étymologique !
Que dans les grammaires on cite des exemples issus de la vie contemporaine...
Bref que l'on continue le français !

22 mars 2014
LE SALON DU LIVRE devient en fait de plus en plus le salon des lecteurs si l'on considère l'accroissement régulier du nombre de visiteurs.
Ce public grandissant correspond d'ailleurs à l'accroissement du nombre de lecteurs, même si chaque lecteur lit moins de livres que les gros lecteurs d'il y a un siècle.
Ce public massif est devenu le marché cible des éditeurs qui, en s'orientant vers ses goûts supposés -nostalgiques, conservateurs, rétifs au numérique, délaissent peu à peu les lecteurs de littérature.
Alors, si le salon du livre n'est pas vraiment le salon de la littérature, il est le salon des livres devenus le support d'une activité culturelle parmi d'autres.
Hélas, le livre n'est plus au premier rang, comme l'illustre l'ordre de présentation de la *Page culture* du journal *Le Monde.fr* : Cinéma, Musiques, Scènes, Arts, Architecture, Livres, TV.

24 mars 2014
-LE SALON DU LIVRE ?
-Non, je n'y suis pas allé. En fait je n'aurais pas vraiment su où me mettre. Enfin, c'est une façon de parler, par embarras du choix si tu veux.
-Dur pour les auteurs ?
-Pour les écrivains...
-Ah oui ?
-Le bruit qui y est insupportable ! C'est un des endroits les plus bruyants que je connaisse. D'ailleurs assez curieux, parce qu'en général on associe la lecture au silence...

4 avril 2014
CE VENDREDI À 20H AU PALAIS DE TOKYO, lecture des *Entretiens avec Marguerite Duras*. L'idée s'était imposée à moi début 2013 d'organiser une nouvelle lecture de ces entretiens, précisément le jour de « ses 100 ans ».
Idée renforcée par l'enthousiasme, qu'en la découvrant, j'avais éprouvé pour *la salle 37* dont on dit qu'elle a été retrouvée par hasard lors de la destruction d'un mur.
Cela me plaisait bien sûr de rendre hommage à Marguerite Duras, de participer moi aussi à toutes ces manifestations organisées pour son centenaire. Je me réjouis d'ailleurs beaucoup que tant d'événements lui soient consacrés. Je me réjouis aussi qu'elle soit tellement jouée et lue, en vérité jamais autant.
Car cela fait oublier combien elle avait été snobée autant pas ses pairs que par les critiques. Savoir qu'à une époque elle n'avait pas d'article de presse, au point d'écrire elle pour présenter ses livres (*Emily L.* dans *Le Nouvel Observateur*). Ou alors c'était des articles très sévères, « cruels » peut-on dire avec le recul. Je pense à un critique d'un grand journal, aujourdhui disparu, pourtant lié d'amitié avec elle qui, dans de rares papiers, écrivait longuement sur ce qu'il appelait ses tics d'écriture. Au fond sur ce qu'il ne captait pas ou n'acceptait pas, c'est à dire l'écriture magnifique de Duras.
En fait cela me plait tout simplement de fêter Marguerite le jour précisément de sa naissance un 4 avril 1914, ce 4 avril 2014.

7 avril 2014
ON EFFACE TOUT, RETOUR À 2012. L'actuel ministre de l'éducation est nommé à ce poste tandis que Vincent Peillon est nommé à celui d'un nouveau ministère de *la révolution des horaires* (selon le mot d'une candidate à la Mairie de Paris).

Il s'occupe de les adapter aux besoins et possibilités des gens. Retardant la fermeture des crèches et des administrations, ouvrant les bibliothèques le soir et le dimanche, les supermarchés et autres magasins à toute heure, pareillement pour le métro, les bus de banlieue et les commissariats de police. Et aussi les musées...
Les salariés peuvent choisir de travailler à des horaires flexibles, les écoles sont ouvertes en animation tous les mercredis et samedis, les équipements sportifs des lycées et grandes écoles sont disponibles au public les dimanches et jours fériés etc..

11 avril 2014
L'ÉVÉNEMENT MAJEUR DU MOMENT dans le petit monde intellectuel français, c'est l'élection à l'Académie française d'un philosophe anti-moderne, ainsi que le qualifie *Le Monde*.
Ce n'est pas étonnant de la part d'une compagnie dont les membres ne sont vraiment pas modernes, à l'exception de quelques-uns comme Michel Serres, ce qui devrait poser la question de sa légitimité.
Selon la presse, Alain Finkielkraut est « essayiste et amateur de football », et aussi « fou de médias sous toutes leurs formes -sauf la plus récente, Internet ».
On ne dit pas qu'il est selon ses propres termes « un handicapé informatique », c'est-à-dire qu'il ne connait rien au numérique. Cela ne l'empêche pas d'en tirer des conséquences extérieures, par exemple de souligner que « l'iPhone 5 a détrôné le iPhone 4 » pour dénoncer la vitesse de notre époque, ce qu'il n'écrirait sans doute pas s'il pianotait d'habitude sur un téléphone intelligent.
Cela ne l'empêche pas non plus de décrire internet tel « un asile pour les images, les photos, les conversations volées, une poubelle de toutes les informations » et d'en qualifier la pratique de toxicomanie.
Certains le trouvent courageux bien qu'en désaccord avec lui, notamment dans ses assertions qui le rapprochent de l'extrême droite ou dans son soutien renouvelé à un

certain Camus (ex auteur-phare de l'éditeur P.O.L).
J'affirme ici que développer une rhétorique anti-moderne n'est pas de l'ordre du courage, surtout en cette période dite de crise.
Non, le courage aujourdhui, c'est d'être moderne et de développer, envers et contre tous les populismes et les conservatismes, un discours privilégiant ce qui est le plus déterminant de cette époque, bien sûr la transition numérique !

26 avril 2014
AU MOMENT DE CHOISIR un titre pour *Les Voyageurs modèles*, celui qui me revenait avec insistance était « Lâcheté anti-moderne ». Une amie, Pauline Dezert, trouvait avec raison que c'était « trop ». En fait le titre exact aurait été son inverse : « Le courage d'être moderne ».
En effet, aujourdhui encore plus, il en faut du courage pour exprimer des opinions qui ne sont pas anti-modernes, par exemple mettre en valeur ce qui va ou va mieux dans le monde. Tandis qu'il n'y a pas besoin de courage pour asséner à longueure de temp que « l'on fonce droit dans le mur », en listant toutes les catastrophes possibles à venir, jusqu'à en être déprimés et déprimants comme par exemple les animateurs des matins de la radio.
Outre que ces intervenants sont souvent victimes de groupes de pression qui ont besoin d'exagérer les problèmes pour se faire entendre et pour obtenir des subsides publics, il faut reconnaitre qu'il est plus facile de faire passer auprès des publics ce qui s'accorde aux croyances les plus répandues.
D'autant que l'écoute majoritaire est portée vers ce qui était et ne sera plus.

-/-

9 mai 2014
UN SONDAGE réalisé à l'occasion de la journée de l'Europe indique que seuls 51% des français sont favorables à l'appartenance de la France à l'Europe.
Même si on subodore une question un peu stupide (demander à un Parisien s'il est favorable à l'appartenance de son quartier à Paris ?) il faut bien dire qu'il y a une vision repliée chez les 49% qui n'y seraient pas favorables.
En tout cas, ce sondage démontre que beaucoup de français ne perçoivent pas ce que les autres peuples voient dans l'Europe : le modèle européen qui est à la fois modèle d'organisation et de civilisation.
Cela va du respect du droit (contre la force), au choix de la négociation (plutôt que le conflit), à la défense des droits des personnes, y compris contre les États. Ainsi la France est souvent mise en cause pour l'état de ses prisons et sa justice contredite par la *Cour européenne des droits de l'Homme.*
Une illustration marginale mais réjouissante de ce modèle : Les États américains des USA qui pratiquent encore la peine de mort ont de plus en plus de mal à se fournir en drogue nécessaire aux exécutions par suite d'un embargo des firmes pharmaceutiques européennes !

16 mai 2014
« FAUT PAS METTRE LA CHARRUE AVANT les boeufs », lui jette en l'accostant au bout de sa rue un militant solidariste d'extrême.
Alvigna le regarde et regarde autour de lui.

« Vous avez vu des boeufs ici, vous? Sérieux, vous voyez des charrues là, il lui re-demande ? »
« ... »
« Non, vous n'en voyez pas ? Alors, changer votre langage vous y verrez surement plus clair ! »
Autres mauvais slogans :
« Tout va mal, c'est pas normal ! » s'écrie le chef du front de gauche.
« On entre en France comme dans un moulin », déclame la cheffe du front d'extrême droite (il est en réalité devenu très difficile d'entrer dans les moulins d'aujourdhui).

10 juin 2014
UN LIVRE D'UN AUTEUR AMÉRICAIN obtient un succès phénoménal en Allemagne après avoir « cartonné » aux USA. Quel peut donc en être le thème si mobilisateur ?
Désappointement, il met en garde contre les dangers du numérique !
Imaginez le contraire, qu'il ait écrit sur les avantages de la vie numérique. Quelle joie en effet j'aurais eu si ç'avait été pour décrire le plaisir de la vie numérique !
Oui, et côté succès ?
Ce n'est peut-être pas toujours le cas, mais souvent, quand ça cartonne, c'est conservateur.

12 juin 2014
A QUAND L'ENSEIGNEMENT DU CODE INFORMATIQUE ? Il se trouve que plusieurs pays en assurent l'apprentissage à l'école primaire, pas la France. Le gouvernement envisage donc de combler ce que la presse appelle le retard français.
Pourquoi ? « Parce que les élèves doivent savoir que les équipements informatiques utilisent une information codée... Et ils doivent pouvoir réaliser eux-mêmes de petites applications utilisant des algorithmes simples » (Gouvernement).
Ils doivent ? Pour l'instant, c'est « ils devraient », parce que il faudrait d'abord former des enseignants qui sont

plutôt rétifs au numérique.
Pourquoi, pourquoi ? Parce que ce serait la meilleure façon de développer une vision démystifiée des algorithmes.

24 juin 2014
GENEVIÈVE FRAISSE, PHILOSOPHE AMIE, m'envoie une information sur son livre *Les excès du genre*, à paraitre fin aout (éditions Lignes). Elle y est présentée comme « chercheuse ».
Ce féminin-là me pose problème, sans doute parce que je défends la généralisation de la règle du « e » féminin et du « non e » masculin (tout comme je prône celle du « s » et « non s » pour le pluriel et le singulier).
Les noms anciennement féminisés ont tous des connotations plus moins machistes, ce sont souvent des noms donnés quand les femmes étaient ultra minoritaires dans la fonction : doctoresse, maitresse et même productrice, traductrice.
Je reconnais volontiers qu'il peut y avoir une difficulté à féminiser certains mots comme écrivain ou médecin.
En revanche la pratique du « e » féminin pour les noms en « eur » se répand de plus en plus. Donc une chercheure et une producteure, une ingénieure, auteure, narrateure, chauffeure, traducteure, reporteure etc...

2 juillet 2014
ON A BEAU ÊTRE ROYAL ET SOUVERAIN DANS SON NID D'AIGLE, on attend les réactions à la lecture du livre. Et s'il y en a, il n'y en a jamais assez, ni d'assez convaincantes...
Pas réussi ces jours-ci à écrire sur l'auto-édition qui pourrait bien devenir une tendance plus décisive que la mode de l'auto-fiction, sans l'exclure. D'ailleurs, l'auto-édition a toujours existé autant pour les écrivains les plus isolés que pour les auteurs qui sont dans l'édition depuis des décades...
Impossible d'expliciter davantage le projet de *L'Insatisfaction* -écrire une voix féminine- qu'en fait j'avais

en tête sans le savoir depuis longtemps. Juste dire que ça a avoir avec le fait que la libération des femmes a été une libération des hommes, pour moi en tout cas...
Alors quand je n'ai pas de nouvelles ou moins, je descends dans la rue, marcher, croiser des connaissances, des ami.e.s ? Des lecteur.e.s ?
Oui, je croise Elizabeth Z. J'ai beaucoup aimé, me dit-elle / Déjà, vous l'avez déjà lu? / Oui vous savez je suis une lectrice, moi... j'ai beaucoup aimé. Et j'ai beaucoup aimé l'escapade de la fin à Tam... c'est un fantasme récurrent de fuite... / Oui j'y suis allé, je rétorque comme si pour une fois j'avais eu besoin de m'appuyer sur un élément de réalité dont je me passe pourtant aisément.
Je rentre d'une traite pour extraire de petits passages, que je vais poster sur ma page Facebook...

5 juillet 2014
OÙ SONT LES CRÉATIFS DE LA LANGUE ? Le milieu qui devrait être créatif dans l'écrit de la langue française ce serait celui des écrivains, et aussi le monde de l'édition, et celui des institutions chargées de défendre la langue, il y en a au moins trois. Hélas non, ce n'est pas ainsi.
Eux restreignent la langue à son état historique, ils s'en tiennent à l'écrit d'une langue qui ne se parle plus.
Qui est créatif à part les parlants de la vie ?
Eh bien il y a les chercheurs et autres spécialistes de toutes disciplines qui s'affrontent à l'obligation de rédiger un écrit adapté à la situation du jour, en tout cas quand ils n'utilisent pas l'anglais.

12 juillet 2014
HOMMAGE À YANN ANDRÉA :
« Un autre jour je lui dirai à André, qui s'inquiétait à son tour d'être seul, de n'être rien, de quoi encore ? Je lui dirai : Tu as l'air d'aller bien, ça va, toi tu es un acteur de la vie, de quoi se plaindre ? »... (*La Fiction d'Emmedée*)

Yann mort plus jeune que MD lorsque je lui ai parlé, à elle Marguerite, des amis de Caen, dont Yann était, eux qui dansaient sur la musique d'*India Song*. Tristesse !

23 juillet 2014
A LA VUE DES IMAGES DE GUERRE : Pourquoi tant de destructions de vies, de corps, de constructions, de quartiers de villes, de tant de lieux et de réalisations humaines ?
Pourquoi une telle rage à détruire est-elle toujours aisément justifiée par une bonne cause qui se révèle pas si bonne que ça le temp passé, voire erronée ?
Sachant que toute résolution des conflits passe par la négociation et le compromis, valeurs de l'Union européenne dont on peut être fier, même si des commentateurs auto-informés de leurs propres clichés y voient la marque de démocraties faibles.
Non pas, ces valeurs-là font la force de l'Europe !

1er aout 2014
TITRE DE PRESSE : « Une école de l'ONU abritant des réfugiés touchée de plein fouet ».
L'expression est-elle plus exacte que bombardée, ou bien pilonnée ?

17 aout 2014
SE DÉPLACER DANS LE MONDE RÉEL est de plus en plus difficile à cause du trafic élevé, mais aussi des « queues » généralisées.
Les responsables ont-ils en tête d'alléger les peines de ceux qui doivent attendre ? Parfois cela semble faire partie d'un parcours obligé, il faut attendre et faire la queue comme une épreuve de pénibilité à franchir et en plus à mériter !
Ainsi pour des expositions à *entrée libre*, il faut néanmoins passer par la file d'attente de la billetterie pour obtenir un ticket. Quand bien même il y a une queue d'une demi-heure avec une seule caisse en

fonctionnement, tel que ce 15 aout au musée de la Cité de la musique...

18 aout 2014
HUMOUR ET GÉNIE DE TOLSTOÏ : quand il dépeint la première fois la personnalité de *Anna Karénine*, il dit qu'elle est digne d'un personnage de roman !

1er septembre 2014 13h
RYTHMES SCOLAIRES SUR 5 MATINÉES, il n'y aura pas d'exceptions à sa mise en œuvre, annonce la nouvelle ministre. C'est pourtant une mauvaise réforme qui coûte cher et sème la zizanie, avec pour résultat d'introduire à l'école des activités périscolaires d'un autre âge et de niveau incertain.
La seule justification rationnelle est que les enfants apprennent mieux le matin que l'après-midi.
En général, on se contente d'affirmer que tout le monde est d'accord pour estimer que c'est une bonne réforme de faire passer aux enfants une matinée de plus à l'école.
Hélas, sous-jacent, il y a l'idée conservatrice qu'il faut les ramener vers l'école, de sorte de les éloigner de la télé, d'internet, des jeux vidéos etc.

-/-

1er septembre 2014 15h
UNE TENDANCE dans les livres de cette rentrée est d'aller chercher chez des auteurs du passé un moyen d'éclairer le présent, et même notre avenir.

Ce ne serait pas complément nouveau, c'est en fait une tendance historique. Cependant, c'est une démarche courue d'avance, tant elle est à peu près certainement vaine.
Par exemple non, Georges Bernanos ne décrit pas étonnamment ce qui se passe de nos jours, ni bien sûr ce qui va se passer dans les 5 ans qui viennent. Ce qui ne veut pas dire que ses écrits ne sont plus intéressants. Quoi ? il n'est simplement pas d'actualité !
Alors si des auteurs y voient des correspondances avec notre époque (étant entendu qu'on peut toujours rapprocher tout de tout), c'est qu'ils ne saisissent pas vraiment ce qu'il y a de singulier à notre époque.

4 septembre 2014
« TU VAS BIENTÔT ÊTRE ultra minoritaire », je dis à l'un ou l'autre de mes quelques amis (souvent universitaires, préférant des réseaux plus professionnels) qui ne sont pas « encore » sur Facebook et résistent à « s'y mettre ».
Hier sur une terrasse j'ai entendu quelqu'un disant qu'il y était depuis la veille, fier d'avoir tenu jusque-là !
C'est étrange d'ailleurs que tout le monde y soit, ou y sera bientôt. Connecté à Facebook, comme on l'est au gaz ou à l'eau et l'électricité, et au téléphone et à internet. Étant entendu que pour ces services on a le choix entre plusieures compagnies dans chaque pays.
Tandis qu'il y a un seul Facebook pour le monde, auquel on peut en effet se connecter de n'importe quel endroit du monde !

7 septembre 2014
UNE MÈRE D'ORIGINE immigrée qui pousse son bambin à vive allure dans une poussette, croise au bout de la rue un couple de petits blancs d'âge moyen. Il semblerait que le couple ne l'ait pas laissé passer et ait même forcé un peu leur priorité. Ça qu'elle leur reproche en les invectivant de ne pas les avoir laissé passer, elle et son bambin dans la poussette. Alors le ton monte -le cliché

est complètement vrai, les gestes se multiplient, les corps se rapprochent puis finalement s'éloignent, échangeant à mesure qu'ils reculent des insultes les plus éruptives que chacun peut trouver. On aurait pu croire que les choses s'en seraient tenues là...
Voilà qu'entre en scène le mari de la mère immigrée, revenu d'on ne sait où, acheter des cigarettes, qui a rattrapé en moins de deux mouvements les petits blancs et a déjà empoigné l'homme le secouant prêt à le jeter à terre. Sauf que la mère cette fois hurle le nom de son mari « Abdel » pour qu'il arrête, les rejoint vite elle aussi, s'interpose entre son mari et les petits blancs. S'en suit une scène d'attente, d'invectives au texte qu'on peut imaginer, cependant qu'on ne sait ce que la mère a fait de la poussette, sans doute délaissée face à l'urgence sur le trottoir. Éloignement des corps puis rapprochement à nouveau suite à une ultime insulte, « quoi ? qu'est-ce que t'as dit ? répète un peu ! ».
La scène s'arrête finalement, les petits blancs abattus, repartent sans doute convaincus, s'il ne l'étaient déjà, de voter dès que possible pour le parti d'extrême droite. Et les immigrés s'en vont renforcés dans leur croyance selon quoi les blancs ne sont pas civilisés ni bons.
Fin de la scène, en réalité tout à fait sectorielle, car elle n'a pas empêché la scène « principale » de se poursuivre, tenue elle sans le savoir par tous ces gens qui continuent d'aller et de revenir, de vaquer heureusement.

11 septembre 2014
SUREMENT QUE DEPUIS LONGTEMPS je voulais écrire une voix féminine.
Parce que je n'ai jamais eu de goût pour le machisme des hommes, déconsidéré à mes yeux par le comportement de mon père qui n'était pas de ce type d'hommes.
Sans doute aussi parce que j'ai toujours mal vécu la domination dont les femmes étaient l'objet. Domination que je percevais à travers la révolte de ma mère, sans que je sache d'ailleurs qu'elle développait ainsi une manière

d'être féministe.

13 septembre 2014
IL PEUT TOUJOURS Y ALLER L'AUTRE, avec ses 640 pages sur Dieu, Jésus-Christ et les croyances historiques, il a de la matière facile à disposition. Il aurait même pu en écrire 64 000 pages au moins.
Moi je travaille sur ce que crois être le présent, il y a aussi de quoi en écrire, la matière parait d'ailleurs infinie plus on avance.
Mais ce présent est globalement informulé, ou alors il se formule dans une langue qui n'en rend pas compte.
C'est donc un travail à petits pas.

16 septembre 2014
PARVENIR À UNE LANGUE qui soit un écrit de l'oral d'aujourd'hui.
Car, on doit se représenter que tout comme une langue parlée correspondait aux écrits du passé, à l'oral d'aujourdhui doit correspondre un écrit capable de formuler du mental de notre présent.

24 septembre 2014 10h
CE QUI REVIENT TOUJOURS dans les discours sur le changement climatique, c'est le slogan « si on ne fait rien ».
Sous entendu, on va dans le mur, on court tout droit à la catastrophe, les plus 4° de température, les phénomènes extrêmes, la montée des eaux...
Au fait, pourquoi ne fait-on rien ?
Pourtant, à peu près tout le monde est d'accord. Par exemple pour que les camions prennent les trains pour traverser la France et l'Europe. Et surtout pour qu'on utilise le tout soleil qui est gratuit et sans limite à échelle humaine...
Si on ne fait rien, signifie en fait que si on fait quelque chose ça ira !

24 septembre 2014 23h
COMME DIT L'ANCIEN PRÉSIDENT Clinton, les titres d'actualités du monde d'aujourd'hui sont réellement mauvais, mais les tendances à terme sont plutôt bonnes.
Il cite l'extrême pauvreté qui diminue tandis que la santé s'améliore de par le monde.
A quoi on pourrait ajouter l'éducation, jamais autant massivement développée, et le nombre croissant de musées ou bien de connections à internet, ainsi que celui des individus qui y sont connectés.
Et si les « droits de l'homme et l'état de droit sont attaqués » partout dans le monde, selon le secrétaire général de l'*ONU* Ban Ki-moon, cela signifie qu'ils sont reconnus plus ou moins partout, ce qui est une chose nouvelle dans l'histoire des humains...

30 septembre 2014
LE NOMBRE D'ANIMAUX SAUVAGES aurait diminué de moitié en 40 ans sous l'action de l'homme, en particulier à cause de l'urbanisation.
Autant qu'on puisse l'évaluer avec certitude, ce constat n'empêche pas que le développement humain va se poursuivre et que nombre d'animaux sauvages se retrouveront dans des réserves et autres zoos, de moins en moins sauvages, de plus en plus protégés et acoquinés à l'homme.
Cela parait presque naturel !

-/-

1er octobre 2014
RETROUVANT UNE AMIE, pas vue depuis des mois, je suis surpris qu'elle se lance dans le récit d'un conflit avec une autre femme, pourtant éduquée tout comme elle, à propos d'une production de film. Je me demande ce qui lui arrive, son débit est hoquetant, parsemé de manque d'infos, révélant une grande confusion intérieure. En fait, elle ne parvient pas à formuler un exposé factuel.
Après m'en avoir parlé pendant trois quarts d'heure, malgré mes tentatives pour détourner la « conversation », elle me dit espérer que je n'allais pas être perturbé par ces histoires...
Non sûrement pas, pourquoi je devrais l'être ? Je vole au dessus de ça, elle le sait. Et puis, je suis tellement intéressé par des milliers de choses que je m'impose de ne pas être occupé par ce « genre d'occupations ».
En fait je le serai, perturbé, en raison de son état mental qui respirait en l'occurrence une mentalité de bagarre que je n'aime pas.
À vrai dire, j'en ai été atteint au point de devoir en passer par une petite séquence de sommeil pour me remettre.

2 octobre 2014
DES ÉLECTIONS AU SÉNAT, on retiendra que c'est une assemblée pléthorique de 350 personnes (contre 100 aux USA) qui vivent au train de sénateurs. Je ne parle pas de leur lenteur légendaire, mais de leur train de vie au Palais du Luxembourg à Paris 6e.
Ce qui est remarquable, c'est qu'aucun d'aucun parti ne proteste contre ce train-là.
Profitons-en pour réclamer la suppression de la « réserve parlementaire », importante somme d'argent dont chaque parlementaire dispose à sa guise (en sus des différentes indemnités, avantages et privilèges).
Même pas un rebelle de la gauche de la gauche qui le demanderait !

4 octobre 2014
L'ENTREPRISE DE LITTÉRATURE, en un premier temps, c'est jamais « bien ». Ce n'est pas ce qu'il aurait fallu faire. C'est trop, ou pas assez, certainement pas comme cela aurait dû être écrit.
Pour que cela fonctionne, il aurait fallu que ça apparaisse plus naturel, il aurait fallu attaquer autrement le sujet, il aurait fallu tenir davantage la langue...

8 octobre 2014
LE RINGARD DÉPUTÉ, il dit « Madame le président » et ne veut pas en démordre. Parce que, selon lui, « Madame la présidente », c'est la femme du président !
Combat de logiques, l'une ancienne et obsolète, l'autre contemporaine et active.

9 octobre 2014
DANS LES RARES CRÉATIONS EN FRANÇAIS de noms figurant sur les boutiques dans nos rues, on trouve ce *Boutique éphémère* que je trouve assez joli, sans me prononcer sur le fond du commerce.
Hélas, dans une rue voisine, j'aperçois au-dessus de ce « Boutique éphémère » un « Outlet store », peu compréhensible par la plupart des passants que la traduction « dépôt d'usine » auraient davantage éclairé !

10 octobre 2014
JE NE SUIS PAS UN GRAND LECTEUR de Patrick Modiano, Prix Nobel 2014, cependant je sais qu'il a inventé une langue, son écriture fait qu'on lit davantage que ce qu'il y parait. Or c'est ça la littérature.
Je ne me sens pas proche de l'homme Modiano ni de ses thématiques, mais il me fait beaucoup rire quand je l'entends parler. Ce qui n'est pas me moquer de sa quasi incapacité à terminer une phrase, car c'est la marque de quelqu'un qui invente une langue, construit la phrase qui correspond à la pensée.

Son œuvre c'est de la littérature d'écrivain, mais il n'est pas sûr que ce soit la raison de sa distinction. Plutôt liée à la référence historique de ses livres.

12 octobre 2014
ON PEUT VIVRE BIEN SOUS LE RÉGIME DES ALGORITHMES, on peut aussi y résister.
Par exemple, on est pas obligé d'accepter la proposition de *Deezer*, plate-forme de musique, de lancer le programme de musique à votre place.
Ça peut-être pratique dans l'urgence mais vous risquez, de ne pas renouveler vos favoris, ni vos goûts tout simplement.
Donc si on veut garder sa liberté de choix, sa capacité à s'ouvrir au nouveau, et surtout son désir de connaitre, il vaut mieux parfois ne pas se laisser guider par la machine.
C'est vrai aussi pour les plate-formes de vidéo qui se font fort, en fonction de ce que vous avez regardé précédemment, de vous proposer les séries qui vous plairont.
La modernité c'est un accroissement des possibilités, pas le contraire ! On ne doit pas laisser les algorithmes les réduire.

14 octobre 2014 8h
NAÏVEMENT JE PENSAIS que les sacs plastiques d'origine fossile étaient supprimés depuis des années et que ceux qu'on pouvait acheter étaient d'origine végétale s'autodétruisant dans les meilleurs délais.
Eh bien, non, puisqu'une loi les interdisant vient d'être votée !
Mais combien de temps faudra-t-il attendre pour qu'elle intervienne dans les faits ?
Car une loi peut être votée et jamais appliquée si les décrets d'application ne sont pas pris, puis mis en œuvre par l'administration.
Les applications des bonnes décisions sont trop lentes !

20 octobre 2014
LA MÉTAPHORE DE LA VOITURE FOLLE qui foncerait dans le mur est régulièrement utilisée pour décrire que nous allons à la catastrophe écologique.
Outre que celle-ci me parait guère scientifique, elle commence à s'user au point que des variantes sont proposées. Ainsi celle d'un ancien membre du Club de Rome :
« Les gens se demandent si nous allons appuyer sur la pédale de frein à temps, pour moi, insiste cet homme, nous sommes à bord d'une voiture qui s'est déjà jetée de la falaise. »
A travers cette métaphore, il pronostique rien moins qu'un « effondrement, une chute combinée et rapide de la population, des ressources, et de la production alimentaire et industrielle par tête » !

21 octobre 2014
J'ÉTAIS BIEN INSTALLÉ DANS UN CAFÉ, au travail, hier en fin de matinée. J'avais trouvé l'emplacement qui me convenait. Ni trop exposé au monde ni trop caché.
Des fois, plus il y a de bruit et mieux je travaille. A la demie, je prévoyais d'aller jusqu'à l'heure que j'apercevais sur l'indicateur d'infos.
Mais soudain le soleil est apparu, jetant ses rayons en plein sur l'écran de l'ordinateur. Or ça ne va pas avec le soleil les écrans ou pas très bien.
J'ai changé de côté de la table, ce que je pouvais faire puisque je n'avais pas d'interlocuteur assis devant moi.
J'ai pu travailler encore quelques minutes, pas longtemps. Implacable, le soleil m'a rejoint aussi de l'autre côté, la Terre tourne si vite !

25 octobre 2014
CE QUI ME DÉPLAIT PARFOIS avec le numérique, c'est quand la machine me fait des histoires, même si c'est possiblement à cause de moi.

Par exemple, voilà qu'elle se bloque, patine, ne démarre pas, ou pire se plante alors que je suis vraiment déterminé à écrire, immédiatement.
Parfois simplement je la trouve étrangère à ma démarche d'écriture. Quoi ? il me semble qu'elle me complique la tâche pour écrire.
Parfois, en attendant qu'elle redémarre, qu'un nettoyage du disque se fasse ou bien qu'elle se défragmente, je passe au papier.
Souvent, je rencontre une difficulté similaire. Un désaccord de rythme entre la pensée et sa traduction scripturale. Une gêne à traduire ma pensée en écrit.
C'est pourtant ça « écrire ».

-/-

3 novembre 2014
UN JEUNE HOMME de 29 ans obtient le prix de l'Académie française. Il écrit une langue de formation, dite classique, entre journalisme et dissertation d'agrégation. Une écriture qui n'a pas beaucoup d'importance sur un sujet un peu nostalgique, why not ?
A mes débuts d'écriture, on aurait eu honte d'avoir ce prix-là. A tort ou à raison, on considérait que les prix étaient ringards.
Les gens sont docilement impressionnés par ce prix. Ils croient que la langue de l'Académie, c'est la meilleure langue qui soit.

4 novembre 2014 12h
L'INUTILITÉ est avancée ces jours-ci par les mouvements de défense de l'environnement pour qualifier des projets d'aménagement de sites ou de construction d'édifices.
Loin de moi l'idée de défendre, par exemple un projet de barrage dont je ne connais pas plus les aboutissants que les tenants.
Mais le concept d'inutilité n'est pas sûr, pour le moins, car beaucoup de réalisations du passé étaient considérées comme inutiles, ou alors si l'on avait retenu ce critère beaucoup de projets n'auraient pas été réalisés.
Ni l'euro tunnel, on pouvait prendre le bateau, ni le quartier de la défense, les autoroutes, les TGV etc.
Bien sûr beaucoup de réalisations auraient pu l'être différemment.

4 novembre 2014 19h
À L'HOMME DE SCIENCE qui me dit « alors, on ne se quitte plus », parce qu'on s'était croisé la veille, je réponds : « En général, lorsqu'on se voit une fois, on se croise à nouveau deux ou trois fois de suite et puis après, on peut ne plus se voir pendant un an ou deux ! »
Oui, il l'avait remarqué aussi.
Quoi en dire de plus ? C'est un vrai problème scientifique, pas seulement une question de statistiques !

5 novembre 2014
LES DÉPUTÉS REJETTENT 130 millions d'économie. D'abord en votant un amendement des écologistes qui maintient à son niveau le montant de l'aide publique aux partis politiques que le gouvernement voulait réduire de 15%, soit 10 millions d'euros...
Et puis en rétablissant à l'unanimité l'envoi par *La Poste* des professions de foi et bulletins de vote pour les élections départementales et régionales de 2015 que le gouvernement avait supprimé (120 millions).
Tous les groupes ont déposé des amendements pour en rejeter la dématérialisation.

Aucun n'a déposé d'amendement pour abolir les panneaux d'affichages électoraux auprès des bureaux de vote qui pourtant datent d'une époque pré audio-visuelle et bien sûr pré-digitale !

8 novembre 2014
LE GIEC DÉCLARE QUE le monde peut encore combattre le réchauffement : « Il faut agir vite et fort pour que l'augmentation de la température sur Terre ne dépasse pas 2%, car si on ne faisait rien alors ce serait trop tard. » Entendu depuis des années, ce message risque de ne pas passer davantage. Beaucoup de gens, tout à fait d'accord pour faire quelque chose, se demandent pourquoi on ne fait rien. Ou bien se demandent par quoi commencer ?
Que les voyageurs voyagent avec des bagages légers... Que les motards ne chauffent pas leur moteur tandis qu'ils ajustent leur casque et enfilent leurs gants... Que les camions empruntent les trains... Qu'on abandonne le charbon... Et, bien sûr, qu'on cesse les guerres, plus polluantes que toutes autres activités humaines...

10 novembre 2014
ILS AVAIENT TOUS FAIT PLUS OU MOINS une carrière dans leur domaine respectif. Tel devenu directeur de radio, après avoir exercé divers postes de conseiller, l'autre, reconnu par le milieu littéraire avait publié plus de trente livres, une autre qui sortait un livre chaque automne avait obtenu le Grand prix des livres. Untel était parvenu au premier rang de sa hiérarchie et on lui avait décerné la légion d'honneur.
Dans l'excès, X était devenu grand capitaine d'industrie, habitant un château avec force domestiques. Et Y, journaliste modeste, était maintenant rédactrice en chef d'un magazine grand public...
-Et toi ?
-J'avais continué. Je me rends compte que je n'avais fait que continuer.

Ma carrière n'était pas sociale, elle était mentale. Ce que je faisais, c'était une carrière mentale.
À une longue carrière d'imbécile, j'avais progressivement substitué une carrière de développement mental.

12 novembre 2014
DES MÉTAPHORES AU CONTACT DE LA RÉALITÉ.
A propos d'un procès de militants islamistes en Égypte, il est dit qu'il devrait permettre de « lever le voile sur leurs activités. »
A propos d'un déjeuner entre hommes politiques, sujet d'une polémique, on dit d'untel qui ne veut pas en être la victime : « Il n'a pas du tout envie de payer l'addition ! »
A propos d'une mission spatiale, le directeur dit « C'est un travail d'experts de plusieurs décades, pas quelque chose qui est tombé du ciel ! »
« Banco », dit la cheffe d'extrême droite, je vais publier les lettres de refus des banques à notre demande de crédit.
« Au salon du nautisme, dit-on à la télé, les constructeurs de bateaux sortent la tête de l'eau » !

13 novembre 2014
LA NOUVELLE LOI EDICTE : « Le silence gardé pendant deux mois par l'autorité administrative sur une demande vaut décision d'acceptation. »
Entrée en application ce 13 novembre pour l'État et ses établissements publics. Dans un an pour les collectivités territoriales et les organismes de sécurité sociale.
Hélas, seules 1200 des 3 600 procédures d'autorisations administratives sont concernées et, encore, elles sont soumises à diverses exceptions touchant à la forme des requêtes ! L'administration est incorrigible...

16 novembre 2014
IL SE SOURIENT, SE REGARDENT, SE VOIENT, se touchent un peu. S'éloignent, puis reviennent vers l'autre. Ils échangent de leur peau ou de leurs pores, ils rient de

leurs mains, disent des mots pour dire. Des bribes de mots, parfois dans une langue ou une autre. Un échange de corps sans se toucher beaucoup. Un échange d'assez peu de marques extérieures, du moins discrètes, toutefois de grand effet intérieur. Un échange d'approche peu racontable...
Il est pas d'heure, le jour d'hiver se levant, les mouvements se font plus lents. Ils marchent à pas de chat dans cet appartement qui sent le vin et le tabac. Ils se cherchent toujours, ou bien cherchent où ils vont dormir ensemble.
A un moment ils s'étaient installés sur mon lit. A trois. Il n'y avait pas de place pour moi. L'un m'aurait bien envoyé dormir avec celle qui d'épuisement s'était allongée sur un canapé à une place. Je vais poser sur cette dernière qui dort déjà profondément, je pose avec délicatesse une couverture dite polaire et l'embrasse de tendresses.
Je me serais bien glissé près d'elle mais il n'y a pas la place à son côté. Je pourrais m'allonger d'autre part sur ce canapé de coin et mettre ma tête près de la sienne mais je n'ai pas assez de longueur pour mes jambes...
Il n'y avait plus de place pour moi ou bien il manquait une personne au moins.

19 novembre 2014
ALEXIE V revient de l'expo sur le Marquis de Sade au *Musée d'Orsay*, elle me raconte sa visite. Puis je lui raconte que G l'autre soir a parlé de mon livre d'une façon qui m'a vraiment touché. Je lui dis juste avoir été étonné qu'elle le qualifie de « très sexuel », tandis que C et A ont avoué qu'elles, ça les gênait un peu.
On ne se rend pas toujours compte de ce qu'on écrit, j'ai concédé.
Elle s'insurge : « Comment tu ne ne te rendais pas compte, quand tu en as lu des passages devant nous la première fois, c'était très sexuel, non ? »
Bon, ce n'est pas la première fois qu'un livre l'est.

20 novembre 2014
JE NE SAIS S'IL FAUT CONSTRUIRE Porte de Versailles *la tour Triangle* en l'état, mais l'argument selon quoi les tours dénatureraient le patrimoine architectural de Paris est comparable à celui des opposants aux travaux d'Haussmann.
Il en est de même pour cet autre argument consistant à vouloir conserver la capitale française comme « ville horizontale préservée ».
Sans doute n'est-ce pas une tour isolée qu'il faudrait ériger mais plusieurs. Par exemple la tour Montparnasse serait moins « idiote » si elle était accompagnée d'au moins deux tours différentes.
C'est l'assemblage de tours originales qui rend magnifiques certaines villes américaines. C'est vrai de la Défense à Paris telle qu'on peut l'apercevoir depuis le nouveau bâtiment de Frank Gehry.

24 novembre 2014
CE QUI CHANGE NOTRE VISION du monde, c'est la connaissance de plus en plus précise qu'on en a, et que l'on n'avait pas « avant », mais que cependant on présume avoir eu.
Du coup on enregistre la précision contemporaine comme plus inquiétante que celle que l'on n'avait pas.
Il se trouve que nombre de connaissances d'aujourdhui datent de moins de dix ans, parfois de quelques années, parfois elles sont carrément contemporaines.
Ce mouvement vers la précision va se poursuivre, voire s'accélérer, il faudra s'y faire !

27 novembre 2014 10h
POUR LA PREMIÈRE FOIS on peut mesurer scientifiquement la pollution à Paris, grâce au ballon du *parc André-Citroën*, qui est équipé d'un appareil laser capable de mesurer en continu les nanoparticules présentes dans l'air.

Réaction de la presse aux données fournies : « la pollution à Paris, c'est pire qu'avant ». Avec, pour en rajouter, une image jetée à la pâture des émotions : « le 13 décembre 2013, les rues de Paris étaient aussi polluées qu'une pièce de 20 mètres carrés occupée par huit fumeurs... »
Quelle a été la première ville polluée en France ? Strasbourg. En réalité, la première ville à s'être équipée de capteurs pour mesurer la pollution.
N'empêche que les particules fines, il y en a trop, provenant du diesel, de l'industrie et aussi du chauffage au bois. Ce dernier existait évidemment davantage il y a longtemps.
Conclusion : les gens du passé étaient sous pollution sans le savoir.

27 novembre 2014 11h
ANNONCE TONITRUANTE sur une radio d'infos : abandon de l'apprentissage de l'écriture à l'école au profit de l'écriture sur clavier !
Il faut l'insistance de l'expert invité pour que le journaliste comprenne qu'il s'agit de l'écriture cursive et non de l'écriture manuscrite dite script, celle des caractères imprimés.
Abandon qui peut se comprendre puisque l'écriture cursive, dite reliée, n'existe plus dans notre univers quotidien.
Autre annonce tonitruante : « nos enfants sont de plus en plus harcelés », d'après une étude qui vient de sortir.
On aimerait savoir ce qu'il en était en 1980, 1970, 60, 50, 40, 30, et même juste avant la dite grande guerre où il y avait curieusement une jeunesse fougueuse et rebelle.

29 novembre 2014
UN JEUNE HOMME DÉBITE des clichés à la télé, fort appréciés par le présentateur qui s'y reconnaît :
« Par temps de crise... le système qui s'effondre... le racisme partout... la bête immonde qui revient... »

C'est pourtant désolant de ressortir ce dernier standard des années 1930. Car à trop le répéter on finirait par la faire revenir.
En réalité le racisme a beaucoup diminué dans nos sociétés européennes, par rapport à la première moitié du 20e siècle en particulier (on ne parle pas des siècles précédents). Et ce, même s'il y a des minorités plus ou moins actives qui sont ouvertement racistes.
En revanche, il y un nouvel antisémitisme dont il faut reconnaitre qu'il est lié au conflit israélo-palestinien. Et il y a une nouvelle islamophobie qui est liée, elle, au terrorisme djihadiste.

29 novembre 2014
POUR QU'UN LIVRE se vende beaucoup, il faut déjà qu'il soit gros et épais, avec un titre bien visible, par exemple s'il est racoleur. Bien sûr, il faut aussi qu'il soit très soutenu par son éditeur.
Il faut surtout qu'il soit présent dans les grandes surfaces de librairie, achalandé en grosses piles, de préférence sous la forme d'un tas de bois. Le mieux étant le stère (1x1x1m) qui donne une impression de force, d'aisance, ne risquant pas de manquer, et de confort, car la forme du stère de bois quand il s'agit de livres donne envie de s'y assoir.
On peut en rire, mais d'après une étude récente la présentation en stère est un gage de réussite internationale d'un livre !

9 décembre 2014
UN RÉTRO-GARDISTE DE BASE déclare avec légèreté que les lavoirs et les fontaines étaient des lieux où on se rencontrait, regrettant qu'ils n'existent plus maintenant avec « l'eau courante au lavabo ». Cet homme va jusqu'à valoriser les can-cans du lavoir, radio-lavoir des villages !
Constant dans le raisonnement, il affirme : « Ça va toujours un peu plus dans le sens de l'enfermement ».

Quoi ? Le progrès, l'évolution, la transformation du monde ?
C'est ne pas voir le formidable mouvement d'individuation que connait le monde depuis au moins quelques décades !

9 décembre 2014
SANS VOULOIR PRENDRE le contre-pied de ce que dit Modiano, il me fournit un bon exemple de déclarations fortes dont on pourrait retourner le propos.
Il dit : « J'ai l'impression qu'aujourd'hui la mémoire est beaucoup moins sûre d'elle-même et qu'elle doit lutter sans cesse contre l'amnésie et contre l'oubli ».
Pourtant jamais la mémoire n'a été aussi forte et présente comme jamais, en vrai comme en archives, malgré l'accroissement constant d'informations nouvelles.
Il dit : « Moi, j'écris à la main et je m'en veux... L'ordinateur, c'est trop rapide, ça me donnerait le vertige. Et ça retirerait l'aspect physique de l'écriture dont j'ai besoin ».
Taper sur un clavier implique un aspect physique tout aussi évident, même s'il est différent, et sans doute supérieur puisqu'il mobilise les deux mains, sans compter l'utilisation de la souris...

17 décembre 2014
« C'EST L'ÂGE BÊTE », expression captée dans un café, pour qualifier l'adolescence. Je ne l'avais pas entendue depuis longtemps. Ça ne se dit plus. Sauf par ceux qui en parlent encore comme on en parlait jusque dans les années 1990.
Certes, on parle de l'adolescence comme d'une période difficile, mais plus d'âge bête. Car les adolescents des années 2010 ne sont pas bêtes, ils en connaissent même plus qu'un rayon sur tous les sujets.
L'expression pourrait s'être déplacée vers une catégorie de population qui ne comprend rien à l'époque, en particulier celle qui est rétive au numérique.

21 décembre 2014
EST-CE QUE J'AIMAIS ME DONNER UNE CONTRAINTE dans l'écrit ?
Non, je n'étais pas sûr d'aimer ça. Pas plus celle de la versification que celles que s'imposent les écrivains de l'Oulipo que je respecte bien entendu.
Maintenant je sais que c'est parce que j'en ai des contraintes, ainsi je n'ai pas besoin de m'en donner, ni la nécessité de m'en inventer.
J'ai celle d'avoir à me séparer d'un écrit classique, oui de devoir me débarrasser de la langue académique existante qui m'empêche de parler de mon temp.
Et donc celle d'inventer une langue qui me permette d'écrire ce que je veux.
J'ai la contrainte encore d'avoir un mental à désinscrire de tant d'inscriptions...

24 décembre 2014
LA GRANDE AVENTURE DES TEMPS MODERNES, c'est celle de l'individu. Pas au sens individualiste, comme on l'entend partout, mais à celui de l'individuation.
C'est une perspective inouïe. Que chacun et tous, de par le monde, aient accès à la nourriture, au logement, aux toilettes etc. Et à la santé, à l'éducation, au savoir...
Et au développement personnel. Ce qui est une tâche d'une autre ampleur que les précédents objectifs.
Le développement personnel, pour tous les Terriens, pas au sens de l'égoïsme, mais à celui du développement de l'individuation, est une aventure sans fin, à peu prés comparable à l'aventure spatiale. Sans fin également, semble-t-il !

28 décembre 2014
CET ARTISTE N'AVAIT PAS DE COLLECTIONNEUR AMÉRICAIN. Et pourquoi cet artiste bien qu'américain n'en avait-il pas, alors qu'il avait des collectionneurs en Europe où il vivait ? Eh bien, une femme ayant vécu 16 ans à Los

Angeles pouvait le dire, c'est que les Américains n'aiment pas beaucoup la critique. Or le travail de cet artiste était assez critique envers la société américaine...
A transposer autant que cela peut-être transposé ici.
Ce qui ne « passe » pas à Paris, ce n'est pas la critique de la société qui d'une certaine façon est bien vue. Non, c'est la critique de cette critique quasi institutionnelle, bien-pensante et convenue, qui a en plus le culot de se présenter comme subversive !

29 décembre 2014
LA PRESSE DIT QUE LE PUBLIC VA SE RUER sur le livre de H, comme il le fait pour l'exposition de K, et comme il s'est précipité pour acheter le livre de T. Sans en citer d'autres dont on ne veut pas parler. Franchement, je leur laisse bien volontiers, au grand public, ceux-ci et ceux-là, si on tient à leur donner.
Et si c'était le cartonnage qui était à mettre en cause ? Étant entendu que pour cartonner tous les moyens sont loisibles, y compris le complaisant, le salace et la négativité par préférence.

5 janvier 2015
EN QUOI ET POURQUOI, en plein développement de la mondialisation du monde, il nous faut subir ça, ici, en France, le triomphe médiatique omniprésent des X, Y et autres zèbres de plateaux, réactionnaires, anti-modernes, anti-lumières, anti-féministes, en plus adeptes du repli sur eux ?
Et subir leurs discours machistes, régressifs, défenseurs plus ou moins de la pureté de la langue, et de la race tant qu'on y est.
Reste qu'on a le droit et la possibilité de changer de chaine, et de ne pas lire leur livre si on veut.
Ou plutôt si on ne veut pas.

8 janvier 2015
DONC IL NOUS FAUT SUBIR ÇA, un attentat barbare, une tuerie ciblée de journalistes libres (l'un au moins « appelé » par son nom avant d'être exécuté), et ce après avoir dû subir pendant des semaines la mise en valeur médiatique de discours régressifs et réactionnaires d'une bande d'auteurs qui ont plus à voir entre eux qu'il n'y parait.
Prenons-non en un, peut-être plus essayiste que romancier, qui a certes le droit d'écrire ce qu'il veut dans ses romans.
Pourquoi a-t-il été autant promu par toute la presse, faisant les unes répétées de tous les médias, journaux, émissions, télés permanentes, comme jamais cela n'avait

été fait pour un livre de fiction si c'en est un, à la limite de la saturation et de l'écoeurement?
En tout cas jusqu'à cet assassinat au siège du journal satirique *Charlie Hebdo* (en tout 12 personnes dont deux policiers), par ce qu'il faut appeler des pauvres types, sans qu'on sache s'il peut y avoir le moindre rapport entre ce livre publié à grands renforts de promotion le même jour que cette tuerie (7/1/2015).
Depuis, les médias semblent avoir lâché le livre en question pour s'en tenir à des éditions spéciales couvrant sans fin l'événement, grâce le plus souvent à des commentaires et analyses de divers « anciens » experts.
Pourquoi donc ont-ils tellement promu, avant sa sortie, « ce livre dont on vous parle depuis plusieurs jours », si ce n'est parce qu'il renvoyait à quelque chose d'assez abject dont il était pressenti qu'il intéresserait a priori un grand nombre de gens ?
Car hélas il y a dans les têtes de beaucoup de gens tous les clichés de base qu'il faudrait combattre plutôt que les conforter, comme cela se fait couramment dans le but de cartonner...
Il reste la lumière d'une réaction formidable de sursaut des personnes manifestants spontanément hier, dans les villes de France et d'ailleurs, brandissant l'intelligence, la liberté et la démocratie en opposition à ces horreurs.

15 janvier 2015
LE SUCCÈS D'UNE EXPOSITION, donc si elle « cartonne », se mesure à la longueure des files d'attente. Il y en avait beaucoup à une époque dans les pays soviétiques en raison de la pénurie dans les magasins d'alimentation. Ici c'est par trop plein qu'il y a des queues.
Par exemple, à *Pompidou-Beaubourg*, « Centre culturel pour toujours », la queue peut faire toute la profondeur du parvis, ce qui est impressionnant vu sur place, et aussi vu à la télévision.
Cependant par deux fois j'ai pu constater qu'il y avait une seule porte d'entrée en service, ce qui expliquait pour

partie la longueure de cette fameuse queue. Une seconde entrée, voire une 3ème mise en service, aurait rendu à peu l'importance de cette queue. Je n'en conclus pas pour autant que les organisateurs aiment faire attendre les gens !

17 janvier 2015
L'UNE DES QUESTIONS POSÉES EST DE SAVOIR si les attentats des djihadistes ne sont qu'un épiphénomène, contrairement à l'affirmation répandue dans les médias, selon quoi ce n'en est pas un.
En prenant du recul on pourrait dire pourtant que les terrorismes antérieurs ont chaque fois été des épiphénomènes, même s'ils ont perduré des années.
Il se peut qu'il y ait d'autres attentats, il y aura plus de contrôles ici et là, et puis on finira par oublier cette fusillade du Charlie hebdo, comme on a oublié les attaques terroristes de toutes les époques, ceux de 1835 à Paris (18 morts), de l'OAS et du FLN dans les années 1960, ceux de l'Iran de 1986, des islamistes algériens ensuite...
Le monde et les sociétés ont toujours connu « leurs » terrorismes, à travers des actions clandestines violentes de minorités. Sachant qu'un certain nombre de terroristes sont devenus gouvernants, ou bien que d'autres ont disparu avec leur mouvement.
Ainsi pour les « Brigades rouges » en Italie, la « Fraction armée rouge » en Allemagne et « Action directe » en France qui ont fait l'actualité durant les années 1970/1990 par des attentats terroristes à répétition.

18 janvier 2015
QU'EST-CE QUI LUI A PRIS à G de choisir comme sujet pour son prochain stage le dernier livre de H ? C'est une grande tristesse pour moi de le voir ainsi quitter Baudelaire à qui son dernier spectacle était largement consacré. Ou bien était-ce Baudelaire qui consacrait particulièrement son dernier spectacle ? Tristesse de le

voir s'enticher d'un auteur que je n'aime pas.
D'abord, j'avais reconnu la qualité de son écriture, fluide, tout en refusant son idéologie (contre les lumières, contre la civilisation, anti-moderne, anti-féministe, anti-mai 68...) qu'il a le droit d'avoir, autant qu'on peut avoir le droit de la rejeter.
Depuis une lecture récente de son livre précédent, je trouve son écriture finalement assez classique, sauf qu'elle est dotée d'une grande habileté à maintenir l'attention du lecteur. Au point d'en éprouver un certain dégoût en fin de lecture tant il ne me restait rien du livre. Sinon un récit policier avec de grosses ficelles, et l'image d'un homme seul et sec qui s'emmerde dans la vie, ou dans celle qu'il a, plate et pauvre.
Je « connais » son dernier livre comme tout le monde, « sans l'avoir lu », grâce aux médias qui l'ont soutenu dans une promo d'une ampleur inédite. Peut-être parce que les principaux animateurs de ces médias y sont mis en scène, ainsi que leur bien-pensance à nous prédire quotidiennement l'arrivée au pouvoir de l'extrême droite, quand ce n'est pas celle en l'occurrence de l'islamisme.
Ici, le dégoût avant de lire viendrait de la présence de ces « acteurs » des infos qu'on n'a pas envie de retrouver encore dans un livre.
Et puis, il proviendrait de cette imagination de comptoir de café consistant, par exemple, à désigner premier ministre en 2022 un type déjà candidat trois fois à la présidentielle !
Enfin, le dégoût s'installerait absolument de son anti-féminisme qui semble ne pas le déranger, ni davantage les nombreux promoteurs du livre.
Un rire cependant survient à me demander ce que G va bien pouvoir retirer de cette lecture en groupe, lui qui aime tant citer, admirer, pasticher...
Finalement, ce sera un bon test !

19 janvier 2015
EN QUOI, sans mettre en cause son travail, Virginie Despentes se relie aux discours régressifs d'une bande d'auteurs déclinistes alors qu'elle combat la masculinité ?
À travers sa croyance selon quoi la civilisation occidentale serait à son crépuscule : « Et oui, ça nous fait bizarre, à nous les judéo-chrétiens de voir que toutes les civilisations ne vont pas s'écrouler en même temps, et notamment la culture musulmane a l'air d'être sur un premier temps quand nous sommes dans les dernières notes de la partition... » (*Les Inrocks*)
Par ces propos, elle se relie curieusement à une majorité d'intégristes ou conservateurs dans le monde qui jugent décadente la société européenne, en raison notamment de la reconnaissance des droits homosexuels, au mariage en particulier, et aussi des droits de la femme. Pas croire que ces conservateurs vont mettre en cause la masculinité !
Peut-être se laisse-t-elle entrainer par le discours épique : « C'est étrange à vivre, le crépuscule d'une civilisation. »
Je pressens moi qu'il y a probablement davantage « saut » que crépuscule. Mais c'est un discours qui plait. Y compris à gauche qui, à tort, ne semble pas percevoir ce saut, par exemple perceptible dans l'évolution mentale de la jeunesse européenne.

6 février 2015
UNE ÉLECTION législative dans la quatrième circonscription du Doubs fait qu'on entend à longueur de journée ce nom. Au point qu'on finirait par en capter le mot doux, puisque tout le monde dit le « Dou », alors que cela s'écrit *Doubs*.
C'est joli d'ailleurs ce *b* et *s* en fin de mot. Bien d'accord, l'idée de supprimer les lettres qui ne se prononcent pas, à la manière espagnole, serait en l'occurrence dommageable : « Département du Dou ».
Le prononcer « Doubsse » serait plus intéressant à mon avis, mais choquerait sans doute les habitants de ce département qui doivent néanmoins le dire autrement

que les Parisiens.
A la réflexion, on devrait tendre à prononcer toutes les lettres des mots de la langue française.

11 février 2015 9h
CONFUSION SUR LE MOT LIBÉRAL, suite. Des centaines de « libéraux » jetés en prison pour des dizaines d'années, voire à vie, en Égypte. Et ce ne sont pas des frères musulmans, précisent les journalistes, eux y sont en bien plus grand nombre.
En l'occurrence, ces libéraux sont des militants de la démocratie qui ont participé au « printemps arabe » du Caire. Ils luttent contre la dictature qui n'est pas libérale, sans être antilibérale au sens de ceux qui se réclament de la gauche radicale.
Ces militants libéraux voulaient vivre normalement, comme en Europe, avec des droits d'individus libres dans cette époque de mondialisation et du net.

11 février 2015 16h
L'OBSESSION DE LA FAUTE et le rejet du néologisme sont si encrés dans les têtes que des journalistes ont pensé que le président avait par erreur inventé un verbe lors de sa conférence de presse.
« Ségréguer » est déjà répertorié, même s'il n'est pas très utilisé, il provient logiquement de ségrégation. De toute façon il est possible -c'est à conseiller, d'inventer des verbes autant que nécessaire à partir de tous les mots de la langue, dès lors qu'ils accroissent le champ sémantique. Tout ce qui donne plus de sens, c'est le bon sens...
Ce n'est pas le cas de l'usage répétitif d'expressions comme « payer un lourd tribut » que je déteste. Utilisée en dépit du bon sens, aussi bien à propos de rencontres sportives que de conflits guerriers. Elle n'est comprise que par son sens global du genre « il l'a payé cher » !

10 février 2015
VERS 8H15, LE 8 JANVIER, j'ai cru entendre des bruits assourdis de deux coups de feu tirés au loin. Je ne sais si on peut entendre des détonations à quelques kilomètres. Je devais être sensibilisé aux armes suite à la tuerie survenue la veille au siège de Charlie Hebdo.
Vers 9 heures, j'ai pu lire qu'une policière avait été tuée, dans la rue, à Montrouge. J'ai noté qu'on disait qu'il n'y avait apparemment pas de lien avec l'attentat de la veille, sans y croire vraiment.
Le lendemain, 9 janvier, la prise d'otages dans le super marché de la Porte de Vincennes ne laisse plus de doute qu'il y avait des liens entre tout cela. Qu'après avoir ciblé des journalistes et des policiers, ils s'attaquaient à des juifs parce que juifs.
Jusqu'à la fin de l'intervention policière, on espérait qu'il n'y aurait pas de victimes. Mais on apprendra que le preneur d'otages, un pauvre type embringué dans une dérive djihadiste, avait choisi un super marché casher pour tuer des clients juifs, et qu'il avait effectivement exécuté quatre otages.
J'étais triste que des gens aient perdu la vie pour rien.
Horrifié que des juifs en tant que tels soient assassinés.
Révolté que, ici, à Paris, en France, en Europe, des personnes le soient en raison de leur origine, leur profession ou leurs opinions.

15 février 2015
LE HARCÈLEMENT SUSPECTÉ DANS LES CUISINES de grands restaurants, à l'égard des jeunes « recrues », dont fait état la presse, rappelle les pratiques du service militaire obligatoire dont le retour est régulièrement réclamé, aussi bien à gauche qu'à droite.
Une jeune femme politique du centre, qui ne peut savoir de quoi elle parle, déclarait récemment : « On est tous en nostalgie du service militaire ».
La vie au service militaire était pourtant ordinairement marquée par des humiliations, des brimades, des

bizutages, au pire des violences physiques, tant il est bien connu que, si on y partait au service, c'était pour en « chier » !
Par ailleurs, le SMO n'était pas si mixeur social que ça, argument préféré de ses défenseurs, à part d'opérer des mélanges géographiques.
Outre qu'elle bénéficiait de nombreuses exemptions, l'élite se formait entre élites, pour ensuite jouer son rôle d'élite dans la formation et le commandement des autres recrues.
Les classes moyennes se retrouvaient entre elles, tout comme les classes populaires, souvent affectées aux bataillons les plus durs.
Le nouveau service civil ne devrait en aucun cas être obligatoire, ne serait-ce que pour empêcher le retour de ces pratiques qui érigeaient souvent la « non intelligence » en valeur principale.

17 février 2015
LA PRÉCÉDENTE MINISTRE DE LA CULTURE, qui l'a tout de même été plus de deux années, s'aperçoit un peu tardivement selon moi, que ce serait bien d'ouvrir les bibliothèques publiques le dimanche.
Elle a donc déposé un amendement dans ce sens, en fait en réaction au projet d'autoriser l'ouverture dominicale d'autres magasins.
Elle aurait pu le faire aussi pour une ouverture le soir, au fond quand les gens auraient le loisir de les fréquenter ces bibliothèques. Pour beaucoup de gens, c'est parfois un vrai parcours du combattant d'aller au pire rapporter des livres, à défaut d'avoir le temps de s'y rendre pour en emprunter !

2 mars 2015
LES JOURNAUX N'EN ONT QUE POUR le front d'extrême droite qui monte et obtient les meilleures scores, dans les sondages autant que dans les enquêtes.

Certes 34% d'enquêté.e.s reconnaissent à ce parti des qualités « républicaines », mais il en reste quand même 66% qui ne le leur reconnaissent pas !
En revanche rien dans les médias sur le plus important dans ces élections départementales, à savoir que pour la première fois vont être élu.e.s autant de femmes que d'hommes, puisque chaque électeur.e votera pour « un candidat homme-et-une candidate femme » !

6 mars 2015
L'ANNONCE DE LA FERMETURE DE *LA LIBRAIRIE LA HUNE* À PARIS nous faire craindre la disparition des autres librairies, une à une.
La question est surtout : Pourquoi donc le public choisi de *Saint-Germain-des-Près* ne se rue plus sur La Hune comme à la belle époque où elle se trouvait sur le boulevard?
Et si c'était en raison de ce que la plupart des livres de l'édition ne s'adressait plus à ce public-là.
Entre autres, parce que quasiment toute l'édition d'aujourdhui est tournée vers le conservatisme ?

8 mars 2015
RÉAFFIRMER LES DROITS DES FEMMES pour l'égalité.
Affirmer contre les islamistes turcs et autres intégristes que la femme ne va pas se faire enfermer dans son rôle historique de second de l'homme.
Soutenir à nouveau la libération des femmes comme mode de libération du monde.
Avancer surtout que, dans cette guerre contre les idéologies intégristes et djihadistes dans laquelle on est engagé, je ne sais s'il y a une solution militaire, politique ou économique, mais je crois qu'il y a une solution féministe.
Ce sont les femmes qui peuvent bousculer le modèle traditionnel qui est le socle de ces courants djihadistes.
Contrairement à ce que veulent imposer les pouvoirs jihadistes ou bien les mouvements intégristes en général,

et contrairement aux thèses développées dans les livres des nouveaux régressifs français, c'est la libération des femmes opposées en majorité aux vieilles traditions machistes qui peut libérer le monde de ses vieux démons. La solution contre le djihadisme et contre les intégristes, c'est la solution féministe.

10 mars 2015
JE FAIS LA QUEUE AU MARCHÉ pour acheter du poisson. J'entends vaguement un vendeur -pas celui qui m'a servi les fois précédentes, parler de son enfant « qui vient de faire sa première grande crise ». Il dit qu'il l'a mis au coin, il n'y a que ça qui marche. Et quand il sera plus grand, ce sera au coin avec un balai !
J'ai réfléchi un instant à quoi pouvait servir le balai, sans doute à lui en foutre un coup pour qu'il y aille plus vite au coin.
Un instant, le temps de partir.
Je ne sais s'il a compris ma désapprobation. En tout cas, il n'a pas pu y trouver mon approbation.

« REGARDER LOIN »
RÉCIT DE JEAN PIERRE CETON

ÉDITION ORIGINALE